最经典的国学常识

盛文林 编著

台海出版社

图书在版编目（CIP）数据

最经典的国学常识 / 盛文林编著. —北京：台海出版社，2011.2

ISBN 978-7-80141-720-6

Ⅰ. ①最. Ⅱ. ①盛. Ⅲ. ①国学－通俗读物
Ⅳ. ①Z126-49

中国版本图书馆 CIP 数据核字(2010)第 219564 号

最经典的国学常识

著　者：	盛文林		
责任编辑：	姜航	装帧设计：	天下书装
版式设计：	盛文林文化	责任印制：	蔡旭

出版发行：台海出版社
地　　址：北京市景山东街20号，　邮政编码：　100009
电　　话：010－64041652（发行、邮购）
传　　真：010－84045799（总编室）
网　　址：www.taimeng.org.cn/thcbs/defauit.htm
E-mail：　th-cbs@163.com

经　销：全国各地新华书店
印　刷：北京高岭印刷有限公司
本书如有破损、缺页、装订错误，请与本社联系调换

开　本：710×1000　1/16		
字　数：200 千字	印　张：16	
版　次：2011 年 1 月第 1 版	印　次：2011 年 1 月第 1 次印刷	
书　号：ISBN 978-7-80141-720-6		
定　价：28.00 元		

版权所有　翻印必究

前　言

国学一说，产生于西学东渐、文化转型的历史时期。而关于国学的定义，从严格意义上说，到目前为止，学术界还没有做出统一明确的界定。

现在一般提到的国学，是指以先秦经典及诸子学为根基，涵盖了两汉经学、魏晋玄学、宋明理学和同时期的汉赋、六朝骈文、唐宋诗词、元曲与明清小说并历代史学等一套特有而完整的文化、学术体系。因此，从广义上来说，中国古代和现代的文化和学术，包括历史、思想、哲学、地理、政治、经济乃至书画、音乐、术数、医学、星相、建筑等等都是国学的范畴；从狭义上说，国学的范围不脱于经史子集四部，同时在四部中又以经学为首。

似乎可以这样说，国学是中国传统文化中的精华与当代文化中的精华的结晶，并且是这二者结晶的总称。

国学以学科分，应分为哲学、史学、宗教学、文学、礼俗学、考据学、伦理学、版本学等，这其中以儒家哲学为主流；以思想分，应分为先秦诸子、儒道释三家等，儒家贯穿并主导中国思想史，其它则处于从属地位；国学以《四库全书》分，应分为经、史、子、集四部，但以经、子部为重，尤倾向于经部。

国学的核心和灵魂是儒学。儒学的中庸、中和思想是贯通国学诸领域的锁钥，无论国学中的道学、佛学、中医、周易、风水等等，无一不以中和为极致，中和即本于中庸。抓住了中和、中庸就抓住了国学诸学的根本。

今天的国学复兴或者说中国文化复兴，决不是简单的恢复旧的文化与道德，即决不是简单的复古，当然也决不是为了拿国学来对抗西学。单纯的国学复兴或复古是没有出路的。而只把一些国学典籍拿来教育推广，而不知继承、改造和扬弃也同样是没有出路的。这样的国学复兴，其生命力势必不能长久。

所以说，国学的根本出路，在于国学必须走现代化、科学化、大众化、世界化的道路。

国学博大精深，典籍浩如烟海，本书力求把最经典的常识介绍给大家，以作为广大读者登国学之堂，入国学之室的一个阶梯，倘能如此，则心愿足矣。

在编撰过程中，由于受资料和学识所限的缘故，书中肯定会有失当和不足之处，欢迎广大读者提出建议和批评，以便将来再版时采纳和改正。

目 录

经 部

概 述	1
易	6
书	10
诗	12
三 礼	16
三 传	29
论 语	40
孝 经	41
尔 雅	43
孟 子	44
四 书	46
说文解字	47

史 部

概 述	49
正 史	54
别 史	59
杂 史	61
编 年	66
史 评	69

子 部

概 述	73
儒 家	77
道 家	95
太上感应篇	104
释 家	106
墨 家	118
法 家	121
兵 家	126
纵横家	129
杂 家	132

集 部

概 述	137
楚 辞	138
乐府诗集	140
昭明文选	141
玉台新咏	144
文心雕龙	145
文 赋	146
诗 品	148
太平广记	149

李太白集…………………… 151
杜工部集…………………… 152
全唐诗……………………… 154
唐诗别裁集………………… 155
全宋词……………………… 156
六一诗话…………………… 157
东坡七集…………………… 159
梦溪笔谈…………………… 161
容斋随笔…………………… 162
沧浪诗话…………………… 163
永乐大典…………………… 164
呻吟语……………………… 166
小窗幽记…………………… 167
围炉夜话…………………… 167
菜根谭……………………… 168
曾国藩家书………………… 169
四库全书…………………… 170
古文观止…………………… 172
西厢记……………………… 173
六朝文絜…………………… 175
浮生六记…………………… 175
人间词话…………………… 177

蒙 学

概　述……………………… 179
三字经……………………… 181
百家姓……………………… 182
千字文……………………… 183
弟子规……………………… 184
朱子家训…………………… 185
龙文鞭影…………………… 186

幼学琼林…………………… 187
增广贤文…………………… 188
千家诗……………………… 189
神童诗……………………… 190
唐诗三百首………………… 191
笠翁对韵…………………… 192

小 说

概　述……………………… 194
搜神记……………………… 196
西京杂记…………………… 197
唐宋传奇集………………… 198
三国演义…………………… 198
水浒传……………………… 200
西游记……………………… 201
金瓶梅……………………… 202
红楼梦……………………… 204
封神演义…………………… 205
隋唐演义…………………… 207
说岳全传…………………… 208
三　言……………………… 209
二　拍……………………… 212
东周列国志………………… 215
聊斋志异…………………… 217
阅微草堂笔记……………… 218
子不语……………………… 219
儒林外史…………………… 220
镜花缘……………………… 221
三侠五义…………………… 223
官场现形记………………… 225
老残游记…………………… 226

二十年目睹之怪现状 …………… 228
孽海花 …………………………… 229

国学大师

俞樾 ……………………………… 231
章太炎 …………………………… 231
王国维 …………………………… 232
康有为 …………………………… 232
梁启超 …………………………… 233
欧阳竟无 ………………………… 233
黄侃 ……………………………… 234
蔡元培 …………………………… 234
胡适 ……………………………… 235
马一浮 …………………………… 235
熊十力 …………………………… 236
梁漱溟 …………………………… 236
钱基博 …………………………… 237
陈寅恪 …………………………… 237
陈垣 ……………………………… 238
赵元任 …………………………… 238
顾颉刚 …………………………… 239
钱穆 ……………………………… 239
冯友兰 …………………………… 240
傅斯年 …………………………… 240
高亨 ……………………………… 241
姜亮夫 …………………………… 241
徐复观 …………………………… 242
唐君毅 …………………………… 242
牟宗三 …………………………… 243
钱钟书 …………………………… 243
季羡林 …………………………… 244
任继愈 …………………………… 245
徐复 ……………………………… 246
饶宗颐 …………………………… 246
南怀瑾 …………………………… 247

经 部

概 述

经学本来是泛指各家学说要义的学问，但在中国汉代独尊儒术后，成为特指研究儒家经典，解释其字面意义，阐明其蕴含义理的学问。经学是中国古代学术的主体，仅《四库全书》经部就收录了经学著作一千七百七十三部、二万零四百二十七卷。经学中蕴藏了丰富而深刻的思想，保存了大量珍贵的史料，是儒家学说的核心部分。

所谓儒家经典，现在一般是指儒学十三经，也就是《周易》《尚书》《诗经》《周礼》《仪礼》《礼记》《春秋左传》《春秋公羊传》《春秋谷梁传》《论语》《孝经》《尔雅》《孟子》这十三部经典著作。但早期的儒家经典并不是这十三经。

春秋末年（公元前六世纪—前五世纪），儒家的创始人孔子在长期的政治活动失败后，返回了故乡鲁国，编订和整理了一些传统文献，形成了"六经"。司马迁在《史记·孔子世家》里指出，孔子编辑了《书》，删定了《诗》，编订了《礼》和《乐》，作了《易》的一部分，并根据鲁国的史料创作了《春秋》。自此以后，儒生们就以"六经"为课本学习儒家思想。在春秋战国时期，"六经"就已经被人们公认为宝典。

经学产生于西汉。秦代即设有博士官，由于秦始皇的焚书坑儒和项羽的焚烧咸阳，使得大量先秦的典籍被焚毁。致使"六经"除了《易经》之外，其它几乎未能幸免于难。

西汉兴起之初，汉高祖刘邦并不重视这些儒家经典，从文景二帝开始，展开了大量的献书和古籍收集的工作，部分年长的秦博士以及其他儒生，或以口述方式默诵已遭焚毁的经典，或把暴秦时期冒险隐藏的典籍献出，使之传世。因为文字、传述和解释体系的不同，产生了不同的学派，但其在版本上则基本相同，后来统称为今文经。

汉景帝末年，鲁恭王兴建王府，拆毁孔子旧宅，结果意外地从旧宅墙中发现了一批经典；汉武帝时期，河间献王刘德从民间收集了大批的古典文献，其中最重要的就是《周官》，这批古典文献都收入了当时的皇家图书馆——"秘府"；汉宣帝时又有河内女子拆老屋时得到几篇《尚书》。这些出土的文献都是用战国时期的古文字书写的，与当时通行的五经相比，不仅篇数、字数不同，而且内容上也有相当的差异，此后被统称为古文经。

汉武帝即位以后，为了适应大一统的政治局面和加强中央集权的统治，实行了罢黜百家、独尊儒术的政策，改变原有的博士制度，增设弟子员，有五经博士之说。从此儒学独尊，由于"六经"中的《乐》已无书，《诗》《书》《易》《礼》《春秋》"五经"的地位远超出一般典籍之上，成为崇高无比的法定经典，也成为了士子们必读的经典。

此后，汉代儒生们即以传习、解释"五经"为主业，自此经学正式宣告诞生。

汉武帝时立五经博士，每一经都置若干博士，博士下又有弟子。博士与弟子传习经书，分成若干"师说"，也就是若干流派。武帝时的五经博士共有七家。武帝以后经学日益兴盛，博士的数量也逐渐增加。到了东汉光武帝时期，确定了十四家博士。据《后汉书·儒林列传》记载："于是立五经博士，各以家法教授，《易》有施、孟、梁丘、京氏，《尚书》欧阳、大、小夏侯，《诗》齐、鲁、韩，《礼》，大、小戴，《春秋》严、颜，凡十四博士。"这十四家都属于今文经学，其官学地位一直保持到东汉末年。

今文经学的特点是微言大义地阐发说明孔子的思想，继承和发扬儒家学说。今文经学以《春秋》为孔子为万世立法的"元经"，其主流就是"春秋公羊学"。公羊学即为《春秋公羊传》里所阐发的微言大义，主要包括大一统、大居正、大复仇、通三统、统三世、更化改制、兴礼诛贼等。汉武帝时期出现了为大一统政治提供了完整的理论体系的公羊学大师董仲舒和善于把公羊学理论运用于现实政治中的政治家公孙弘，经过一代代今文经学学者的推阐与实践，以公羊学为代表的今文经学深受汉朝皇帝的重视，始终在汉朝政治中处于主导地位。

今文经学发展到西汉后期，出现了两种趋势：一方面由于董仲舒对于公羊学中灾异、符瑞、天人感应的阐发，今文经学由此发展的后果是谶纬泛滥，再加上统治者的迷信与提倡，经学逐渐神学化；另一方面由于今文经学继承了较多的原初儒学的色彩，其理论内在地包含着对现实的批判，从而越来越不能为逐渐加强的君主专制所容忍。

在这种情况下，自西汉中期开始就已经在民间传授的古文经学兴起。古文经学所依据的经书一般都是西汉中期以后在民间发现的古书，因其是用战国及以前的古文字所书写，故称之为古文经。古文经学与今文经学并不仅仅是文字篇章的差异，主要在于它们对经书的解释与治学方法的不同。今文经学认为孔子是"为汉制法"的"素王"，而古文经学认为孔子只是古典文献的整理保存者，是一位"述而不作、信而好古"的先师；今文经学认为"六经"都是孔子所作，是孔子政治思想所托，其中有许多微言大义，而古文经学则认为"六经"是上古文化典章制度与圣君贤相政治格言的记录；今文经学注重微言大义，古文经学注重对经文本义的理解和典章制度的阐明。如果说今文经学关注的重心在于政治哲学与历史哲学的话，那么自西汉后期开始与之针锋相对的古文经学所关注的重心就是历史史料学与语言学。

经今古文学之争虽始于西汉末年，但其争斗的高峰却在东汉。而在这场斗争中，却是古文经学日益抬头，在民间流传甚广，并逐渐占据优势。由于今文经学发展后期日趋繁琐，例如"曰若稽古"四个字可以解释十万字，又有所谓"师法""家法"的束缚，再加之其与谶纬纠缠过深，使得人们逐渐遗弃了今文经学。而古文经学一来较少受"师法""家法"的制约，较为自由也较为简明；二来与谶纬瓜葛较少，较为理性；三来其放弃了今文经学的批判性，对君主专制的维护更有优势，所以在今古文经学的长期斗争中，古文经学取得了最后的胜利。东汉的古文经学大师有贾逵、许慎、马融、服虔、卢植等，弟子众多，影响很大。而今文经学只有何休取得较大的成就，他的《春秋公羊解诂》是唯一一部完整流传至今的今文经。

在今古文经学的长期争辩过程中，互相也在逐渐地渗透，互相融合。东汉初年（公元79年）召开的白虎观会议就是一个官方召开的企图弥合今古文经学异同的重要的学术会议。会议的成果由班固写成《白虎通德论》，又称《白虎通义》，简称《白虎通》一书。《白虎通》是以今文经学为基础，初步实现了经学的统一。东汉末年，古文经学的集大成者郑玄，网罗众家、遍注群经，对今古文经学进行了全面总结，自成一家之言。郑玄以古文经学为基础，但又能吸收今文经学中的优点，态度严谨，实事求是，无征不信，从而超过了前人。自此以后郑学兴盛，这不仅标志着今古文经学之争的终结，也标志着汉代经学的衰亡，之后今文经学也随之消失。

汉朝是经学最为昌盛的时代，朝野内外诵读经书蔚然成风，《汉书·韦贤传》引邹鲁民间谚语说"遗子黄金满籝，不如一经"。汉朝的"以经义决狱"是汉朝经学与王朝政治相结合的一大特色，也是汉朝经学繁盛的一大标志。儒生通过司法实践并官学私学教育，移风易俗，把经学思想深深地植入了普通民众之中。

魏晋南北朝时期是经学由衰落走向分离的时期。在曹魏时期，出现了王学与郑学之争。王学，是指王肃所创立的经学体系。王肃是司马昭的外祖父，所以王学获得了司马氏的支持，他注解的《尚书》、《诗》、《论语》、"三礼"和《左氏春秋》以及其父所作的《易传》都被列为官学。王学和郑学之间的纷争，并不是纯粹的学术争论，而带有强烈的政治斗争的意味。这场纷争同时也标志着两汉经学的衰落。

魏晋时期在经学取得较大成就的还有王弼、何晏等。王弼注《周易》，摆脱了汉代用"象数"和谶纬解说《周易》的老路，开创了用义理、思辨哲学解说《周易》的新路，这是经学史上的一次重大变革。何晏所作《论语集解》收集了汉以来各家之说，对后世影响很大。这一时期经学的特点是经学逐渐玄学化。

南北朝时期经学也随着政治上的南北对立而分立为南学和北学。据《北史·儒林传》记载，南学《周易》尊王弼，摒弃象数、发挥义理，《尚书》流行《孔传古文尚书》，《左传》盛行杜预撰《春秋左传集解》；北学《周易》、《尚书》主郑玄，《左传》主服虔。"南人简约，得其英华；北学深芜，穷其枝叶"。从学术风格上讲，南学受玄学和佛学影响比较大，能博取众家之长，又喜标新立异，反映了其哲学思辨能力的提高，而北学受北方游牧民族质朴风尚的影响，保持了汉朝经学以章句训诂为宗的特点。

经学由汉而唐，有古今文学，郑学、王学，南学、北学之争。唐代则基于取士的需要，以国家的力量来推行经学，孔颖达的《五经正义》是这时代的代表著作，同时也是郑玄以来汉学的总结与高峰。它的编纂一方面成为士人的教科书，另一方面则象征着政府在圣统上的合法性建立，影响了后来明代的《五经大全》、《永乐大典》以及清代的《四库全书》等等政府主导下的经典编辑，至唐后五代之世，宋代晁迥之前，无人异词。这个时期的经学也进入了韩国以及日本，成为诸国所仿效的法典，日本天皇更是运用经学确立了他的政治法统地位。

宋代理学兴起，自晁迥之后，理学家们以重新诠释古代经典的方式，以疑经、改经、删经来进行回归先秦经典的活动，阐发他们的主张，或保守、或激进。这一时期，出现了以《论语》、《孟子》加上从礼记中抽出的《大学》、《中庸》合称的"四书"，因为被界定为还原圣人思想的著作，因此成为超越"五经"地位的著作。

明代延续了宋代的理学路线，一方面政府编纂官方版经典文本，另一方面南方的经学力量逐渐抬头，例如王阳明就是最为重要的明代理学家。明末经学家几乎都带有王阳明式的豪气，纷纷组织学社，发动朝野清议、舆论、弹劾，与腐败的政府、宦官对抗，形成激烈的流血党争，种下了明朝灭亡的内部因子。

另外一部分的明朝流亡者、海盗、商人与士人，以日本为重要根据地，进行活动，连带将日本的经学进一步推展，例如朱舜水以《春秋》为核心的"尊王"、"攘夷"思想，影响了水户学派的政治论调，进而在明治维新引起了重大的思想浪潮。

清朝通过实施文字狱，编纂《四库全书》、《明史》等手段对士人进行思想控制，致使经学中较不介入政治的实学与考据路线特别发达。清末基于时代的需求，主张激进改革的公羊家大盛，其中又以常州学派的康有为、梁启超等最为有力活跃。两广总督阮元所辑的《皇清经解》，收七十三家，记书一百八十八种，凡一千四百卷。此书是汇集儒家经学经解之大成，是对乾嘉学术的一次全面总结。

进入民国后，由于大量的西学、政治运动取代了原来的经学思想，两者的冲击之中，产生了诸多主张，一般而言，全面排斥西学的想法已经不复存在，但仍存有"中学为体、西学为用"与全面西化的路线争执。胡适就曾说："儒家经典中，除《论孟》及《礼记》之一部分外，皆古史料而已。"胡适把《诗经》之类当成文学作品，而不再作为经典。古代经书的权威性逐渐下降，于是经学逐渐式微。

此外还必须要提到新儒学。新儒学可分为宋代新儒学和近现代新儒学。近现代新儒学又称新儒家。广义的近现代新儒学可以上溯到鸦片战争以来关于儒学变革的所有学说。狭义的近现代新儒学，则是指梁漱溟、张君劢、熊十力等人所提倡的新儒学。五四运动后梁漱溟、张君劢、熊十力等人开始在"新儒学"旗帜下进行儒学研究。

目前一般认为，新儒家可分为三代，第一代是1921年至1949年，代表人物为熊十力、梁漱溟、马一浮、张君劢、冯友兰、钱穆；1950年至1979年为第二代，代表人物为方东美、唐君毅、牟宗三、徐复观；第三代是1980年至今，代表人物有成中英、刘述先、杜维明、余英时等。

总的说来，新儒学基本上是以儒学的"内圣外王"为立宗之本的，新儒学在思想研究领域进行了一些有益的探索。

易

《易经》究竟产生于什么时候，目前的观点还没有统一，一部分学者考证说，应该是在五千年前，也有的学者认为是在七千年前，而成书的年代则是在商末周初。

关于《易经》的起源，传统上则一般认为《易经》起源自"河图、洛书"。传说在远古时代，黄河出现了背上画有图形的龙马，洛水出现了背上有文字的灵龟，圣人伏羲因此画出了"先天八卦"。

殷商末年，周文王被囚禁在羑里，又根据伏羲的"先天八卦"演绎出了"后天八卦"，也就是"文王八卦"，并进一步推演出了六十四卦，并作了卦辞和爻辞。而《易传》是春秋时期的孔子所作。所以《易经》又有"人更三圣，世历三古"的说法。意思是说：《易经》的成书，经历了上古、中古、下古三个时代，由伏羲、文王、孔子三个圣人完成。

历史上的《易经》，据说本来是有三种，即所谓的"三易"：一曰《连山》，产生于神农时代的《连山易》，是首先从"艮卦"开始的，象征"山之出云，连绵不绝"。二曰《归藏》，产生于黄帝时代的《归藏易》，则是从"坤卦"开始的，象征"万物莫不归藏于其中"，表示万物皆生于地，终又归藏于地，一切以大地为主。三曰《周易》，产生于殷商末年的《周易》，是从"乾、坤"两卦开始，表示天地之间，以及"天人之际"的学问不同。

如今，《连山易》和《归藏易》早已经失传，我们现在看到的《易经》也就只有《周易》一种了。

关于《易经》的成书时代主要有三种说法：第一种说法认为成书于春秋时期，郭沫若认为，天地对立观念，在中国思想史上出现得很晚；周金文中并无八卦的痕迹，甚至无"地"字；乾、坤等字在古书中很晚才出现，足见《易经》不可能早于春秋时期。第二种说法认为成书于西周初年，张岱年根据卦爻辞中的一些故事，如"丧牛于易"，"丧羊于易"，"高宗讨鬼方"和"帝乙归妹"，"箕子之明夷"等，推断说，这些故事大都是商和西周的故事，而周成王以后的故事都没有引用，因此，《易经》成书不可能晚于周成王时代。第三种说法认为成书于殷周之际，金景芳等学者认为，《易经》是殷周之际的作品。因为"卦出于筮"，古之巫史逐年总结占筮活动的大量记录，经过筛选整理，最终形成了《易经》。还有的学者从中国思想发展的逻辑进程和殷周之际的社会矛盾中考察《易经》的成书时代，也认为应该是成书于殷周之际。

《易经》包括《经》和《传》两大部分。

《经》分为《上经》和《下经》。《上经》三十卦，《下经》三十四卦，总共是六十四卦。六十四卦是由乾、坎、艮、震、巽、离、坤、兑这八卦重叠演变而来的。每一卦由卦画、标题、卦辞、爻辞所组成。每个卦画都有六爻，爻又分为阳爻和阴爻。阳性称为"九"，阴性称为"六"。从下向上排列成六行，依次叫做初、二、三、四、五、上。六十四个卦画共有三百八十四爻。标题与卦辞、爻辞的内容有关。卦辞在爻辞之前，一般起说明题义的作用；爻辞是每卦内容的主要部分，根据有关内容按六爻的先后层次安排。

《传》一共有七种十篇，分别是：《彖》上下篇、《象》上下篇、《文言》、《系辞》上下篇、《说卦》、《杂卦》和《序卦》。古人把这十篇"传"叫做"十翼"，意思是说"传"是附属于"经"的羽翼，即用来解说"经"的内容的。

《彖》是专门对《易经》卦名和卦辞的注释。《象》是对《易经》卦名及爻辞的注释。《文言》则专门对乾、坤二卦作了进一步的解释。《系辞》与《彖》、《象》不同，它不是对《易经》的卦辞、爻辞的逐项注释，而是对《易经》的整体评说。它是我国古代第一部对《易》的产生、原理、意义、及易卦占法等等方面，全面、系统的说明。它阐发了许多从《易经》本义中看不到的思想，是《易经》的哲学纲领。其内容博大精深，是学《易》的必读之篇。《说卦》是对八卦卦象的具体说明，是研究术数的理论基础之一。《杂卦》则是将六十四卦，以相反或相错的形态、两两相对的综卦和错卦，从卦形中来看卦与卦之间的联系。《序卦》则讲述了六十四卦的排列次序。

"易"就是"生"，而"生生"则是一个连续不断的生成过程，没有一刻停息。它并没有由一个"主宰者"来创造生命，而是由自然界本身来不断地生成、不断地创造。天地本来就是这个样子，以"生生"为基本的存在方式。"易"的这个生成过程，表现的就是宇宙的生生化化。宇宙是从混沌未分的"太极"发生出来的，而后有"阴"、"阳"，再由阴阳两种性质分化出"太阴"、"太阳"、"少阴"、"少阳"等四象，四象又分化为八卦。八卦的八组符号代表着万物不同的性质，据《说卦》的解释："乾，健也；坤，顺也；震，动也；巽，入也；坎，陷也；离，丽也；艮，止也；兑，说也。"这八种性质又可以用"天、地、风、山、水、火、雷、泽"的特征来表示。由八卦又分出六十四卦，但并非说到了六十四卦，这个宇宙的生成过程就完结了，实际上仍然可以展开。所以六十四卦最后两卦为"既济"和"未济"，这说明事物发展到最后必然有一个终结，但此一终结却又是另一个新的开始。

《易经》是一种人工编码系统。它由阴阳通码卦符组成了八卦、六十四卦、三百八十四爻三个不同水平的系统层次，同时配以卦辞和爻辞进行文字说明，有着严密、完美的内码数理结构，是目前所知的上古文明中层次最强、结构最严密的符号系统，也是最早运用系统论的典型。《易经》系统的开放性和兼容性为后世系统论应用树立了典范。

《易经》编码遵循严密的相似论、相应论、相关论、相对论规律，运用简单卦符系统对宇宙万物发展演化规律进行摹拟，找到了事物间的抽象关联，比之研究具象关联的现代科学可谓是一个全新的领域，其中的奥妙至今仍值得深入研究。

《易经》编码的阴阳学说及其极变规律、先后天八卦思想对道家影响深远，是道家学说的思想根基，被道家崇为"三玄之一"。

《易经》也是儒家中庸之道、仁义礼智信、三纲五常等思想的重要来源，被儒家尊为"群经之首"。

《易经》阴阳学说是中医阴阳学说的基础。《易经》的实时定位思想、与时偕行等思想对中医有着至为重要的影响，一人一方、因病成方的治疗原则皆源于此。同时对子午流注、八纲辨证、风寒暑湿燥火六邪等学说的形成都有重要影响。中医经典著作《黄帝内经》受《易经》的影响很大。东汉时期的《神农本草经》运用八卦取象的观念，明确了中医用药原则。张仲景《伤寒论》把阴阳学说和太极含三为一发展为六经学说，创立了六经辨证的原则，奠定了临床医学的基础。

《易经》对军事理论有直接影响。宋代王应麟在《通鉴答问》中称："盖易之为书，兵法尽备。"《易经》六十四卦，适合战争机动战略的选择，历史上著名的军事家孙膑、吴起、诸葛亮等，都是根据《易经》的原理来排兵布阵。历史上戚继光抗倭，在创立阵法时也是参考了《易经》的原理。

《易经》对武术发展也有很大的启发。《易经》中有"君子以除戎器，戒不虞"的辞，说"君子应整治兵器，以防不测"，对习武健身、防身观念的形成有直接影响。八卦掌、太极拳等拳种的理论基础，都直接来自于《易经》的理论。

《易经》对建筑学的影响主要和"风水"学说紧密相关，古代的城建布局、建筑设置等都要以《易经》理论为指导，四合院就是阴阳平衡、和谐观念建筑的典型。传统建筑中的"九梁十八柱"等都是从《易经》中获得的灵感，故宫角楼就是这种风格的典型。

围棋也是根据《易经》的原理演变而来的游戏，被认为是世界上最复杂的游戏之一，在国际象棋大师被电脑击败的今天，计算机在围棋领域甚至无法达到初学者的水平。此外，《易经》在园林、养生、环保、农业等方面都产生过巨大影响，在有的方面至今仍是重要的参考文献。《易经》编码独特的实时定位系统论思想，从根本上打破了现代科学可以"重复"的神话，强调了事物矛盾的特殊性一面，具有重要的世界观和方法论意义。随着科学的发展，其深远意义将日益被证明。

《易经》强调的与时偕行的变易思想，是和谐文化、与时俱进等国学传统思想的主要来源。《易经》编码的序结构思想，是已知最早研究事物序结构的典范，比现在的基因排序早了五千多年。同样的卦符，由于序结构不同而有《连山》《归藏》《周易》和《邵氏易》之别。

《易经》的实时定位思想，是形成"天人合一"思想的根源，至今对环保、保健仍有重要的借鉴意义。

《易经》编码的模糊观念，是后世的模糊数学的先躯。《易经》编码所依据的四论对中国文字造字、用字的"六书"有着直接的影响，象形、会意、指事、形声、转注、假借都可以在《易经》的相似论、相应论、相关论、相对论中找到相应的依据。

《易经》回答了诸多哲学、天文、预测等方面的问题，是真正的一分为二的观点，比马克思的学说早了几千年。它注重推理和条件约束，没有任何宗教色彩，通过象、数、理的推演，展示了独特的宇宙观，回答了物质、能量、信息、质量转换、辩证法则、整体运动变化、人的意志等纯哲学命题，具有世界观和方法论方面的重要意义。其辩证观念是唯物辩证法的先驱。《易经》预测所利用的偶合律,最早找到偶然性和必然性的完美结合点,是探讨偶然和必然哲学范畴的先声;其二元世界统一论思想,揭示了我们目前所处的宇宙空间的真相,暗示了二元世界解决一切问题的不二法门。

《易经》对中国文化的影响非常广泛,可以说是无处不在。对儒家、道家、中医、政治、军事、文化、民俗等诸多文化领域的影响相当深广,是世界上传承完整、绵延不绝、生生不息的文化活化石。

书

《书经》又称《尚书》、《书》,是一部上古历史文献集,《左传》等引《尚书》文字,分别称《虞书》、《夏书》、《商书》、《周书》,战国时总称为《书》,汉人改称《尚书》,意即"上古帝王之书",是中国现存最早的史书。

《尚书》记载的内容,上起尧、舜,下至春秋时期的秦穆公,包括了夏、商、周三代。它的内容可分为典、训、诰、誓、命等部分。《尚书》是孔子收集夏、商、周三代的政治文献后分门别类,从所得的三千多篇中,删削选择了一百二十篇,然后成书的。它保存了商、周特别是西周初期的一些重要史料。

在儒家所传的"五经"中,《尚书》残缺最多,因而问题也最多。秦始皇烧天下诗书及诸侯史记,并禁止民间私藏一切书。到汉惠帝时,才开了书禁;文帝接着更鼓励人民献书。书才渐渐见得着了。那时传《尚书》的只有一个济南郡的伏生。伏生本来是秦代的博士。始皇下诏烧诗书的时候,他将《书》藏在墙壁里。后来兵乱,他流亡在外。汉定天下,才回家;检查所藏的《书》,已失去数十篇,剩下的只二十九篇了。他就守着这一些,私自教授于齐、鲁之间。文帝知道了他的名字,想召他入朝。那时他已经九十多岁,不能远行到京师去。文帝便派掌故官晁错来从他学《尚书》。伏生私人的教授,加上朝廷的提倡,使《尚书》流传开来。伏生所藏的本子是用"古文"写的,还是用秦篆写的,不得而知;但他的学生却只用当时的隶书抄录流布。这就是东汉以来所谓的《今尚书》或《今文尚书》。

汉武帝提倡儒学,立五经博士;到宣帝时每经又都分家立官,共立了十四博士,每一博士各有弟子若干人。每家有所谓"师法"或"家法",从学者必须严守。这时候经学已成为谋求利禄的途径，治经学的自然也就多起来了。《尚书》也立下欧阳（和伯）、大小夏侯（夏侯胜、夏侯建）三博士，都是伏生一派分出来的。当时去伏生已久，传经的儒者为使人尊信的缘故，竟有硬说《尚书》是完整无缺的。他们说，二十九篇是取法天象的，一座北斗星加上二十八宿，不正是二十九吗！这二十九篇，东汉经学大师马融、郑玄都给作过注；可是那些注现在差不多亡失殆尽了。

到汉景帝时，鲁恭王为了扩展自己的宫殿，去拆毁孔子的旧宅，在墙壁里得到"古文"经传数十篇，其中有《书》。这些经传都是用"古文"写的；所谓"古文"，其实只是晚周民间的别体字。那时恭王肃然起敬，不敢再拆房子，并且将这些书都交还孔子的后人孔安国。安国加以整理，发现其中的《书》比通行本多出了十六篇；这被称为《古文尚书》。

东晋元帝时，梅颐献伪《古文尚书》及孔安国《尚书传》。唐太宗时，孔颖达奉诏撰《尚书正义》，就是用古今文真伪混合的本子。南宋吴棫以后，对其中真伪颇有疑议。明代梅鷟作《尚书考异》，清代阎若璩著《古文尚书疏证》等，才将《古文尚书》和孔安国《尚书传》乃属伪造的性质断实。

现在通行的《十三经注疏》本《尚书》，是《今文尚书》和伪《古文尚书》的合编本。

《书经》所录，为虞、夏、商、周各代典、谟、训、诰、誓、命等文献。其中虞、夏及商代部分文献是据传闻而写成，不尽可靠。"典"是重要史实或专题史实的记载；"谟"是记君臣谋略的；"训"是臣开导君主的话；"诰"是勉励的文告；"誓"是君主训诫士众的誓词；"命"是君主的命令。还有以人名标题的，如《盘庚》、《微子》；有以事为标题的，如《高宗肜日》、《西伯戡黎》；有以内容为标题的，如《洪范》、《无逸》。这些都属于记言散文。也有叙事较多的，如《顾命》、《尧典》。其中的《禹贡》，托言夏禹治水的记录，实为古地理志，与全书体例不一，当为后人的著述。

自汉以来，《书经》一直被视为中国封建社会的政治哲学经典，既是帝王的教科书，又是贵族子弟及士大夫必遵的"大经大法"，在历史上很有影响。

就文学而言，《书经》是中国古代散文已经形成的标志。据《左传》等书记载，在《尚书》之前，有《三坟》、《五典》、《八索》、《九丘》，但这些书都没有流传下来，《汉书·艺文志》已不见著录。叙先秦散文当从《书经》始。书中文章，结构渐趋完整，有一定的层次，已注意在命意谋篇上用功夫。后来春秋战国时期散文的勃兴，是对它的继承和发展。

秦汉以后，各个朝代的制诰、诏令、章奏之文，都明显地受到《书经》的影响。刘勰《文心雕龙》在论述"诏策"、"檄移"、"章表"、"奏启"、"议对"、"书记"等文体时，也都溯源到《书经》。

《书经》中部分篇章有一定的文采，带有某些情态。如《盘庚》三篇，是盘庚动员臣民迁殷的训词，语气坚定、果断，显示了盘庚的目光远大。其中用"若火之燎于原，不可向迩"比喻煽动群众的"浮言"，用"若乘舟，汝弗济，臭厥载"比喻群臣坐观国家的衰败，都比较形象。《无逸》篇中周公劝告成王："呜乎！君子所其无逸，先知稼穑之艰难乃逸，则知小人之依。"《秦誓》篇写秦穆公打了败仗后，检讨自己没有接受蹇叔的意见时说："古人有言曰：'民讫自若是多盘，责人斯无难，惟受责俾如流，是惟艰哉！'我心之忧，日月逾迈，若弗云来！"话语中流露出诚恳真切的态度。

此外，《尧典》、《皋陶谟》等篇中，还带有神话色彩，或篇末缀以诗歌。因此，《尚书》在语言方面虽被后人认为"佶屈聱牙"，古奥难读，而实际上历代散文家都从中取得一定的借鉴。

历来注释和研究《尚书》的著作很多，有唐代孔颖达的《尚书正义》，宋代蔡沈的《书集传》，清代孙星衍的《尚书今古文注疏》等。

诗

《诗经》共收集了三百一十一篇诗歌，其中六篇为笙诗，只有标题，而没有内容，既有标题又有文辞的现存三百零五篇。战国时期，礼崩乐坏，大量乐谱都失传了，仅存的歌词则编入了《诗经》。先秦称之为《诗》，或取其整数称《诗三百》。西汉时被尊为儒家经典后，才始称《诗经》，并沿用至今。

这些诗当初都是配乐而歌的歌词，保留着古代诗歌、音乐、舞蹈相结合的形式，但在长期的流传中，乐谱和舞蹈失传，只剩下歌词了。

《诗经》所录，均为曾经入乐的歌词。《诗经》的体例是按照音乐性质的不同来划分的，分为风、雅、颂三个部分。《风》是不同地区的地方音乐，多为民间的歌谣。《风》诗是从周南、召南、邶、鄘、卫、王、郑、齐、魏、唐、秦、陈、桧、曹、豳等十五个地区采集上来的土风歌谣，共一百六十篇。根据十五国风的名称及诗的内容大致可推断出这部分诗产生于现在的陕西、山西、河南、河北、山东和湖北北部等。《雅》是朝廷之乐,是周王朝直辖地区的音乐,大部分为贵族的作品,即所谓正声雅乐。《雅》诗是宫廷宴享或朝会时的乐歌,按音乐的不同又分为《大雅》三十一篇,《小雅》七十四篇,共一百零五篇。除《小雅》中有少量民歌外,大部分是贵族文人的作品。《颂》是宗庙祭祀的乐歌和史诗,内容多是歌颂祖先的功业的。《颂》诗又分为《周颂》三十一篇,《鲁颂》四篇,《商颂》五篇,共四十篇,全部是贵族文人的作品。

从时间上看,《周颂》和《大雅》的大部分当产生在西周初期;《大雅》的小部分和《小雅》的大部分当产生在西周后期至东迁时;《国风》的大部分和《鲁颂》、《商颂》当产生于春秋时期。从思想性和艺术价值上来看,"三颂"不如"二雅","二雅"不如"十五国风"。

关于《诗经》的编集,汉代有三种说法。

第一种说法是行人采诗说。《汉书·艺文志》载:"古有采诗之官,王者所以观风俗,知得失,自考正也。"《诗经》三百零五篇的韵部系统和用韵规律和诗歌形式基本上是一致的,而它包括的时间长、地域广,在古代交通不便、语言互异的情况下,如果不是经过有目的的采集和整理,要产生这样一部诗歌总集是不可想象的。因而采诗说是可信的。

第二种说法是孔子删诗说。《史记·孔子世家》载:"古者诗三千余篇,及至孔子去其重,取可施于礼义……三百五篇,孔子皆弦歌之。"唐代孔颖达、宋代朱熹、明代朱彝尊、清代魏源等对此说均持怀疑态度。《诗经》大约成书于公元前六世纪,此时孔子尚未出生;公元前544年吴公子季札至鲁国观乐,鲁乐工为他所奏的风诗次序与今本《诗经》基本相同,说明那时已有了一部《诗》,此时孔子年仅八岁。因此近代学者一般认为删诗说不可信。但根据《论语》中孔子所说:"吾自卫返鲁,然后乐正,雅、颂各得其所。"可知孔子确曾为《诗》正过乐。只不过至春秋后期新声兴起,古乐失传,《诗三百》便只有歌诗流传下来,成为今之所见的诗歌总集。

第三种说法是献诗说。在周代的时候公卿列士献诗、陈诗,以颂美或讽刺,是有史籍考正的。当时因为天子为了"听政"和"考其俗尚之美恶",而命诸侯百官献诗。《国语·周语》中说:"天子听政,使公卿至于列士献诗,瞽献曲,……师箴,瞍赋,矇诵。"这主要是为了反映民情,考察政治得失,最终用来维持自己的统治,这也正是《汉书·艺文志》里所说的:"王者所以观风俗,知得失,自考正也。"朱熹在《诗集传》中也认为:"诗"是"诸侯采之贡于天子"。在《汉书·食货志》、《礼记·王制》、《晋语六》等典籍中也有类似的记载。

《诗经》全面地展示了中国周代时期的社会生活,真实地反映了中国奴隶社会从兴盛到衰败时期的历史面貌。其中有些诗,如《大雅》中的《生民》、《公刘》、《绵》、《皇矣》、《大明》等,记载了后稷降生到武王伐纣,是周部族起源、发展和立国的历史叙事诗。

有些诗,如《魏风·硕鼠》、《魏风·伐檀》等,以冷嘲热讽的笔调形象地揭示出了奴隶主贪婪成性、不劳而获的寄生本性,唱出了人民反抗的呼声和对理想生活的向往,显示了奴隶制崩溃时期奴隶们的觉醒。

有些诗,如《小雅·何草不黄》、《豳风·东山》、《唐风·鸨羽》、《小雅·采薇》等写征夫思家恋土和对战争的哀怨;《王风·君子于役》、《卫风·伯兮》等则表现了思妇对征人的怀念。它们从不同的角度反映了西周时期不合理的兵役制度和战争徭役给人民带来的无穷痛苦和灾难。

有些诗,如《周南·芣苢》完整地刻画了妇女们采集车前子的劳动过程;《豳风·七月》记叙了奴隶一年四季的劳动生活;《小雅·无羊》反映了奴隶们的牧羊生活。

还有不少诗表现了青年男女的爱情生活,如《秦风·蒹葭》表现了男女之间如梦的追求;《郑风·溱洧》、《邶风·静女》表现了男女之间戏谑的欢会;《王风·采葛》表现了男女之间痛苦的相思;《卫风·木瓜》、《召南·摽有梅》表现了男女之间的相互馈赠;《鄘风·柏舟》、《郑风·将仲子》则反映了家长的干涉和社会舆论给青年男女带来的痛苦;另如《邶风·谷风》、《卫风·氓》还抒写了弃妇的哀怨,愤怒谴责了男子的忘恩负义,反映了阶级社会中广大妇女的悲惨命运。

《周礼·春官·大师》中说:"大师教六诗:曰风,曰赋,曰比,曰兴,曰雅,曰颂。"六诗在《毛诗序》中又作六义。其中,风、雅、颂,是指体例分类来说的;赋、比、兴,是就表现手法而言的。

关于赋、比、兴,宋代朱熹在《诗集传》中做了比较确切的解释:"赋者,敷陈其事而直言之也;比者,以彼物比此物也;兴者,先言他物以引起所咏之词也。"例如《豳风·七月》、《卫风·氓》都是赋体:前者铺叙了奴隶春耕、采桑、纺织、田猎、造酒、贮藏和准备过冬等一年四季的全部劳动生活,表现了阶级的对立和奴隶们的悲愤之情；后者倒叙了弃妇与男子由恋爱到结婚直至被男子遗弃的悲惨遭遇，表现了弃妇的哀怨和决绝。又如《魏风·硕鼠》、《邶风·新台》都是比体，前者把剥削者比作贪婪的大老鼠；后者把淫乱无耻的卫宣公比作大癞蛤蟆；二者都寄寓了极大的讽刺之意。另如《周南·关雎》、《魏风·伐檀》都是兴体：前者以贞鸟雎鸠的"关关"叫声起兴，联想起人的男女之情；后者以奴隶们的"坎坎"伐木声起兴，联想到奴隶主阶级的不劳而获。在《诗经》中，赋、比、兴手法常常是交替使用的，有"赋而比也"，有"比而兴也"，还有"兴而比也"。如《卫风·氓》是赋体，但诗中"桑之未落，其叶沃若，吁嗟鸠兮，无食桑葚"又显然是"兴而比也"。另如《卫风·硕人》，用铺陈的手法描写庄姜美貌，但其中"手如柔荑，肤如凝脂，齿如瓠犀，螓首蛾眉"传神地表现出庄姜的天生丽质，这显然又是"赋而比也"。赋、比、兴手法的成功运用，是构成《诗经》民歌浓厚风土气息的重要原因。

《诗经》以四言为主，兼有杂言。在结构上多采用重章叠句的形式加强抒情效果。每一章只变换几个字，却能收到回旋跌宕的艺术效果。在语言上多采用双声叠韵、叠字连绵词来状物、拟声、穷貌。"以少总多，情貌无遗"。此外，《诗经》在押韵上有的句句押韵，有的隔句押韵，有的一韵到底，有的中途转韵，现代诗歌的用韵规律在《诗经》中几乎都已经具备了。

《诗经》是中国现实主义文学的光辉起点，在中国乃至世界文化史上都占有重要的地位。它开创了中国诗歌的优秀传统，对后世文学产生了不可磨灭的影响。

《诗经》的影响已越出中国走向世界，日本、朝鲜、越南等国很早就传入汉文版的《诗经》。从18世纪开始，又出现了法文、德文、英文、俄文等译本。

《诗经》中的乐歌，原来的主要用途，一是作为各种典礼仪节的一部分，二是娱乐，三是表达对于社会和政治问题的看法。但到后来，《诗经》成了贵族教育中普遍使用的文化教材，学习《诗经》成了贵族人士必需的文化素养。这种教育一方面具有美化语言的作用，特别在外交场合，常常需要摘引《诗经》中的诗句，曲折地表达自己的意思，这就是所谓的"赋《诗》言志"。其具体情况在《左传》中多有记载。《论语》记孔子的话说："不学《诗》，无以言。""诵《诗》三百，授之以政，不达；使于四方，不能专对，虽多亦奚以为？"由此可以看出学习《诗经》对于上层人士以及准备进入上层社会的人士，具有何等重要的意义。

《诗经》的教育还具有政治、道德意义。《礼记·经解》中引用孔子的话说，经过"诗教"，可以导致人"温柔敦厚"。《论语》里记载孔子的话，也说学了《诗》可以"远之事君，迩之事父"，即学到侍奉君主和长辈的道理。按照孔子的意见，"《诗》三百，一言以蔽之，曰：思无邪"。意思就是说，《诗经》中的作品，全部是符合于当时社会公认道德原则的。否则不可能用以"教化"。孔子言其"乐而不淫，哀而不伤"。这里有两点值得注意：第一，就孔子所论来推测当时人对《诗经》的看法，他们所定的"无邪"的范围还是相当宽广的。许多斥责统治黑暗、表现男女爱情的诗歌，只要不超出一定限度，仍可认为是"无邪"即正当的感情流露。第二，尽管如此，《诗经》毕竟不是一部单纯的诗集，它既是周王朝的一项文化积累，又是贵族们日常诵习的对象。所以，虽然其中收录了不少民间的歌谣，但恐怕不可能包含正面地、直接地与社会公认的政治与道德原则相冲突的内容。

秦代曾经焚毁包括《诗经》在内的所有儒家典籍。但由于《诗经》是易于记诵和士人普遍熟悉的书，所以到了汉代又得到流传。

汉初传授《诗经》学的共有四家，也就是四个学派：齐之辕固生，鲁之申培，燕之韩婴，赵之毛亨、毛苌，简称齐诗、鲁诗、韩诗、毛诗（前二者取国名，后二者取姓氏）。齐、鲁、韩三家属今文经学，是官方承认的学派，毛诗属古文经学，是民间学派。但到了东汉以后，毛诗反而日渐兴盛，并为官方所承认；前三家则逐渐衰落，到了南宋，就完全失传了。今天我们看到的《诗经》，就是毛诗一派的传本。

三 礼

礼在中国古代用于定亲疏，决嫌疑，别同异，明是非。《释名》中说："礼，体也。言得事之体也。"《礼器》中说："忠信，礼之本也；义理，礼之文也。无本不立，无文不行。"礼是一个人为人处事的根本。也是人之所以为人的一个标准。所以孔子说："不学礼，无以立。"

礼在中国古代是社会的典章制度和道德规范。作为典章制度，它是社会政治制度的体现，是维护上层建筑以及与之相适应的人与人交往中的礼节仪式。作为道德规范，它是国家领导者和贵族等一切行为的标准和要求。在孔子以前已有夏礼、殷礼、周礼。夏、殷、周三代之礼，因革相沿，到周公时代的周礼，已比较完善。

在封建时代，礼维持社会、政治秩序，巩固等级制度，调整人与人之间的各种社会关系和权利义务的规范和准则。礼既是中国古代法律的渊源之一，也是古代法律的重要组成部分。

周公制礼，典章制度较前代更为完备，发展到了"郁郁乎文哉"的程度，使孔子赞叹不已，宣称"吾从周"。周人本以"尊礼"著称，到了春秋时代，王室衰微，礼乐征伐自诸侯出，陪臣执国命，等级制度破坏，统治者内部对于礼任意僭用，礼崩乐坏，所以司马迁说，"孔子之时，周室微而礼乐废"。但由于周代礼制非常完善、周密，仍为士大夫所向往，力图予以恢复。春秋时代，孔子以前的人，如师服、内史过等，与孔子同时的人，如叔向、晏婴、游吉等，论礼的很多。但论礼最多，并自成体系的首推孔子。礼与仁义是儒家学说的核心。

儒家鼓吹的理想封建社会秩序是贵贱、尊卑、长幼、亲疏有别，要求人们的生活方式和行为符合他们在家族内的身份和社会、政治地位，不同的身份有不同的行为规范，这就是礼。礼具有鲜明的阶级性和差别性。所以古人指出礼的特征为"别异"或"辨异"。春秋、战国和汉代论礼的人，一致强调礼的作用在于维持建立在等级制度和亲属关系上的社会差异，这点最能说明礼的涵义和本质。荀子说："人道莫不有辨，辨莫大于分，分莫大于礼。"还说："故先王案为之制礼义以分之，使贵贱之等、长幼之差、知贤愚能不能之分，皆使人载其事而各得其宜。"《礼记》中说："礼者所以定亲疏，决嫌疑，别同异，明是非也。"又云："亲亲之杀，尊贤之等，礼所生也。"韩非子说："礼者……君臣父子之交也，贵贱贤不肖之所以别也。"董仲舒说：礼者"序尊卑、贵贱、大小之位，而差外内远近新故之级者也"。《白虎通德论》中说：礼所以"序上下、正人道也"。这些话都证明礼是有差别性的行为规范，决非普遍适用于一切人的一般规范。

礼既是富于差别性、因人而异的行为规范，所以"名位不同，礼亦异数"。每个人必须按照他自己的社会、政治地位去选择相当于其身份的礼，符合这条件的为有礼，否则就是非礼。举例来说，八佾舞是天子的礼，卿大夫只许使用四佾，鲁季氏以卿行天子之礼，八佾舞于庭，孔子认为非礼，愤慨地说："是可忍也，孰不可忍也？"树塞门和反坫是国君所用的礼，管仲采用，孔子批评他不知礼。历代冠、婚、丧、祭、乡饮等礼，都是按照当事人的爵位、品级、有官、无官等身份而制定的，对于所用衣饰器物以及仪式都有繁琐的规定，不能僭用。在家族中，父子、夫妇、兄弟之礼各不相同。夜晚为父母安放枕席，早晨向父母问安，出门必面告，回来必面告，不住在尊者所居的室的西南角，不坐在席的中央，不走正中的道路，不立在门的中央，不蓄私财，是人子之礼。只有通过不同的礼，才能确定家族内和社会上各种人的身份和行为，使人人各尽其本分。"君臣上下父子兄弟非礼不定"。

统治阶级内部和庶人都受礼的约束。所谓"礼不下庶人"，并非庶人无礼，只是说庶人限于财力、物力和时间，不能备礼，更重要的是贵族和大夫的礼不适用于庶人。例如庶人无庙祭而祭于寝。

礼的内容繁多，范围广泛，涉及人类各种行为和国家各种活动。《礼记》中说"以之居处有礼故长幼辨也，以之闺门之内有礼故三族和也，以之朝廷有礼故官爵序也，以之田猎有礼故戎事闲也，以之军旅有礼故武功成也。是故宫室得其度……鬼神得其飨，丧纪得其哀，辩说得其党，官得其体，政事得其施"，可见其范围之广，"君子无物而不在礼矣"。

儒家认为，人人遵守符合其身份和地位的行为规范，便"礼达而分定"，达到孔子所说的"君君臣臣父父子子"的境地，贵贱、尊卑、长幼、亲疏有别的理想社会秩序便可维持了，国家便可以长治久安了。反之，弃礼而不用，或不遵守符合身份、地位的行为规范，便将如周内史过所说的"礼不行则上下昏"，而儒家所鼓吹的理想社会和伦常便无法维持了，国家也就不可得长治久安了。因此儒家极端重视礼在治理国家上的作用，提出礼治的口号。孔子说"安上治民，莫善于礼"，《礼记》说"礼者君之大柄也……所以治政安君也"，可见礼是封建统治阶级维持其统治的重要工具。"为政先礼，礼其政之本欤！"儒家认为推行礼治即是为政。师服云，"礼以体政"；孔子说，"为国以礼"；晏婴说，"礼之可以为国也久矣"；《左传》引君子说，"礼经国家，定社稷"；女叔齐说，"礼所以守其国，行其政令，无失其民者也"；荀子说，"国之命在礼"。从这些话里可以充分看出礼与政治的密切关系，国之治乱系于礼之兴废。所以荀子说，"礼者治辨之极也，强国之本也，威行之道也，功名之总也，王公由之所以得天下也，不由所以陨社稷也"；《礼记》说，治国以礼则"官得其体，政事得其施"，治国无礼则"官失其体，政事失其施"，结论是"礼之所兴，众之所治也；礼之所废，众之所乱也"。显而易见，放弃礼和礼治，儒家心目中的理想封建社会便无法建立和维持了。

仪 礼

《仪礼》是中国古代记载典礼仪节的书。原来就叫《礼》，汉朝人称为《士礼》，对《礼记》而言，又叫《礼经》。到了晋代才称《仪礼》，比如《晋书·荀崧传》就有请立郑玄《仪礼》博士的话。其实，改称《仪礼》也不无道理，因为《仪礼》十七篇，全是礼仪的详细记录，这书一般光记仪节，不讲礼的意义。

《仪礼》是儒家传习最早的一部书。以前人们说这书是周公做的，不太可信。《史记》和《汉书》都认为出于孔子。《史记·孔子世家》上说："孔子之时，周室微而礼乐废，《诗》《书》缺。追述三代之礼，序《书传》，上纪唐虞之际，下至秦缪，编次其事。曰：'夏礼吾能言之，杞不足征也；殷礼吾能言之，宋不足征也。文献不足故也。足，则吾能征之矣。'观殷夏所损益，曰：'后虽百世可知也，以一文一质。周监二代，郁郁乎文哉！吾从周。'故《书传》、《礼》记自孔氏。"《汉书·儒林传》上说孔子"论《诗》则首《周甫》，缀周之礼"。司马迁说《礼》记自孔氏，班固说孔子把周代残留的礼采缀成书。《礼记·杂记下》上也说："恤由之丧，哀公使孺悲之孔子，学士丧礼，《士丧礼》于是乎书。"显然，《仪礼》成书于东周时代。

孔子本人是位礼学大家，《史记》上说孔子从小就好礼："为儿嬉戏，常陈俎豆，设礼容。"他特别留意各代各国的礼，曾"适周问礼"，注意采辑搜访，《论语·八佾篇》上说"子入太庙每事问"，他时刻是注意礼事的。他编辑的《礼》，是传授弟子们的一项重要课程。这门课程不光是讲授，尤其重视实习。《礼记·射义》上说"孔子射于矍相之圃，盖观者如堵墙"。这是在演习《乡饮酒礼》。他在鲁国是这样，周游列国也是这样，《史记·孔子世家》上说，"孔子去曹适宋，与弟子习礼于大树下"。可见他颠沛造次都不忘《礼》。

《仪礼》一书形诸文字是在东周时期，而其中所记录的礼仪活动，在成书以前早就有了。这些繁缛的登降之礼，趋详之节，不是孔子凭空编造的，而是他采辑周鲁各国即将失传的礼仪而加以整理记录的。宋代学者朱熹说："《仪礼》不是古人预作一书如此，初间只是以义起，渐渐相袭得好，只管巧，至于情文极细密周致处，圣人见此意思好，故录以成书。"这话是相当精辟圆通的。朱熹这段话的中心意思是：《仪礼》中记载的礼仪的具体细节，早在成书以前就有了，经过长期行用，逐渐充实完善而定型，后来才整理成书。也就是说，《仪礼》一书所反映的礼节形式，不仅有东周时代周鲁各国的，也含有更早一些时候的。因为礼仪也好，礼俗也好，都有很大的因袭性。就拿跪拜礼节来说，它起源于原始社会，盛行于奴隶社会、封建社会，而它并没有随封建社会的结束而绝迹。

据《史记·孔子世家》说，孔子以诗书礼乐教授弟子有好几千人，身通六艺的有七十二人。孔子死后，"而诸儒亦讲礼乡饮大射于孔子冢。故所居堂弟子内，后世因庙藏孔子衣冠琴车书，至于汉二百年不绝"。甚至在残酷的战争年代里，孔门的儒生弟子们对于诗书礼乐的学习也没有中断。《史记·儒林列传》上说，楚汉相争时，刘邦"举兵围鲁，鲁中诸儒尚讲诵习礼乐，弦歌之音不绝"。秦始皇焚书坑儒是中国文化史上的第一次厄运，但这种野蛮措施并没有也不能阻止住诗书礼乐的流传。

西汉的史学家司马迁，说他自己亲眼看到"仲尼庙堂车服礼器，诸生以时习礼其家"的情景，而流连忘返。

《汉书·儒林传》上说，汉兴，鲁高堂生传《士礼》十七篇。而萧奋以《礼》至淮阳太守。孟卿事萧奋，以授后仓、闾丘卿。仓授闻人通汉、戴德、戴圣、庆普。从此传授不断，《汉书》、《后汉书》上都记录了传授关系。到东汉时，学者郑玄给这十七篇礼文作了精当的注解，这更有助于此书的广泛传习了。

现存《仪礼》的篇次，是郑玄采用刘向《别录》所定的次序，即士冠礼第一，士婚礼第二，士相见礼第三，乡饮酒礼第四，乡射礼第五，燕礼第六，大射礼第七，聘礼第八，公食大夫礼第九，觐礼第十，丧服第十一，士丧礼第十二，既夕第十三，士虞礼第十四，特牲馈食礼第十五，少牢馈食礼第十六，有司彻第十七。

据郑玄的《三礼目录》记载，西汉礼家戴德、戴圣传本的篇次都跟刘向所定的篇次不同。有些学者认为，比较起来，戴德传本的篇次更为合理。大戴所传十七篇的顺序是：士冠礼一，婚礼二，士相见三，士丧礼四，既夕五，士虞礼六，特牲馈食礼七，少牢馈食礼八，有司彻九，乡饮酒礼十，乡射礼十一，燕礼十二，大射礼十三，聘礼十四，公食大夫礼十五，觐礼十六，丧服十七。为什么说戴德传本的篇次更为合理呢？《礼记·昏义》上说："夫礼始于冠，本于昏，重于丧祭，尊于朝聘，和于射乡，此礼之大体也。"戴德传本的篇次大体上就合乎《昏义》上所说的次序。

清代学者邵懿辰在他的《礼经通论》里说："冠昏丧祭射乡朝聘八者，礼之经也。冠以明成人，昏以合男女，丧以仁父子，祭以严鬼神，乡饮以合乡里，燕射以成宾主，聘食以睦邦交，朝觐以辨上下。"也是赞同戴德传本篇次的。罗振玉《汉熹平石经残字集录》中著录一石，首行作"乡饮酒第十"，跟郑玄《三礼目录》中所举戴德的篇次吻合，可见汉朝礼学博士们的读本，就是用戴德传本篇次的。不过，郑玄采用的刘向所编定的篇次，也不能说杂乱不合理，这个篇次是用三条线贯穿着的，从成人、成婚到社交活动，从低级贵族到高级贵族，从生到死。排法尽管与大戴不同，系统性也是很鲜明的。

《仪礼》一书，记载的是先秦的礼仪制度，时过境迁，它是否已经没有任何价值可言了呢？当然不是。

首先，《仪礼》作为一部上古的经典，具有很高的学术价值。此书材料，来源甚古，内容也比较可靠，而且涉及面广，从冠婚飨射到朝聘丧葬，无所不备，犹如一幅古代社会生活的长卷，是研究古代社会生活的重要史料之一。书中记载的古代宫室、车旗、服饰、饮食、丧葬之制，以及各种礼乐器的形制、组合方式等等尤其详尽，考古学家在研究上古遗址及出土器物时，每每要质正于《仪礼》。《仪礼》还保存了相当丰富的上古语汇，为语言、文献学的研究提供了价值很高的资料。《仪礼》对于上古史的研究几乎是不可或缺的，古代中国是宗法制社会，大到政治制度，小到一家一族，无不浸润于其中。《仪礼》对宗法制度的阐述，是封建宗法制的理论形态，要深刻把握古代中国的特质，就不能不求于此。此外，《仪礼》所记各种礼典，对于研究古人的伦理思想、生活方式、社会风尚等，都有不可替代的价值。

其次，尽管宋代以后，《仪礼》一书在学术界受到冷落，但在皇室的礼仪制度中，《仪礼》始终是作为圣人之典而受到尊重的。从唐代的开元礼到宋代的《政和五礼新仪》、《大明集礼》，乃至《大清会典》，皇室主要成员的冠礼、婚礼、丧礼、祭礼，以及聘礼、觐礼等，都是以《仪礼》作为蓝本，加以损益而成的。

再次，由于佛教的传入，使民间的传统生活习惯发生很大变化，如果听之任之，则中国的传统文化将有全面佛教化的可能。宋代的有识之士如司马光、朱熹等，意识到《仪礼》中的礼制是中国儒家文化的典型，如果它从中国社会彻底消失，那将是儒家文化的彻底消失。他们顺应时势、对《仪礼》进行删繁就简，取精用弘的改革，摘取其中最能体现儒家人文精神的冠、婚、丧、祭诸礼，率先实行，并在士大夫阶层中加以提倡，收到了比较积极的成效。可见，《仪礼》在宋代时还起过捍卫民族文化的作用。

最后，《仪礼》在今天还有没有价值可言呢？回答是肯定的。但这并不是说要恢复《仪礼》的制度，而是说应该利用《仪礼》礼义中的合理内核。《仪礼》中的许多礼仪，是儒家精心研究的结晶，有许多思想至今没有过时。对于这一宝贵的历史文化遗产，我们应该保持应有的尊重，并以科学的态度加以总结，为建设社会主义精神文明所用。今礼之中有古义，人们不自知罢了；古礼也可以今用，这正是我们应该像王安石、朱熹那样认真研究的课题。

《仪礼》所记的仪节制度，对后世的影响是十分深远的，冠婚丧祭各种礼节一般都为后世承袭，只是细节上略有增减而已，乡饮酒礼一直到清朝道光年间才因经费问题而废止。特别值得一提的是《仪礼》中的丧服篇。从魏晋以迄清末，礼制介入了法制，各个王朝的法典，都是以儒家学说为指导思想和立法根据的。其中最重要的一点是根据丧服篇中的"五服制度"规定，实行了"准五服以治罪"的原则（《晋书·刑法志》）。可以说，《丧服》是篇极为特殊的历史文献，从干预生活的直接性、深刻性、广泛性、持久性这些方面来讲，简直是无与伦比的。

近代学者张洪之曾称，"象传两语，可括《仪礼》全书。礼云：君臣上下，父子兄弟，非礼不定，防患也。"上下之辨，之所以可以概括《仪礼》全书，在于它关乎个体各自的位与德，也是人们谨守各自的职分与修养德业的根据，礼正是通过尊卑上下原则来使社会中的众多个体各安其分的。司马光在对"辨上下"的阐释中，称"履者，人之所履也。民生有欲，喜进务得而不可厌者也，不以礼节之，则贪侈无穷。是故先王作，为礼以治之，使尊卑自等，长幼有伦，然后上下各安其分，而无觊觎之心，此先王制世御俗之方也。"如果说履卦的象辞所阐明是"辨上下"的尊卑原则，那么，是《序卦》所阐明的则是履卦对礼的践履原则。《序卦》称："物畜然后有礼，故受之以履，履者，礼也。"这就明确地将履与礼对应起来，《荀子》称"礼者人之所履也"，也正强调了礼的践履原则。

随着封建制度的覆灭，《仪礼》及其派生礼典所记录的一系列仪节就失去了社会凭借，从而剥夺了它实践的可能性，但《仪礼》一书的仍然有较高的史料价值。

礼 记

《礼记》是战国至秦汉年间儒家学者解释说明经书《仪礼》的文章选集，是一部儒家思想的资料汇编。《礼记》的作者不止一人，写作时间也有先有后，其中多数篇章可能是孔子的七十二名高足弟子及其学生们的作品，还兼收先秦的其它典籍。

经 部
Jingbu

汉代把孔子定的典籍称为"经",弟子对"经"的解说是"传"或"记",《礼记》因此得名,即对《礼》的解释。到西汉前期《礼记》共有一百三十一篇。相传戴德选编其中八十五篇,称为《大戴礼记》;戴圣选编其中四十九篇,称为《小戴礼记》。东汉后期大戴本不流行,以小戴本专称《礼记》而且和《周礼》、《仪礼》合称"三礼",郑玄作了注,于是地位上升为经。

《礼记》的内容主要是记载和论述先秦的礼制、礼仪,解释仪礼,记录孔子和弟子等的问答,记述修身作人的准则。实际上,这部九万字左右的著作内容广博,门类杂多,涉及到政治、法律、道德、哲学、历史、祭祀、文艺、日常生活、历法、地理等诸多方面,几乎包罗万象,集中体现了先秦儒家的政治、哲学和伦理思想,是研究先秦社会的重要资料。

《礼记》所包含的儒家思想的史料相当丰富。如果研究早期的儒家思想,需要读《论语》,而如果研究战国秦汉时期的儒家思想,就不能不读《礼记》了。读《论语》能够看到儒家学派的确立,读《孟子》、《荀子》、《礼记》则能够看到儒家学派的发展。从《礼记》这部书里,可以看到儒家对人生的一系列的见解和态度。《王制》、《礼运》谈到了儒家对国家、社会制度的设想。如《礼运》展示的理想是:"大道之行也,天下为公,选贤与能,讲信修睦。故人不独亲其亲,不独子其子,使老有所终,壮有所用,幼有所长,矜寡孤独废疾者皆有所养,男有分,女有归。货恶其弃于地也,不必藏于己,力恶其不出于身也,不必为己……是谓大同。"这类光辉的语言,并不因为年长日久而失去亮度,它极为精炼地反映了我们祖先对美满而公正的社会的强烈向往。

《礼记》有不少篇章是讲修身作人的,像《大学》、《中庸》、《儒行》等篇就是研究儒家人生哲学的重要资料。专讲教育理论的《学记》,专讲音乐理论的《乐记》,至今仍然有研读的价值。

《曲礼》、《少仪》、《内则》等篇记录了许多生活上的细小仪节,从中我们可以了解古代贵族家庭成员之间彼此相处的关系。今天看来,这些细节极为繁琐、迂腐、呆板、缺乏生气,不过有些地方,还是可以借鉴的。读了这些篇章,我们可以知道,说中国是个文明礼义之邦,绝不只是个空泛的赞语。

《礼记》中关于丧祭之类的篇章占了很大的比重。这类文字有四大特点:琐碎、枯燥、难懂、远离今天的生活。可是对于研究中国古代社会。特别是研究中国宗法制度的人们来说,实在是珍贵的文字资料。其中有很多地方是对《仪礼·丧服》的补充和说明。

《礼记》中还有不少专篇是探讨制礼深义的。这类文章是研究儒家礼治思想的重要依据。举例来说，《昏义》是解释《昏礼》制定意义的专篇。一开始就解释为什么要重视婚礼，说"昏礼者，将合二姓之好，上以事宗庙，而下以继后世也，故君子重之"。所以要在家长主持下搞一套隆重礼节。从而得知，结婚一事之所以重要，因为结婚更是家族中的一件庄重的事，而不只是个人的美事。

此外，儒家对各种祭礼、丧礼、冠礼、乡饮酒礼、射礼、聘礼等等都有一套解释，也都在《礼记》中有所体现。显然，研究这些有助于全面理解儒家的思想体系。

《礼记》全书用记叙文形式写成，一些篇章具有相当的文学价值。有的用短小生动的故事阐明某一道理，有的气势磅礴、结构谨严，有的言简意赅、意味隽永，有的擅长心理描写和刻画，书中还收有大量富有哲理的格言、警句，精辟而深刻。

《礼记》与《仪礼》、《周礼》合称"三礼"，对中国文化产生过深远的影响，各个时代的人都从中寻找思想资源。因而，历代为《礼记》作注释的书很多，当代学者在这方面也有一些新的研究成果。

我们今天所见到的《礼记》又名《小戴礼记》，东汉郑玄的《六艺论》、晋代陈邵的《周礼论叙》和《隋书·经籍志》都认为是西汉礼学家戴圣编定的。这是传统的说法。

经近代学者研究，断定这种说法有问题。西汉时期立于学官的"五经"是《易》、《书》、《诗》、《礼》、《春秋》。所谓《礼》，指的是《士礼》，也就是晋代以来所称的《仪礼》。先秦礼学家们传习《仪礼》的同时，都附带传习一些参考资料，这种资料叫作"记"。所谓学所记也。西汉礼学家们传授《仪礼》的时候，也各自选辑一些"记"，作为辅助材料。它们共同的特点是：一、都是用当时通行的隶书抄写的；二、附《仪礼》而传习，没有独立成书；三、因为是附带传习的资料，往往随个人兴趣而有所删益，即使是一个较好的选辑本，它的篇数、编次也没有绝对的固定性。

西汉的礼学纯属今文学派，尽管礼学家们彼此的学术观点也存在着歧异，但是他们都排斥古文经记，再说当时一些古文经记都藏在皇家秘府，一般人也见不到。西汉末期，掌管校理古文经籍的刘歆，建议把《左氏春秋》、《毛诗》、《逸礼》、《古文尚书》列为官学，结果遭到学官博士们的一致反对，刘歆斥责他们"抱残守缺"。由此可以推知，西汉礼学家们各自选辑的"记"，不会也不可能收进他们所排斥的且当时尚未行世的古文经记。可是由东汉中期传留至今的《礼记》中,就羼进了古文学派的文字。比如"记",就是对经文的解释、说明和补充。这种记,累世相传原是很多的,不是一人一时之作。到了西汉时期,礼家传抄的记就不多了。东汉史学家班固在他的《汉书·艺文志》礼家项目中说:"《记》百三十一篇。"《奔丧》、《投壶》就是《逸礼》中的两篇。因此,不能说今天所见的这部《礼记》是西汉礼学家戴圣编定的。

西汉平帝时期,王莽当政,把《左氏春秋》、《毛诗》、《逸礼》、《古文尚书》立于学官,此后大力推行古文经学二十多年。东汉王朝建立后,立经十四博士,都是今文经学,《礼》的方面,立的是大戴、小戴两家,把王莽时期所立的各种古文经学再次排斥在官学之外。虽然如此,由于古文经学已大兴于世,从总的情况来看,今文古文两个学派日趋混同。东汉时期的大多数今文学派的礼学家,为了适应皇朝的礼制需要,为了自己的功名利禄,不再甘心"抱残守缺"地传习《士礼》,而致力于"博学洽闻",从而在资料的汇辑上也趋向并蓄兼收。因此西汉经师们选编传抄下来的各种选辑本,经过东汉经师之手,自然不免羼进了一些已经行世的古文经记。

经过长时期的流传删益,到东汉中期大多数"记"的选辑本先后被淘汰,而形成和保留了八十五篇本和四十九篇本。前者篇数多,遂名之为《大戴礼记》;后者篇数少,遂名之为《小戴礼记》。其实这两个"记"的选辑本,都不是大戴(戴德)、小戴(戴圣)各自附《仪礼》而传习的"记"的选辑本的原貌。

东汉学者郑玄给东汉中期定型的收有四十九篇的"记"的选辑本——《礼记》做了出色的注解,这样一来,使它摆脱了从属《仪礼》的地位而独立成书,渐渐地得到了一般士人的尊信和传习。魏晋南北朝时期出现了不少有关《礼记》的著作。到了唐朝,国家设科取士,把近二十万字的《左传》和近十万字的《礼记》都列为大经,五万字的《仪礼》和《周礼》、《诗经》等列为中经。因为《礼记》文字比较通畅,难度较小,且被列为大经,所以即使它比《仪礼》的字数多近一倍,还是攻习《礼记》的人多。到了明朝,《礼记》的地位进一步被提高,汉朝的五经里有《仪礼》而没有《礼记》,明朝的五经里有《礼记》而没有《仪礼》。于是《仪礼》日趋衰落了。

从西汉到明清这一漫长的历史时期,为什么《礼记》越来越受重视,而《仪礼》越来越被漠视呢?因为《仪礼》记的是一大堆礼节单子,枯燥乏味,难读难懂，又离现实生活较远，社会的发展使它日益憔悴而丧失了吸引力。而《礼记》呢？它不仅记载了许多生活中实用性较大的细仪末节，而且详尽地论述了各种典礼的意义和制礼的精神，相当透彻地宣扬了儒家的礼治主义。历史和现实的经验使封建统治阶级越来越深切地认识到，在强化国家机器的同时，利用以礼治主义为中心的儒家思想，吸引广大知识阶层，规范世人的思想和行动，是维护统治秩序和获得"长治久安"的不容忽视的大政方针。这就是《礼记》所以受到历代王朝的青睐，以至被推上经典地位的根本原因。

《礼记》由多人撰写，采自多种古籍遗说，内容极为庞杂，编排也较零乱，后人采用归类方法进行研究。东汉郑玄将四十九篇分为通论、制度、祭祀、丧服、吉事等八类。近代梁启超则分为五类：一通论礼仪和学术，有《礼运》、《经解》、《乐记》、《学记》、《大学》、《中庸》、《儒行》、《坊记》、《表记》、《缁衣》等篇。二解释《仪礼》十七篇，有《冠义》、《昏义》、《乡饮酒义》、《射义》、《燕义》、《聘义》、《丧服四制》等篇。三记孔子言行或孔门弟子及时人杂事，有《孔子闲居》、《孔子燕居》、《檀弓》、《曾子问》等。四记古代制度礼节，并加考辨，有《王制》、《曲礼》、《玉藻》、《明堂位》、《月令》、《礼器》、《郊特牲》、《祭统》、《祭法》、《大传》、《丧大记》、《丧服大记》、《奔丧》、《问丧》、《文王世子》、《内则》、《少仪》等篇。五为《曲礼》、《少仪》、《儒行》等篇的格言、名句。

周 礼

《周礼》是一部通过官制来表达治国方案的著作，内容极为丰富。《周礼》六官的分工大致为：天官主管宫廷，地官主管民政，春官主管宗族，夏官主管军事，秋官主管刑罚，冬官主管营造，涉及社会生活的所有方面，在上古文献中实属罕见。

《周礼》所记载的礼的体系最为系统，既有祭祀、朝觐、封国、巡狩、丧葬等等的国家大典，也有如用鼎制度、乐悬制度、车骑制度、服饰制度、礼玉制度等等的具体规制，还有各种礼器的等级、组合、形制、度数的记载。许多制度仅见于此书，因而尤其宝贵。

《周礼》面世之初，不知什么原因，连一些身份很高的儒者都没见到就被藏入秘府，从此无人知晓。直到汉成帝时，刘向、刘歆父子校理秘府所藏的文献，才重又发现此书，并加以著录。刘歆十分推崇此书，认为出自周公手作，是"周公致太平之迹"。东汉初，刘歆的门人杜子春传授《周礼》之学，郑众、贾逵、马融等鸿儒皆仰承其说，一时注家蜂起，歆学大盛。

遗憾的是，如此重要的一部著作，却无法确定它是哪朝哪代的典制。此书名为《周官》，刘歆说是西周的官制，但书中没有直接的证明。更为麻烦的是，西汉立于学官的《易》、《诗》、《书》、《仪礼》、《春秋》等儒家经典，都有师承关系可考，《汉书》的《艺文志》、《儒林传》都有明确的记载，无可置喙。而《周礼》在西汉突然被发现，没有授受端绪可寻，而且先秦文献也没有提到此书，所以，其真伪和成书年代问题成为聚讼千年的一大公案。历代学者为此进行了旷代持久的争论，至少形成了西周说、春秋说、战国说、秦汉之际说、汉初说、王莽伪作说等六种说法。古代名家大儒，以及近代的梁启超、胡适、顾颉刚、钱穆、钱玄同、郭沫若、徐复观、杜国庠、杨向奎等著名学者都介入了这场讨论，影响之大，可见一斑。

作为主流派的意见，古今判若两途。古代学者大多宗刘歆、郑玄之说，认为是周公之典。清代著名学者孙诒让认为，《周礼》一书，是自黄帝、颛顼以来的典制，"斟酌损益，因袭积累，以集于文武，其经世大法，咸粹于是"，是五帝至尧、舜、禹、汤、文、武、周公的经世大法的集粹。古代学者以五帝、三代为圣明之世、至治之极，其后则是衰世。周公是五帝三代的集大成者，古人将《周礼》的著作权归之于周公是十分自然的事。

近代学者大多反对古人的这种历史观。从文献来看，比较集中地记载先秦官制的有《尚书》的《周官》篇和《荀子》的《王制》篇，《周官》已经亡佚。最初曾有人认为，《周礼》原名《周官》，应当就是《尚书》的《周官》篇。但是，《尚书》二十八篇，每篇不过一二千字，而《周礼》有四万余字，完全不像是其中的一篇。《荀子·王制》所记官制，大体可以反映战国后期列国官制的发达程度，但是总共只有七十多个官名，约为《周礼》的五分之一，而且没有《周礼》那样的六官体系。《春秋》《左传》《国语》中有不少东周职官记载，但没有一国的官制与《周礼》相同。从西周到西汉的每一个时期都可以找到若干与《周礼》相同的官名，但谁也无法指认出与《周礼》职官体系一致的王朝或侯国。

近代学者在文献学研究的基础上辅之以古文字学、古器物学、考古学研究等手段，对《周礼》进行更为广泛、深入的研究。目前，多数学者认为《周礼》成书年代偏晚，约作于战国后期。持其它意见的学者也不少，彼此争论很激烈。

争论的实质，是对于古代社会的认识，即《周礼》所描述的是怎样一种性质的社会？它的发展水平究竟与西周、春秋、战国、秦、西汉的千年历史中的哪一段相当？由于涉及的问题太复杂，所以《周礼》的成书年代问题至今没有定论。

《周礼》作者的立意，并非要实录某朝某代的典制，而是要为千秋万世立法则。作者希冀透过此书来表达自己对社会、对天人关系的哲学思考，全书的谋篇布局，无不受此左右。儒家认为，人和社会都不过是自然精神的复制品。战国时期，阴阳五行的思想勃兴，学术界盛行以人法天之风，讲求人与自然的联系，主张社会组织仿效自然法则，因而有"人法地，地法天，天法道，道法自然"之说。《周礼》作者正是"以人法天"思想的积极奉行者。

《周礼》以天官、地官、春官、夏官、秋官、冬官等六篇为间架。天、地、春、夏、秋、冬即天地四方六合，就是古人所说的宇宙。《周礼》六官即六卿，根据作者的安排，每卿统领六十官职。所以，六卿的职官总数为三百六十个。众所周知，三百六十正是周天的度数。《周礼》原名《周官》，此书名其实就是"周天之官"的意思。作者以"周官"为书名，暗含了该书的宇宙框架和周天度数的布局，以及"以人法天"的原则。其后，刘歆将《周官》更名为《周礼》，虽然有抬高其地位的用心，但却是歪曲了作者的本意。

在儒家的传统理念中，阴、阳是最基本的一对哲学范畴，天下万物，非阴即阳。《周礼》作者将这一本属于思想领域的概念，充分运用到了政治机制的层面。《周礼》中的阴、阳，几乎无处不在。《天官·内小臣》说政令有阳令、阴令；《天官·内宰》说礼仪有阳礼、阴礼；《地官·牧人》说祭祀有阳祀、阴祀等等。王城中"面朝后市"、"左祖右社"的布局，也是阴阳思想的体现。南为阳，故天子南面听朝；北为阴，故王后北面治市。左为阳，是人道之所向，故祖庙在左；右为阴，是地道之所尊，故社稷在右。如前所述，《周礼》王城的选址也是在阴阳之中。所以，钱穆先生说，《周礼》"把整个宇宙，全部人生，都阴阳配偶化了"

战国又是五行思想盛行的时代。阴、阳二气相互摩荡，产生金、木、水、火、土五行。世间万事万物，都得纳入以五行作为间架的体系，如东南西北中五方，宫商角徵羽五声，青赤白黑黄五色，酸苦辛咸甘五味等等。五行思想在《周礼》中也得到了重要的体现。在《周礼》的国家重大祭祀中，地官奉牛牲、春官奉鸡牲、夏官奉羊牲、秋官奉犬牲、冬官奉豕牲。众所周知，在五行体系中，鸡为木畜，羊为火畜、犬为金畜、豕为水畜、牛为土畜。《周礼》五官所奉五牲，与五行思想中五畜与五方的对应关系完全一致，具有明显的五行类象的思想。与此相呼应，地官有"牛人"一职，春官有"鸡人"一职，夏官有"羊人"一职，秋官有"犬人"一职，冬官有"豕人"一职。

综上所述，《周礼》是一部以人法天的理想国的蓝图。这样说，丝毫不意味着《周礼》中没有先秦礼制的基础。恰恰相反，作者对前代的史料作了很多吸收，但并不是简单地移用，而是按照其哲学理念进行某些改造，然后与作者创新的材料糅合，构成新的体系。

蕴涵于《周礼》内部的思想体系，有着较为明显的时代特征。战国时代百家争鸣，诸家本各为畛域，《易》家言阴阳而不及五行，《洪范》言五行而不及阴阳；儒家讳论法治，法家讥谈儒学。阴阳与五行，经由邹衍方始结合；儒与法，经由荀子才相交融。儒、法、阴阳、五行的结合，肇于战国末期的《吕氏春秋》。《周礼》以儒家思想为主干，融合法、阴阳、五行诸家，呈现出"多元一体"的特点。其精致的程度，超过《吕氏春秋》，因而其成书年代有可能在《吕氏春秋》之后，而晚至西汉初年。

三 传

《春秋》，又称《麟经》、《麟史》。是鲁国的编年史，经过了孔子的修订。记载了从鲁隐公元年（公元前722年）到鲁哀公十四年（公元前481年）的历史，是中国现存最早的一部编年体史书。《春秋》一书的史料价值很高，但不完备，王安石甚至说《春秋》是"断烂朝报"。

在中国上古时期，春季和秋季是诸侯朝觐王室的时节。另外，春秋在古代也代表一年四季，而史书记载的都是一年四季中发生的大事，因此，春秋是史书的统称。而鲁国史书的正式名称就是《春秋》。传统上认为《春秋》是孔子的作品，也有人认为是鲁国史官的集体作品。

《春秋》中的文字非常简练，事件的记载很简略，但二百四十二年间诸侯攻伐、盟会、篡弑及祭祀、灾异礼俗等，都有记载。它所记鲁国十二代的世次年代，完全正确，所载日食与西方学者所著《蚀经》比较，互相印证的有三十多次，足证《春秋》并非古人凭空虚撰，可以定为信史。然而在长期的流传过程中，它在文字上难免有讹脱增窜之类的问题。

《春秋》最初原文仅只一万八千多字，现存版本则只有一万六千多字。在语言上极为精练，遣词井然有序。

就因为文字过于简质，后人不易理解，所以诠释之作相继出现，对书中的记载进行解释和说明，称之为"传"。其中左丘明的《春秋左氏传》，公羊高的《春秋公羊传》，谷梁赤的《春秋谷梁传》合称为《春秋三传》，并被列入儒家经典。现在的《春秋》原文一般合编入《左传》作为"经"，《左传》新增的内容作为"传"。

据《汉书·艺文志》记载，为《春秋》作传者共有五家：《左氏传》三十卷；《公羊传》十一卷；《谷梁传》十一篇；《邹氏传》十一卷；《夹氏传》十一卷。其中后两种已经失传。

《公羊传》和《谷梁传》与《左传》有很大的不同。《公羊传》和《谷梁传》讲"微言大义"，希望试图阐述清楚孔子的本意，有人认为有些内容有牵强附会的嫌疑。《左传》以史实为主，补充了《春秋》中没有记录的大事，一些纪录和《春秋》有出入，所以有些人认为《左传》的史料价值大于《公羊传》和《谷梁传》。

现存的《春秋》，从鲁隐公记述到鲁哀公，历十二代君主，计二百四十四年（依《公羊传》和《谷梁传》载至哀公十四年止，为二百四十二年，《左传》多二年），它基本上是鲁国史书的原文。

相传《春秋》之书出于孔子之手，旧时有"文王拘而演周易、仲尼厄而作春秋"之说。但后世亦有不同说法，清人袁谷芳《春秋书法论》说：《春秋》者，鲁史也。鲁史氏书之，孔子录而藏之，以传信于后世者也。石韫玉《独学庐初稿·春秋论》也说：《春秋》者，鲁史之旧文也。《春秋》共十二公之事，历二百四十年之久，秉笔而书者必更数十人。此数十人者，家自为师，人自为学，则其书法，岂能尽同？虽然《春秋》之作者有争议，但其经过孔子之手修而改之，则无大异。

事实上，《春秋》作为一部鲁国的史书，其作用早已超出史书范围，《春秋》用词遣句"字字针贬"成为独特的文风，被称为春秋笔法，为历代史家奉为经典。《春秋》所记，是二百四十多年的春秋各国大事，目前所存全文，不过一万六千多字，但据曹魏时的张晏和晚唐时人徐彦引《春秋说》，都说是一万八千字（张说见《史记·太史公自序·集解》引，徐说见《公羊传·昭公十二年疏》引），可见《春秋》原文，从三国以后脱落了一千多字。

经部
Jingbu

孔子所作的《春秋》是一部蕴涵着作者深刻政治思想的政治学著作，这是从先秦孟、荀史书到两汉马、班诸家一致的正确看法。两汉以后，今文经学衰微，学者多受古文经学门户之见的影响，错误地视《春秋》为历史学著作，并由此引发了长期以来聚讼纷纭的《春秋》性质之争。

围绕《春秋》是历史学著作还是政治学著作这一问题，千余年来先后形成了以下三种观点，第一种观点认为《春秋》为政治学著作，持此说者如清人皮锡瑞，近人徐复观、吕思勉、胡适等；第二种观点认为《春秋》是历史学著作，古文经学家如晋人杜预，近人钱玄同、顾颉刚、刘节等人坚持这种看法；第三种观点认为《春秋》"亦经亦史"，持此说者如钱穆、雷戈。就"亦经亦史"的说法，钱穆认为《春秋》是一部"亦经亦史的一家言"，理由是古无经、史的区别，经、史之分是后代才有的观念，"若我们定要说《春秋》是经非史，这实在只见其为后代人意见，据之以争古代之著作，未免搔不着痛痒"。

关于孔子"作春秋"的原因，《史记》中是这样记载的："余（太史公）闻董生曰：'周道衰废，孔子为鲁司寇，诸侯害之，大夫壅之。孔子知言之不用，道之不行也，是非二百四十二年之中，以为天下仪表，贬天子，退诸侯，讨大夫，以达王事而已矣。'子曰：'我欲载之空言，不如见之於行事之深切著明也。'"司马迁对《春秋》极为推崇："夫春秋，上明三王之道，下辨人事之纪，别嫌疑，明是非，定犹豫，善善恶恶，贤贤贱不肖，存亡国，继绝世，补敝起废，王道之大者也。……故春秋者，礼义之大宗也。夫礼禁未然之前，法施已然之后；法之所为用者易见，而礼之所为禁者难知。"

学术界对于《春秋》的史学价值存在质疑。胡适认为："《春秋》那部书，只可当作孔门正名主义的参考书看，却不可当作一部模范的史书看。后来的史家把《春秋》当作作史的模范，便大错了。为什么呢？因为历史的宗旨在于'说真话，记实事'。《春秋》的宗旨，不在记实事，只在写个人心中对实事的评判。"徐复观先生也说："可以断定孔子修《春秋》的动机、目的，不在今日所谓'史学'，而是发挥古代良史，以史的审判代替神的审判的庄严使命。可以说，这是史学以上的使命，所以它是经而不是史。"

然而史料记载中并没有对《春秋》的历史记载产生过怀疑。杜预在《春秋左传集解·序》中说："仲尼因鲁史策书成文，考其真伪，而志其典礼，上以遵周公之遗制，下以明将来之法。"朱熹说："圣人作《春秋》，不过直书其事，善恶自见。"

《春秋》记史的笔法与《史记》不同。司马迁明确指出:"余所谓述故事,整齐其世传,非所谓作也,而君比之于《春秋》,谬矣。"但《春秋》的"微言大义"并不意味着其"言"是失实的。张京华有这样的评价:"如果说'良史'、'实录'代表了古代史学的基本原则,'微言大义'则是代表了古代史学的最高境界。"也许正因如此,《左传》才会说:"《春秋》之称,微而显,志而晦,婉而成章,尽而不污,惩恶而劝善,非圣人,谁能修之?"

《春秋》虽然不是历史学著作,但却是可贵的史料著作,因而对于研究先秦历史、尤其对于研究儒家学说以及孔子的思想意义重大。因此,从史料学的角度利用《春秋》不仅符合《春秋》性质的本来,而且比将它视为"断烂朝报"的历史学著作更具价值。先秦诸子著作无一属于史学著作,却都是今人研究古史所必需的史料,《春秋》的史实和大义因"三传"而明,这实在是它的特点和优势所在。

左 传

《左传》原名为《左氏春秋》,汉代改称《春秋左氏传》,简称《左传》。相传是春秋末期的鲁国史官左丘明所著。西汉史学家司马迁、班固等人都认为《左传》是左丘明所作。司马迁《史记·十二诸侯年表》说:"鲁君子左丘明惧弟子人人异端,各安其意,失其真,故因孔子史记具论其语,成《左氏春秋》。"唐朝的赵匡首先怀疑《左传》不是左丘明所作,但并无任何依据。此后,有些学者也持怀疑态度。叶梦得认为作者为战国时人;郑樵《六经奥论》认为是战国时的楚人;朱熹认为是楚左史倚相之后;项安世认为是魏人所作;程端学认为是伪书。清朝的纪昀在《四库全书总目》中仍然以严谨的史料为依据,认为是左丘明所著。清末康有为断言它是西汉末刘歆伪造,但在刘歆以前《左传》已被许多人抄撮或征引过,故康氏之说也难成立。今人童书业则认为是吴起所作,但吴起的性情与左传截然不同;赵光贤认为是战国时鲁国人左氏所作。但当代学者多认为是战国初年左丘明所作。现在一般认为《左传》非一时一人所作,成书时间大约在战国中期(公元前4世纪中叶),是由战国时的一些学者编撰而成,其中的主要部分可能是左丘明所写。

左丘明,姓左丘,名明(一说姓丘,名明,左乃尊称),春秋末期鲁国人。左丘明知识渊博,品德高尚,孔子曾言与其同耻。曰:"巧言、令色、足恭,左丘明耻之,丘亦耻之;匿怨而友其人,左丘明耻之,丘亦耻之。"太史司马迁称其为"鲁之君子"。左丘明出身的家族世代为史官,曾与孔子一起"乘如周,观书于周史",据有鲁国以及其他封侯各国大量的史料,所以依《春秋》著成了中国古代第一部记事详细、议论精辟的编年史《左传》,和现存最早的一部国别史《国语》,成为史家的开山鼻祖。《左传》重记事,《国语》则重记言。

《左传》记事年代大体与《春秋》相当,只是后面多出了十七年。与《春秋》的大纲形式不同,其内容记述了这一时期列国的政治、军事、外交等方面的重大事件和有关言论,以及天道、鬼神、占卜、占梦之事等;作者对凡是可以借鉴和劝诫的都进行了记载。

《左传》是记录春秋时期社会状况的重要典籍。取材于王室档案、鲁史策书、诸侯国史等。记事基本以《春秋》鲁十二公为次序,内容包括诸侯国之间的聘问、会盟、征伐、婚丧、篡弒等,对后世史学、文学都有重要影响。主要记录了周王室的衰微,诸侯争霸的历史,对各类礼仪规范、典章制度、社会风俗、民族关系、道德观念、天文地理、历法时令、古代文献、神话传说、歌谣言语均有记述和评论。

《左传》是研究先秦历史和春秋时期历史的重要文献,它代表了先秦史学的最高成就,对后世的史学产生了很大影响,特别是对确立编年体史书的地位起了很大作用。它补充并丰富了《春秋》的内容,不但记鲁国一国的史实,而且还兼记各国历史;不但记政治大事,还广泛涉及社会各个领域的"小事";一改《春秋》流水账式的记史方法,代之以有系统、有组织的史书编纂方法;不但记春秋时史实,而且引证了许多古代史实。这就大大提高了《左传》的史料价值。

《左传》在史学中的地位被评论为继《尚书》、《春秋》之后,开《史记》、《汉书》之先河的重要典籍。《经学通论·春秋》评论说:左氏叙事之工,文采之富,即以史论,亦当在司马迁、班固之上,不必依傍经书,可以独有千古。

《左传》有鲜明的政治与道德倾向。其观念较接近于儒家,强调等级秩序与宗法伦理,重视长幼尊卑之别,同时也表现出"民本"思想,因此也是研究先秦儒家思想的重要历史资料。可以看出这是春秋战国时代一种重要的思想进步。作者要求担负有领导国家责任的统治者,不可逞一己之私欲,而要从整个统治集团和他们所拥有的国家的长远利益考虑问题,这些地方都反映出儒家的政治理想。《左传》本不是儒家经典,但自从它立于学官,后来又附在《春秋》之后,于是逐渐被儒者当成经典。

《左传》是一部集大成式的史学巨著。不仅是历史著作，也是一部非常优秀的文学著作，长于记述战争，故有人称之为"相砍书"（相斫书），又善于刻画人物，重视记录辞令。其声律兼有诗歌之美，言辞婉转，情理深入，描写入微，是中国最为优秀的史书之一。

《左传》受到学界重视是在魏晋时期，先后有服虔、杜预为其作注解，以后成为研究《春秋》的重要典籍。

《左传》虽不是文学著作，但从广义上看，仍可说是中国第一部大规模的叙事性作品。较之以前任何一种著作，它的叙事能力都表现出惊人的发展。许多头绪纷杂、变化多端的历史大事件，都能处理得有条不紊，繁而不乱。其中关于战争的描写，尤其写得出色。作者善于将每一战役都放在大国争霸的背景下展开，对于战争的远因近因，各国关系的组合变化，战前策划，交锋过程，战争影响，以简练而不乏文采的文笔写出，且行文精炼、严密而有力。这种叙事能力，无论对后来的历史著作还是文学著作，都是具有极重要意义的。且注重故事的生动有趣，常常以较为细致生动的情节，表现人物的形象。《左传》对后世的《战国策》《史记》的写作风格产生了很大的影响，形成了后来文史结合的史学传统。

公羊传

《春秋公羊传》，又称《公羊春秋》，简称《公羊传》。旧题战国时齐人公羊高撰。据何休《公羊传序》、徐彦《疏》引戴宏《序》说，该书系由孔子弟子子夏传给公羊高，公羊高子孙继续口耳相传，到汉景帝时始由公羊寿与胡毋生（子都）写定。该书着重阐释《春秋》的"微言大义"，多牵强附会之处，因董仲舒的宣扬而较流行，是研究战国至秦汉间儒家思想的重要资料。

《公羊传》作为儒家经典，备受历代统治者的推崇，长期成为封建统治阶级的教科书和科举取士的考试内容。在唐代被定为小经，在宋代被定为中经。并被列入十三经中。

《公羊传》的主要精神是宣扬儒家思想中拨乱反正、大义灭亲，对乱臣贼子要无情镇压的一面，为强化中央专制集权和大一统服务。《公羊传》尤为今文经学派所推崇，是今文经学的重要典籍，历代今文经学家都常用它作为议论政治的工具。

《公羊传》作为今文学派的中坚，有独特的理论色彩。主要有三项：一、政治性。讲"改制"，宣扬大一统，拨乱反正，为后王立法。二、变易性。它形成了一套"三世说"历史哲学理论体系。《公羊传》讲"所见异辞，所闻异辞，所传闻异辞"是其雏形。董仲舒加以发挥，划分春秋十二公为"所见世"、"所闻世"、"所传闻世"，表明春秋时期二百四十二年不是铁板一块，或凝固不变，而是可按一定标准划分为不同的阶段的。

《公羊传》的"三世说"："所传闻世"是"据乱世"，"内其国外其夏"；"所闻世"是"升平世"，"内诸夏外夷狄"；"所见世"是"太平世"，"夷狄进至于爵，天下远近大小若一"。

今文家的这种认识有两点值得注意：一是他们所"描述"的历史运动，并不符合史实但却符合"理想"。从春秋"本然"的历史来看，"三世说"的诬妄显而易见。顾颉刚《春秋三传及国语之综合研究》中即指出："此三世之说殊难稽信也。事实上春秋时愈降则愈不太平，政乱民苦无可告诉，可谓太平乎？"

至少从汉代起，今文公羊家已经对于人类历史运动的规律性进行了富有想象力的探讨。根据公羊家的论述，人类历史的演进，从"据乱世"进入相对平和稳定的"升平世"，再到"太平世"，是一条"理想"的社会发展轨迹。在这套理论中，蕴涵着"历史的运动是有规律的"这样一种可贵的思想胚芽。第二，"三世说"在本质的规定性上是循环论的。但在据乱世—升平世—太平世"三世"循环的范围内，又存在着一个不断"向前"发展的序列，因而也就是一个"进化"的序列。

何休注《公羊传》，更糅合了《礼记·礼运》关于大同、小康的描绘，发展成为具有一定系统性的"三世说"历史哲学，论证历史是进化的，变易和变革是历史的普遍法则。何休进一步发挥为：所见者，谓昭定哀，己与父时事也；所闻者，谓文宣成襄，王父时事也；所传闻者，谓隐桓庄闵僖，高祖曾祖时事也。……於所传闻之世，见治起於衰乱之中，用心尚粗糙，故内其国而外诸夏；……於所闻之世，见治升平，内诸夏而外夷狄；……至所见之世，著治太平，夷狄进至於爵，天下远近大小若一。……所以三世者，礼为父母三年，为祖父母期，为曾祖父母齐衰三月，立爱自亲始，故《春秋》据哀录隐，上治祖祢。

照何休的解释，春秋二百四十二年的历史，经过了所传闻的衰乱世、所闻的升平世，和所见的太平世这样三个阶段。而所以会是三个阶段者，盖由于"礼"是尚三的等等。这是何休的历史进化论，《公羊传》本身并没有这么多意思。自东汉以后，封建社会结构趋于稳定，主张"尊古"的古文经学更适于作为政治指导思想，取代了主张"改制"、"变易"的今文学说的尊崇地位。今文公羊学说从此消沉一千多年，迄清中叶方被重新提起。

《公羊传》写定于汉初，系用汉代通行的隶字书写，它是今文经学中富有理论色彩的代表性典籍。公羊学者认为，《春秋经》是孔子借春秋二百四十二年史事以表示自己的政治观点，处处包含着"微言大义"。这同古文学派认为《春秋经》是一部历史著作不同。

汉初传公羊学说有三家，司马迁在《儒林列传》中说："言春秋于齐鲁自胡毋生，于赵自董仲舒，……公孙弘治春秋不如董仲舒……故汉兴至于五世之间，唯董仲舒名为明于春秋，其传公羊氏也。胡毋生，齐人也，孝景时为博士，以老归教授，齐之言春秋者，多受胡毋生，公孙弘亦颇受焉。"在这三家中，尽管董仲舒是佼佼者，即他对《公羊》的阐发比胡毋生与公孙弘深刻，但始终只是《公羊学》中的一派，并非是《公羊》学的唯一宗师。特别是，东汉《公羊》学的最大代表何休，在其名著《公羊解诂》中，明确胡毋生是《公羊》宗师，而一个字都未提及董仲舒。

西汉初期，时代需要封建大一统的政治思想。《公羊春秋》就是齐学学者对孔子《春秋》改造的结果，因而受到了汉武帝的重视。汉景帝时，胡毋生和董仲舒被招为博士。二人同业《公羊春秋》，董仲舒曾著书称其德。正是董仲舒、胡毋生为代表的齐学学者将儒学理论改造成了符合大一统需要的新儒学，才取得汉武帝欣赏，获得了"罢黜百家，独尊儒术"的学术统治地位。

胡毋生弟子众多，有名的除公孙弘外，还有兰陵褚大、东平嬴公、广川段仲、温之吕步舒。后来，又有齐人任公、贡禹、管路、左咸、鲁眭孟、颜安乐、严彭祖等均以治《春秋公羊传》得显。

《公羊春秋》在中国传统文化中占有重要地位，东汉的何休、唐代的徐彦、清代中后期常州学派的庄存与、孔广森、刘逢禄、龚自珍、魏源，直到近代维新派的康有为、梁启超等，都是公羊学派中有影响的人物。

《公羊传》的历史思想比《谷梁传》更为丰富，其影响也更深远。在汉代，公羊学大显于世。魏晋以后虽经一千多年的消沉，至鸦片战争前后却重新复兴，而且风靡一时，成为近代维新运动的思想武器，并且是十九世纪、二十世纪之交中国思想界接受西方进化论的思想基础。

总括来说，《公羊传》的历史哲学具有政治性、变易性和可比附性三大特点,在儒家经典中并不多见。其中的大一统主张,对统一封建社会起了促进作用。

今本《公羊传》的体裁特点,是经传合并,传文逐句传述《春秋》经文的大义,与《左传》以记载史实为主不同。《公羊传》的特点是重在释经。所谓释经,就是研究《春秋》的用词、造句,探求经文中隐含的"微言大义",探寻孔子在编撰《春秋》时的思想感情。《公羊传》在释经时,从《春秋》所载的各条大事出发,引申开去,阐释经义,但也不完全紧扣经文,有时是以发表自己的见解为主,这些见解就构成《公羊传》的主要内容。

谷梁传

《谷梁传》是《谷梁春秋》或者《春秋谷梁传》的简称,是为《春秋》作注解所著,起于鲁隐公元年,终于鲁哀公十四年。其作者相传是子夏的弟子,战国时鲁人谷梁赤(赤或作喜、嘉、俶、寘)。起初也为口头传授,至西汉时才成书。东晋范宁撰《春秋谷梁传集解》,唐朝杨士勋作《春秋谷梁传疏》,清朝钟文烝所撰《谷梁补注》为清代学者注解《春秋谷梁传》的较好注本。

《春秋谷梁传》一般认为属于"今文经"。全书正文两万三千多字,采用问答体解说《春秋》,重点在阐述经义即《春秋》的政治意义,与《公羊传》大抵同调,但在个别具体问题上也有歧异。如鲁僖公四年《春秋》记:齐桓公伐楚,"楚屈完来盟于师"。《公羊传》称:"桓公救中国而攘夷狄,……以此为王者之事也。其言来何,与桓为主也。……与桓公为主,序绩也。"肯定了齐桓公取得的重大成绩。《春秋谷梁传》却说:"来者何?内桓师也。……于召陵,得志乎桓公也。得志者,不得志也,以桓公得志为仅矣。"认为齐桓公成就有限,楚仍桀骜不驯,所论很不相同。

由于《春秋》言辞隐晦,表述过于简约,给后人学习带来诸多不便。为了更好地表现《春秋》经文的内容大义,很多学者为其著文诠释,以补原书之不足。据《汉书·艺文志》记载,汉代传注《春秋》的有五家。后来《邹氏传》十一卷,《夹氏传》十一卷亡佚,只有《左氏传》、《公羊传》、《春秋谷梁传》流传至今,所以被称为"《春秋》三传"。

《谷梁传》在战国时一直是口耳相传的。据唐朝人的说法,最初传授《春秋谷梁传》的,是一个名叫谷梁俶的人,他一名赤,字元始,说是曾受经于孔子的弟子子夏。但据后人考证,《春秋谷梁传》中曾引"谷梁子曰",竟然自己称引自己；又引"尸子曰"，尸子是战国中期一位思想家，可见唐人说法不一定可靠。书中还有引用公羊子的话并加以辩驳的情况，因此有人认为它成书要较《公羊传》为晚。

同样解释《春秋》，《左传》主要是阐述史事，是一部史书，《谷梁》则与《公羊》体例相同，采取自问自答的方式解说《春秋》的旨意，是阐明儒家思想的一部经书。《公羊》着重阐释《春秋》的微言大义，强调尊王攘夷、大一统的思想，与现实政治配合较密切；《谷梁》则主要以文义阐发《春秋》经文，较为谨慎，认为应该信以传信，疑以传疑，主张贵义而不贵惠，信道而不信邪，成人之美而不成人之恶。因此宋代的《春秋》学家胡安国曾说："其事莫备于《左氏》，例莫明于《公羊》，义莫精于《谷梁》。"

《谷梁传》与《左传》、《公羊传》一样，最初与《春秋》也是"别本单行"的。到晋朝范宁作集解，就把经传合为一书。后来唐朝杨士勋又进一步为之作疏，称《春秋谷梁传注疏》，共二十卷。清代也有好几家为《春秋谷梁传》作注的。较通行的本子是清代中期阮元的《十三经注疏》。

《谷梁传》解释《春秋》的用辞和书法，体现出一种准确、凝炼的文风。例如，《谷梁传》庄公七年，对经文"夏四月辛卯，昔，恒星不见"，有细致的解释，反映了中国史学史上的好传统。

同《公羊传》相比较，《谷梁传》的一个突出特点是它强调礼乐教化，力主仁德之治，而这恰恰适应了西汉后期统治阶级的政治需要。汉武帝死后，随着战争机制的解体和人民要求安居乐业的呼声高涨，与《公羊》有密切关系的刑名法术之士遭到朝野上下的普遍反对和斥责。昭帝时，议盐铁而罢榷酤，轻徭薄赋，与民休息，生产得到迅速恢复，社会矛盾趋于缓和。宣帝即位后，要求"稽古礼文"，实行礼乐教化和仁德之治，已经成为社会各界的共同心态，成了士大夫众口一辞的呼声和为政治民的准则。

在《谷梁传》中，称引古礼之处比比皆是，如《隐公元年》载："礼，赗人之母则可，娣人之妾则不可。"《隐公二年》云："礼，妇人谓嫁曰归，反曰来归，从人者也。"《桓公三年》："礼，送女，父不下堂，母不出祭门，诸母兄弟，不出阙门。"《谷梁传》屡屡高扬传统礼仪，倡导礼乐教化，贬斥非礼行为。清代钟文说："《谷梁》多特言君臣、父子、兄弟、夫妇，与夫贵礼贱兵，内夏外夷之旨。"

从重民的思想出发，《谷梁传》力主仁德之治。它明确指出，"民者，君之本也"，认为那些昏君暴主败亡出奔，"民如释重负"。对那些爱护百姓，在志民生的圣主明君，《谷梁传》认为《春秋》是予以褒美的。在《僖公三年》，它连连称道鲁僖公"有志乎民"，表明经文有赞扬之意。同时，《谷梁传》又认为对那些只顾个人享乐，不顾百姓死活的君主，《春秋》是予以讥斥的。《春秋·成公十八年》："筑鹿囿。"《谷梁传》说："筑不志，此其志何也？山林薮泽之利，所以与民共也，虞之，非正也。"就是说，鲁成公筑囿以为虞猎之地，是夺民利，是不正确的。

汉宣帝在《谷梁》学的兴盛中起了重要作用。宣帝喜欢读《申子·君臣篇》，"颇修武帝故事"，曾拒绝王吉"述旧礼，明王制"的建议，反对太子刘奭专用德教儒术，认为"汉家自有制度，本以霸王道杂之"，因而后世常以武宣帝并称。但另一方面，宣帝"贝仄陋而登至尊，兴于闾阎，知民事之艰难"，注意采取措施抚恤百姓，济贫救难，多次颁布假民公田、减免租税、赈贷种食的诏令，要求地方官"谨牧养民而风德化"，并革除弊政，澄清吏治，平理冤狱，废除了武帝时的许多严刑峻法。宣帝意识到礼乐教化的重要作用，注意加强传统礼仪对社会的控制力量，使"海内兴于礼让"。

在力主礼治的同时，《谷梁传》还强调宗法情谊，这可以利用来缓和统治阶级内部特别是刘汉宗室内部的矛盾。这是《谷梁》学在汉代一度兴盛的又一原因。

《公羊传》虽有强调宗法伦常的内容，但它更多地是要求大义灭亲，对乱臣贼子进行毫不留情的镇压。《谷梁传》则不然。在解释《春秋·昭公八年》"陈侯之弟招杀陈世子偃师"时，《谷梁传》认为，称招为弟，不合王朝礼制，但《春秋》为显其恶，特意如此，以说明招对骨肉之亲的极端残忍。这些内容，在宣帝之世有着某种现实意义。

对汉宣帝这样以较疏远宗法关系入继大统的皇帝来说，要长期稳住自己的宝座。在注重宗法情谊的同时，又要强调尊王思想。《谷梁传》中尊王思想的存在，也是《谷梁》学兴盛一时的一个原因。

在史实记载上，《谷梁传》远不及《左传》丰富，但也具有重要的史料价值。是反映春秋时期社会情况的宝贵史料。其他可与《左传》相补充的史实还有不少，诸如：《谷梁传》僖公二年记虞师晋师灭夏阳，僖公十九年记"梁伯湎于酒，淫于色，心昏，耳目塞"，最后导致梁亡，等等。

《谷梁传》对于史学发展的意义，更重要的是在历史思想方面所产生的影响。《谷梁传》主张"著以传著,疑以传疑",指出历史家应遵从忠实记载史实的原则,并能够将这一原则贯彻到自己的著作之中。如谴责宋襄公拘守成说,"失民","以其不教民战,则是弃其师也"等等,体现了上述忠实于历史的原则。

论 语

《论语》是由孔子的弟子及其再传弟子编撰而成的。它以语录体和对话文体为主,记录了孔子及其弟子言行,集中体现了孔子的政治主张、论理思想、道德观念及教育原则等。通行本的《论语》共二十篇。

《论语》首创语录之体。汉语文章的典范性也发源于此。《论语》一书比较真实地记述了孔子及其弟子的言行,也比较集中地反映了孔子的思想——"仁"、"礼"和"中庸"。

《论语》的语言简洁精炼,含义深刻,其中有许多言论至今仍被世人视为至理。《论语》以记言为主,"论"是论

孔 子

纂的意思,"语"是话语,经典语句,箴言,"论语"即是论纂先师孔子的语言。《论语》成于众手,记述者有孔子的弟子,有孔子的再传弟子,也有孔门以外的人,但以孔门弟子为主。《论语》是记录孔子和他的弟子言行的书。

作为一部优秀的语录体散文集,它以言简意赅、含蓄隽永的语言,记述了孔子的言论。《论语》中所记的孔子的教诲之言,或简单应答,点到即止;或启发论辩,侃侃而谈;都富于变化,娓娓动人。

《论语》又善于通过神情语态的描写,展示人物形象。孔子是《论语》描述的中心,正像《文心雕龙·征圣》中所说的:"夫子风采,溢于格言。"书中不仅有关于他的仪态举止的静态描写,而且有关于他的个性气质的传神刻画。此

外，围绕孔子这一中心，《论语》还成功地刻画了一些孔门弟子的形象。如子路的率直鲁莽，颜回的温雅贤良，子贡的聪颖善辩，曾皙的潇洒脱俗等等，都称得上个性鲜明，能给人留下深刻的印象。孔子因材施教，对于不同的对象，考虑其不同的素质、优点和缺点、进德修业的具体情况，给予不同的教诲。表现了诲人不倦的可贵精神。据《颜渊》载，同是弟子问仁，孔子有不同的回答，答颜渊"克己复礼为仁"，答仲弓"己所不欲，勿施于人；己所欲慎施于人"，答司马中"仁者其言也讱"。颜渊学养高深，故答以"仁"学纲领，对仲弓和司马中则答以细目。又如，同是问"闻斯行诸?"孔子答子路："又父母在，如之何其闻斯行之！"因为"由也兼人，故退之。"答冉有："闻斯行之。"因为"求也退，故进之。"这不仅是因材施教教育方法的问题，其中还饱含了孔子对弟子的高度责任心。

《论语》成书于战国初期。因秦始皇焚书坑儒，到西汉时期仅有口头传授及从孔子住宅夹壁中所得的本子，计有：鲁人口头传授的《鲁论语》二十篇，齐人口头传授的《齐论语》二十二篇，从孔子住宅夹壁中发现的《古论语》二十一篇。西汉末年，帝师张禹精治《论语》，并根据《鲁论语》，参照《齐论语》，另成一论，称为《张侯论》。此本成为当时的权威读本，据《汉书·张禹传》记载："诸儒为之语曰：'欲为《论》，念张文。'由是学者多从张氏，馀家寝微。"东汉末年，郑玄以《张侯论》为依据，参考《齐论语》《古论语》，作《论语注》，是为今本《论语》。

孝 经

《孝经》是中国古代儒家的伦理学著作。有人说是孔子自作，但南宋时已有人怀疑是出于后人附会。纪昀在《四库全书总目》中指出，该书是孔子"七十子之徒之遗言"，成书于秦汉之际。自西汉至魏晋南北朝，注解者及百家。现在流行的版本是唐玄宗李隆基注，宋代邢昺疏的。全书共分十八章。

《孝经》是一部重要的儒家经典，在中国社会流传极广，影响至巨。在漫长的封建社会中，由于统治者的曲解和利用，《孝经》中许多有价值的内涵被冲淡或掩盖了，因此有必要对其加以重新认识。

《孝经》是儒家十三经中篇幅最短的一部。《孝经》的成书时间不晚于战国，是先秦古籍。孔子门人子夏的弟子魏文侯曾作过《孝经传》；此外《吕氏春秋》中的《孝行》、《察微》二篇均引用过《孝经》里的句子。因此，《四库全书总目》说："蔡邕《明堂》引魏文侯《孝经传》，《吕览·察微篇》亦引《孝经·诸侯章》，则其来古矣。"儒家经典如"五经"之《易》、《尚书》、《春秋》等，在先秦均不称"经"，只有《孝经》在书名内有"经"字。因此，《孝经》是儒典中称"经"最早的一部。

《孝经》以孔子与其门人曾参谈话的形式，对孝的含义、作用等问题加以阐述。依其内容，十八章大致可分为四部分。自《开宗明义章》至《庶人章》为第一部分，共六章，对孝加以概括性论述，并分别对不同地位的人的孝的不同表现形式进行阐述。这是全篇的宗旨所在，内容重要。自《三才章》至《五刑章》为第二部分，共五章，主要讲述孝与治国的关系，强调孝在社会生活中的重要性。其中的《纪孝行章》则专论孝子应做之事，是对一般意义上的孝的解说。自《广至德章》至《广扬名章》为第三部分，共三章，是对《开宗明义章》中提到的"至德"、"要道"、"扬名"的引申和发挥。因此，这一部分可视为《开宗明义章》的继续；自《谏争章》至《丧亲章》为第四部分，共四章。这部分各章之间内在联系不紧密，而是分别以不同题目，对前三部分内容进行发挥和补充。其中，《丧亲章》可视为全篇的总结。《孝经》篇幅虽短，文字不满二千，但内容很丰富，也很深刻。后世言孝之书，其旨很少有能超出《孝经》的。

《孝经》通篇谈孝，那么，《孝经》之孝是什么呢？"夫孝，天之经也，地之义也，民之行也"，"夫孝，德之本也，教之所由生也"。孝是自然规律的体现，是人类行为的准则，是国家政治的根本。这是《孝经》的基本观点，也是全篇的基石。

对于生活在家庭中的人来说，孝主要体现在事亲上，即对父母的奉养上。那么怎样奉养才算孝呢？"居则致其敬，养则致其乐，病则致其忧，丧则致其哀，祭则致其严。五者备矣，然后能事其亲"。也就是要以爱敬之心奉养健在的父母，要以哀戚诚敬之心祭奉亡故的父母。子有爱敬之心，则父母乐；子有哀戚诚敬之心，则在天之灵安。这就是孝。

除了直接奉养父母以表爱敬之心外，作为个人，事亲者应具有怎样的修养和品行呢？首先，要保护好自己的身体，这是父母所给，不能损伤，即所谓"身体发肤，受之父母，不敢毁伤，孝之始也"。其次，要立身行道，树立自己的良好形象，用扬名天下后世、光耀父母来体现自己的孝，这也是孝的最佳表现形式，是"孝之终也"。再次，对待父母以外的人，也要尊重，不能得罪。即"爱亲者不敢恶于人，敬亲者不敢慢于人"。第四，不论环境怎样，都要不骄、不乱、不争，即所谓"居上不骄，为下不乱，在丑（同类）不争"。只有这样，才可以避免祸患。具备了上述四条，能够使自己不受伤害，使奉养父母成为可能；同时，还可以为父母增光，从精神上对父母进行安慰并使之快乐。

实际上，《孝经》是在告诫人们要珍惜自己的生命，协调好自己与周围环境的关系。这是对当时社会动荡、战乱频仍的现实的一种曲折的反映和批判。

有孝就有不孝。《孝经》倡导孝，在一定意义上讲是针对不孝而言的。《孝经》所说的不孝主要包括如下几方面：只重视物质供养，而不重视对亲人精神上的安慰，犯上作乱，骄横妄为，最后导致自身罹祸，即"居上而骄则亡，为下而乱则刑，在丑而争则兵。三者不除，虽日用三牲之养，犹为不孝也"。此外，还包括对父母的一味顺从。面对父母的错误主张或行为，如果不去劝阻或制止，必会使父母陷于不义之地，这也是不孝，如文中所说："故当不义，则子不可以不争于父，臣不可不争于君。故当不义则争之，从父之令又焉得为孝乎？"在这里，《孝经》用辩证的观点，对孝的内涵做了更全面的阐发，使人对孝的理解更加深刻。

尔　雅

《尔雅》是中国最早的一部解释词义的书，是中国古代的词典。

《尔雅》也是儒家的经典之一，列入十三经之中。其中"尔"是近正的意思；"雅"是"雅言"，是某一时代官方规定的规范语言。"尔雅"就是使语言接近于官方规定的语言。《尔雅》是后代考证古代词语的一部著作。

《尔雅》被认为是中国训诂学的开山之作，在训诂学、音韵学、词源学、方言学、古文字学方面都有着重要影响。

《尔雅》是我国第一部按义类编排的综合性辞书，是疏通包括五经在内的上古文献中词语古文的重要工具书。

关于《尔雅》的作者，历来说法不一。有人认为是孔子门人所作，有人认为是周公所作而经后人增益所成的。现在一般认为是秦汉时人所作，经过代代相传，各有增益，在西汉时被整理加工而成。作者大约是秦汉间的学者，缀缉春秋战国秦汉诸书旧文，递相增益而成的。

《尔雅》在先秦并未被看做"经"。班固在《汉书·艺文志》中著录有《尔雅》三卷二十篇。唐朝以后始将它列入"经部"，成为了儒家经典之一。

现存的《尔雅》为十九篇，与班固所说的二十篇不同。有人认为这主要是因为分篇的方法不同造成的，而清朝的宋翔凤则认为是由于原来有一篇"序"的失落而造成的。

孟 子

孟子（约公元前372年—前289年），名轲，字子舆，邹（今山东邹县）人。约生于周烈王四年，约卒于周赧王二十六年。战国时期伟大的思想家，儒家的主要代表人物之一。相传孟子是鲁国贵族孟孙氏的后裔，幼年丧父，家庭贫困，曾受业于子思的学生。学成以后，以士的身份游说诸侯，企图推行自己的政治主张，到过梁（魏）国、齐国、宋国、滕国、鲁国。当时几个大国都致力于富国强兵，争取通过暴力的手段实现统一。孟子的仁政学说被认为是"迂远而阔于事情"，没有得到实行的机会。著作有《孟子》一书。孟子继承并发扬了孔子的思想，成为仅次于孔子的一代儒家宗师，有"亚圣"之称。

孟子是儒家最重要的代表人物之一，但孟子的地位在宋代以前并不是很高。自中唐的韩愈著《原道》，把孟子列为先秦儒家中唯一继承孔子"道统"的人物开始，出现了一个孟子的"升格运动"，孟子其人其书的地位逐渐上升。《孟子》一书，在汉代就被认为是辅翼"经书"的"传"，和孔子的《论语》并列。至五代，后蜀主孟昶下令将《易》、《书》、《诗》、《礼》、《周礼》、《仪记》、《公羊传》、《谷梁传》、《左传》、《论语》、《孟子》十一经书写刻石。宋神宗熙宁四年（1071年），《孟子》一书首次被列入科

孟 子

举考试科目之中。元丰六年（1083年），孟子首次被官方追封为"邹国公"，翌年被批准配享孔庙。以后《孟子》一书升格为儒家经典，南宋朱熹又把《孟子》与《论语》、《大学》、《中庸》合为"四书"，《大学》和《中庸》被认为是孔子弟子曾参和孔子之孙子思的著作，这样，《孟子》一书便与孔子及孔子嫡系的著作平起平坐了，其实际地位更在"五经"之上。元朝至顺元年（公元1330年），孟子被加封为"亚圣公"，以后就称为"亚圣"，地位仅次于孔子。在明清两代，官方规定，科举考试的八股文题目必须从"四书"中选取，要"代圣人立言"。于是，《孟子》一书便成了明清两代士子们的必读书了。

《史记》中说孟子时，秦、齐诸国用商鞅、田忌等人，以富国强兵和攻伐为事，而孟子所述乃"唐虞三代之德"，各国君主因其"迂远而阔于事情"而不能用，故孟子与其门徒万章等人著书立说。但据《孟子》所记，孟子到魏，受到魏惠王的礼遇，并向孟子请教治国之道。孟子在齐，宣王任之为上卿，"后车数十乘，从者数百人，以传食于诸侯"。则齐必能采用其部分学说和主张，故能显赫一时。

《史记》中说孟子有著述七篇传数世，《汉书·艺文志》说有十一篇。东汉末赵岐说孟子有《性善辩》、《文说》、《孝经》、《为政》四篇外书，则十一篇当是在七篇外又加外书四篇。赵岐认为外书四篇内容肤浅，与内篇不合，当是后人所作。流传至今的《孟子》，即赵岐所说的内篇。全书虽非孟子手笔，但为孟子弟子所记，皆为孟子言行无疑。从书中看出孟子有如下一些言论和思想：在人性方面，主张性善论。以为人生来就具备仁、义、礼、智四种品德。人可以通过内省去保持和扩充它，否则将会丧失这些善的品质。因而他要求人们重视内省的作用。

在社会政治观点方面，孟子突出仁政、王道的理论。仁政就是对人民"省刑罚，薄税敛"。他从历史经验总结出"暴其民甚，则以身弑国亡"，又说三代得天下都因为仁，由于不仁而失天下。他又提出民贵君轻的主张，认为君主必须重视人民，"诸侯之宝三，土地、人民、政事"。君主如有大过，臣下则谏之，如谏而不听可以易其位。至于像桀、纣一样的暴君，臣民可以起来诛灭之。

他反对实行霸道，即用兼并战争去征服别的国家，而应该行仁政，争取民心的归附，以不战而服，也即他所说的"仁者无敌"，实行王道就可以无敌于天下。

孟子的文章说理畅达，气势充沛并长于论辩。

四 书

"四书"分别出于早期儒家的四位代表性人物孔子（《论语》）、孟子（《孟子》）、子思（《中庸》）、曾参（《大学》），所以称为"四子书"，简称为"四书"。

1190 年（南宋光宗绍熙元年），南宋著名理学家朱熹在福建漳州将《礼记》中《大学》、《中庸》两篇拿出来单独成书，和《论语》、《孟子》合为"四书"，并汇集起作为一套经书刊刻问世。这位儒家大学者认为"先读《大学》，以定其规模；次读《论语》，以定其根本；次读《孟子》，以观其发越；次读《中庸》，以求古人之微妙处"，并曾说"'四书'（是）'六经'之阶梯"。

朱熹著《四书章句集注》，具有划时代的意义。汉唐时代是"五经"（《易经》、《尚书》、《诗经》、《礼记》、《春秋》）的时代，宋朝以后则是"四书"的时代。

作为儒家学派的经书，"四书"不仅保存了儒家先哲的思想和智慧，也体现出早期儒学形成的嬗递轨迹。它蕴含了儒家思想的核心内容，也是儒学认识论和方法论的集中体现。因此，在中国思想史上产生过深远的影响。这其中有许多优秀的思想精髓，是华夏无数先贤实践的思考的结晶，堪称是源远流长的民族文化精华。

其中的《大学》原本是《礼记》中一篇，在南宋前从未单独刊印。传为孔子的弟子曾参（公元前 505 年—前 434 年）所作。自唐代韩愈、李翱维护道统而推崇《大学》（与《中庸》），至北宋二程百般褒奖宣扬，甚至称"《大学》，孔氏之遗书而初学入德之门也"，再到南宋朱熹继承二程思想，便把《大学》从《礼记》中抽出来，与《论语》、《孟子》、《中庸》并列，到朱熹撰《四书章句集注》时，便成了"四书"之一。

按朱熹和宋代另一位著名学者程颐的看法，《大学》是孔子及其门徒留下来的遗书，是儒学的入门读物。所以，朱熹把它列为"四书"之首。

另一本《中庸》原来也是《礼记》中一篇，在南宋前从未单独刊印。一般认为它出于孔子的孙子子思（公元前 483 年—前 402 年）之手，《史记·孔子世家》称"子思作《中庸》"。自唐代韩愈、李翱维护道统而推崇《中庸》（与《大学》），至北宋二程百般褒奖宣扬，甚至认为《中庸》是"孔门心法"，再到南宋朱熹继承二程思想，便把《中庸》从《礼记》中抽出来，与《论语》、《孟子》、《大学》并列，到朱熹撰《四书章句集注》时，便成了"四书"之一。

从《中庸》和《孟子》的基本观点来看，也大体上相同。现存的《中庸》，已经经过秦代儒者的修改，大致写定于秦统一全国后不久。所以每篇命名方式已不同于《大学》，不是取正文开头的两个字为题，而是提取文章的中心内容为题了。

"四书"是儒家重要的经典，也是中华文化的宝典。《论语》在汉代即是妇孺必读的书，"四书"自宋代以来是中国人必读的书，作为当时人们的基本信仰与信念，成为其安身立命之道，是家传户诵之学，哪怕是乡间识字不多甚至不识字的劳动者，也是通过口耳相传，接受并自觉实践其中做人的道理。其中的"仁爱""忠恕"之道，"己欲立而立人，己欲达而达人"，"己所不欲，勿施于人"，"老吾老以及人之老，幼吾幼以及人之幼"等格言，不仅是中国人做人的根本，而且是全人类文明中最光辉、最宝贵的精神财富。

说文解字

《说文解字》，简称《说文》。作者是东汉的经学家、文字学家许慎。该书成书于汉和帝永元十二年到汉安帝建光元年（公元100年—121年）。《说文解字》是我国第一部按部首编排的字典。

作者许慎（约公元58年—约147年），字叔重，东汉汝南召陵（现河南郾城县）人，有"五经无双许叔重"之赞赏。是汉代有名的经学家、文字学家、语言学家，是中国文字学的开拓者。

许慎根据文字的形体，创立五百四十个部首，将九千三百五十三字分别归入五百四十部。五百四十部又据形系联归并为十四大类。字典正文就按这十四大类分为十四篇，卷末叙目别为一篇，全书共有十五篇。许慎在《说文解字》中系统地阐述了汉字的造字规律——六书，即"象形"、"指事"、"会意"、"形声"、"转注"、"假借"。《说文解字》的体例是先列出小篆，如果古文和籀文不同，则在后面列出。然后解释这个字的本义，再解释字形与字义或字音之间的关系。《说文解字》还开创了部首检字的先河，后世的字典大多采用这个方式。段玉裁称这部书"此前古未有之书，许君之所独创"。

历代对于《说文解字》都有许多学者研究，清朝时研究最为兴盛。段玉裁的《说文解字注》、朱骏声的《说文通训定声》、桂馥的《说文解字义证》；王筠的《说文释例》、《说文句读》尤被推崇，四人也获尊称为"说文四大家"。

在造字法上提出了"象形"、"指事"、"会意"、"形声"、"转注"、"假借"的"六书"学说。并在《说文解字·叙》里对"六书"做了全面的、权威性的解释。从此，"六书"成为专门之学。

《说文》之学是根底之学，它在文字学、训诂学、音韵学、词典学以及文化史上都占有显著的地位。它与词义的关系尤其密切。我们解释古书上的疑难字词之所以离不开《说文》，因为《说文》训释的是词的本义，而本义是词义引申的起点。我们了解了词的本义，就可以根据本义的特点进一步了解引申义以及和本义毫无关系的假借义。我们了解了哪个字是本字，就可以进而确定通假字，并且掌握文字用法的古今之变。

《说文解字》对后世的影响至大，"汉文字的一切规律，全部表现在小篆形体之中，这是自绘画文字进而为甲文金文以后的最后阶段，它总结了汉字发展的全部趋向，全部规律，也体现了汉字结构的全部精神。"（姜亮夫语）

可以毫不夸张地说，正是因为有了《说文》，后人才得以认识秦汉的小篆，并进而辨认商代的甲骨文和商周的金文与战国的古文。

史 部
Shibu

概 述

在中国原始社会，先民创造了灿烂的文化，同时口耳相授，传颂着一些故事，可以说是历史的源泉。商代或商代以前，已经有了文字，可用以记录。商代出现了史官。"史"字原为手执简册之形，但史官起初并不是专司记事，而首先是负责主持祭祀，占卜吉凶，沟通神与王的意志。同时讲说故事，记录时事，编次和保管文献简册。再进而分工，有记言之史与记事之史之别。今天保存在《尚书》中的，即商周时代的历史文献。

《春秋》是中国传世最早的一部按年月日顺序记录的编年体史书。它原是鲁国的国史，全书一万八千余字，出自鲁国史官之手，经过孔子的整理。以后相继出现了一些叙述春秋战国时期史事的典籍，体裁不同，各有特色。如编年体的《左传》、《公羊传》、《谷梁传》；略具国别断代史性质的《国语》、《战国策》；最早的谱牒之书《世本》；以地理为主兼有神话传说的《山海经》以及发抒哲学思想、政见和史观的诸子百家之书。其中《左传》叙事详备，文笔生动，是中国最早的一部史学名著，也是先秦史学中最高的成就。战国时期诸子争鸣，往往运用历史知识，针对现实，发表政见。

秦汉时期出现了司马迁的《史记》与班固的《汉书》两部史学巨著。《史》、《汉》两部著作各有所长，思想上倾向不同，文风上各有特色，在中国史学史上都有突出的地位和深远的影响。

继《史》、《汉》之后，汉唐之际产生了不少纪传体史书，其中有《三国志》、《后汉书》等名著。唐初百年内有八史问世（官修的正史有：《晋书》、《梁书》、《陈书》、《周书》、《北齐书》和《隋书》；私人修成的有《南史》、《北史》）。从此纪传体史书代代续修，其体例也大致定型。编年体和其他体裁史书也有发展。荀悦撰《汉纪》，以编年体叙述西汉历史，《后汉纪》等编年史继踵产生。还有传记体的国别史《十六国春秋》，最早的地方志《华阳国志》以及《佛国记》、《高僧传》、《世说新语》、《颜氏家训》、《洛阳伽蓝记》、《水经注》等与历史有关的各种著作。据《隋书·经籍志》著录，汉代至隋代的史书达数百部，反映了史学发展的盛况。

这时文献整理工作已经展开。刘向、刘歆父子奉命校书，著有《别录》、《七略》，在历史文献学上有很大贡献。唐初也重视文献整理工作，所修《隋书·经籍志》在历史文献学上有很大作用。

秦汉至唐初的史学，与先秦的史学相比，有显著的特点。首先是史学由附属地位而逐渐独立。东汉之前，史籍比较少，《别录》与《七略》的分类中均无史部。《汉书·艺文志》将史书著录于《六艺略》"春秋家"，以史附从于经。自东汉之后，史籍大量涌现，史书种类增多，史学日益受到社会重视，朝廷设立史官和史馆，目录中也列出了史部，这些都标明史学已形成一门独立的学科。这个时期的历史著述，有官修，有私修，有奉诏私修等几种情况，而发展趋势则是官修日占上风。

随着士族地主势力的兴起和门阀制度的盛行，史学上的士族烙印突出，最显著的是谱牒著作与谱学大为发展，有家谱、宗谱、族谱和姓氏谱等。东晋南朝精于谱学者，以贾、王两氏为巨擘。同时家传和正史纪传中也反映出当时崇尚门第的世风习俗。

各少数民族在史学中也占有地位。除正史中有记载各族族史的专传外，还出现了记述各族族史的专书，同时民族问题也在史学中有所反映。

关于史学的评论，司马迁曾说《春秋》是"礼义之大宗"，"采善贬恶"，指出史书的教育作用和政治意义。同时，他表明自己志在"继《春秋》"而写史，以"成一家之言"，表现了他以史学为己任的自觉性。班彪的《前史略论》是评论史学的专篇，谈到古来的史官和史籍，着重评论了司马迁与《史记》，既肯定其有"良史之才"，又指责其"大敝伤道"，表明了马、班史学思想之分歧。班彪这个思想，为其子班固所继承。

两汉以后，史学评论渐多，梁代刘勰《文心雕龙·史传篇》是史评专文，探讨了古代史官的建置与职守，叙述了史书的源流、派别及其得失，议论了撰史的功用、目的与态度。《隋书·经籍志》史部分十三类，各类之序叙述各类史书的源流，并加以评论。史部十三类的序加在一起，就是较全面的史学总结。

史 部
Shibu

唐代史学理论家刘知几所著《史通》，对古代史学作了系统性的评论，在史书编撰、书事曲直、史家修养以及史馆监修等方面都提出很重要的看法。他主张直书，反对曲笔；主张一家独断，反对官府垄断；主张实事求是，反对附会臆说。这些都是进步的思想。

中唐至乾嘉时期封建王朝设置史馆，并形成修史制度。首先是纂修实录，即以编年体记录每一帝王在位时的大事。唐代和宋代的实录已散佚，明清两代实录基本上保存完整。实录虽不完全真实，但保存了丰富的比较原始的史料。史馆还修"国史"即当代史，但历代国史随着王朝的更替，多已湮没无闻。其次，历代史馆都纂修前代的历史，如《旧唐书》、《旧五代史》等等。直到清代修《明史》，完成了一套纪传体的后称为"正史"的"二十四史"。

自司马迁提出"通古今之变"以后，有些史学家从不同角度着眼，不同程度地继承了这个思想，考察与研究历史的各种变化，编成分门别类、综观全局的史书。中唐以后，开始出现了这种旨在"通变"、"致用"的通史：杜佑的《通典》，郑樵的《通志》，马端临的《文献通考》，还有司马光的《资治通鉴》。它们是这个时期通史和史学的代表作。

上述"三通"在中国史学史上具有重要的地位和影响。后来有"续三通"、"清三通"等，合称为"九通"。加上清人刘锦藻的《清朝续文献通考》，称为"十通"。十通再加上汇编某一朝代各项经济、政治、社会制度的会要，如《唐会要》、《西汉会要》等，统称为典志。

司马光主编的《资治通鉴》二百九十四卷，自战国初年叙至五代末年，是一部编年体通史。司马光邀请刘恕、刘攽、范祖禹等参加编写，分工明确。他们先作目录，继成长编，又就史料互相歧异的问题作了考异，最后修撰定稿。全书体例严谨，取材审慎，内容翔实，文字简洁。司马光在序中称该书"叙国家之兴衰，著生民之休戚"，重点在有关国计民生的政治史。他从封建正统思想出发，常借历史宣扬封建礼教，强调尊君法祖。

《通鉴》在史学上产生了很大影响。问世之后，不仅有注释，如胡三省的《通鉴音注》；有补正，如严衍的《资治通鉴补》；还有续作、改编、仿制等相继出现。袁枢根据《通鉴》，编成《通鉴纪事本末》，既是《通鉴》的一个支流，又首创了将史事分别立目，独立成篇，各篇按时间顺序编写的纪事本末体。朱熹亦编成《通鉴纲目》，首创了纲以大字提要，目以小字叙事的纲目体。

中唐以来，出现了不少专史，包括典章史（如会要）、学术史（如学案）、传记、族谱等等。虽然唐之前已产生一些专史，但只是在中唐之后才有所发展。

中唐后出现不少地理著作，其中包括丰富的历史内容。记载全国风土人情的全国性地志，有《元和郡县图志》、《太平寰宇记》、《元丰九域志》以及元、明、清三朝的一统志等（见《大元一统志》、《大明一统志》、《大清一统志》）。著名地理著作有《天下郡国利病书》、《读史方舆纪要》等。这时期的地方志现在尚存者有七八千种。清代纂修方志之风特盛，其成果几乎占了现存方志总数之半。

唐代以来，契丹、女真、蒙古等族曾先后进入中原，建立了辽、金、元等王朝，关于他们的历史有《辽史》、《金史》、《契丹国志》、《大金国志》、《元朝秘史》、《元史》等著作。

明代前期中期，撰史、考史和论史几方面的成就，都不及唐宋。明末清初，社会矛盾激化，动乱频仍，史学出现生气。李贽主张经史相为表里，以史经世，反对脱离现实而空言义理，对史学有一定贡献。以后黄宗羲、顾炎武、王夫之等明确提出了经世致用的治史方针，要从历史研究中寻找社会历史发展的前途，总结解决社会矛盾的办法。

明清之际的史学著作，值得注意的还有茅元仪的《武备志》、谈迁的《国榷》、顾祖禹的《读史方舆纪要》、唐甄的《潜书》等。

清朝统治者强化封建专制、笼络知识分子，大量地编书和修史，以示"稽古右文"，为其统治服务。不少学者钻进考据圈子里去。乾嘉时期，历史撰述与评论、历史文献学等方面，都有成绩。但当时史学家往往博古而不通今，言事而不论理，考史之功虽勤，多不能自成一家之言。乾嘉考史著作，可以王鸣盛的《十七史商榷》、钱大昕的《廿二史考异》、赵翼的《廿二史札记》为代表，而三书各有特点。《考异》是清代历史考据的最高水平，《札记》在史料基础上发挥议论，《商榷》体裁则兼有二者，但精审不及钱赵二家。

近代前期面对封建制度的衰落及西方资本主义势力入侵的民族危机，近代学者及史学家运用今文经学的变易思想和历史进化观点等思想武器，讲究"经世致用"，注意研究近代史和外国史，兴起了救亡图强的爱国主义史学思潮。龚自珍批判"衰世"，主张改革，强调学以致用，实开一代新的学风。魏源重在研究当代史，编写了《圣武记》、《道光洋艘征抚记》、《海国图志》等著作，总结中外历史经验，寻求反抗侵略、变法图强的办法。有些学者深感民族危机，注意研究边疆史地，以及元史和蒙古史。

这时西方史学著作也传来中国。王韬、黄遵宪、康有为、唐才常等介绍和利

史 部
Shibu

用西方史学,否定封建顽固派"祖宗之法不可变"的反动史观,大力宣传救亡图强和变法维新。在戊戌变法的高潮时期,康有为是运动的领导者,宣传历史必变的思想尤为用力。他的理论根据是其历史进化观,即《孔子改制考》、《春秋董氏学》、《论语注》等书中所阐述的"公羊三世说"。但他主张渐变,反对突变和革命,本质上是反对革命的庸俗进化论。

戊戌变法失败后,资产阶级革命派大量引述中国历史的经验教训,宣传用暴力手段推翻清朝统治的革命理论。陈天华和章炳麟(即章太炎)等人,往往引用历史证明革命是历史之必然,对辛亥革命的思想准备起了作用。孙中山在其革命实践中,常常引证和论述一些历史事实,以宣传革命学说。

这时的史学思潮,反映了旧民主主义革命时期的社会矛盾和时代要求,对于当时的反帝反封建活动起了促进作用,同时也促进史学本身的发展。旧史学已日益受到冲击和批判,资产阶级的新史学活跃起来。

旧史学指编撰史书的思想、内容和形式仍属陈旧格调,基本上是封建性的史学。如仍然编纂清朝实录,甚至入民国后在编修《清史稿》时,借歌颂"大清",诋毁革命。这种史学,在"五四"以后仍未完全绝迹。

新史学主要指十九世纪末和二十世纪初期的具有爱国主义史学思想,批判"君史",提倡"民史"的资产阶级史学。严复、黄遵宪、梁启超等都对封建主义的旧史学进行了批判。梁启超还提出了"史界革命"的口号。以后章太炎、夏曾佑等也对提创新史学起了作用。

五四运动以后,历史研究的内容发生了变化。昔日以帝王将相和某些名人为主要研究对象,这时开始扩大到研究社会各方面,撰写的史书有通史、断代史以及各种专史和专题论著。论著的形式也不同以往,主要是章节体的著述和专篇的论文。同时出现不少专门性的历史刊物,如《历史语言研究所集刊》、各大学的学报等。这些成绩,很多都为以后史学工作者所继承和利用。在古代史和近代史的研究方面,傅斯年和蒋廷黻起了倡导和推动作用。

这个时期有一些以考据为主要研究手段的学者,如王国维、陈寅恪、陈垣、顾颉刚等,他们对史学某些方面作出了重要贡献,在中国史学界产生了广泛影响。

在三四十年代,还有一批马克思主义史学家运用唯物史观研究中国历史,在通史、社会史、思想史、近代史等方面,都取得了显著的成就。在通史方面,吕振羽著有《简明中国通史》,范文澜主编了《中国通史简编》,翦伯赞著有《中国史纲》。

正 史

史 记

《史记》原名《太史公记》,是我国西汉著名史学家司马迁撰写的一部纪传体史书,是中国历史上第一部纪传体通史,被列为"二十四史"之首。

作者司马迁(公元前145年—公元前90年)是西汉史学家、思想家、文学家。字子长,左冯翊夏阳(今陕西韩城南芝川镇)人。司马迁的父亲司马谈任太史令,写古今通史的愿望没有实现,临终要司马迁完成其夙愿。后来,司马迁继任父亲太史令之职,开始写《史记》,十多年后,终于完成。

《史记》与后来的《汉书》、《后汉书》、《三国志》合称为"前四史"。记载了上自中国上古传说中的黄帝时代,下至汉武帝(公元前122年),共三千多年的历史。

司马迁

司马迁以其"究天人之际,通古今之变,成一家之言"的史识完成了该书。

《史记》全书包括十二本纪(记历代帝王政绩)、三十世家(记诸侯国和汉代诸侯、勋贵兴亡)、七十列传(记重要人物的言行事迹,主要叙人臣,其中最后一篇为自序)、十表(大事年表)、八书(记各种典章制度),共一百三十篇,五十二万六千五百余字。

《史记》最初没有固定书名,或称"太史公书",或称"太史公记",也省称"太史公"。"史记"本来是古代史书的通称,从三国时期开始,"史记"由史书的通称逐渐成为"太史公书"的专称。

《史记》对后世史学和文学的发展都产生了深远影响。其首创的纪传体编史方法为后来历代"正史"所传承。

同时,《史记》还被认为是一部优秀的文学著作,在中国文学史上有重要的地位,被鲁迅誉为"史家之绝唱,无韵之离骚",有很高的文学价值。刘向等人认为此书"善序事理,辩而不华,质而不俚"。与司马光的《资治通鉴》并称为"史学双璧"。

汉 书

《汉书》,又称《前汉书》,由我国东汉时期的历史学家班固编撰,是中国第一部纪传体断代史,"二十四史"之一。

《汉书》是继《史记》之后我国古代又一部重要史书,与《史记》、《后汉书》、《三国志》并称为"前四史"。《汉书》全书主要记述了上起西汉的汉高祖元年(公元前206年),下至新朝的王莽地皇四年(公元23年),共二百三十年的史事。《汉书》包括纪十二篇,表八篇,志十篇,传七十篇,共一百篇,后人划分为一百二十卷,共八十万字。

作者班固(公元32年—公元92年),是东汉历史学家班彪之子,字孟坚,扶风安陵(今陕西咸阳)人。生于东汉光武帝建武八年,卒于东汉和帝永元四年,年六十一岁。班固自幼聪敏,"九岁能属文,诵诗赋",成年后博览群书,"九流百家之言,无不穷究"。著有《白虎通德论》六卷,《汉书》一百二十卷,《集》十七卷。

由于《史记》只写到汉武帝的太初年间,因此,当时有不少人为其编写续篇。据《史通·正义》记载,写过《史记》续篇的人就有刘向、刘歆、冯商、扬雄等十多人,书名仍称《史记》。班固的父亲班彪(公元3年—公元54年)对这些续篇感到很不满意,遂"采其旧事,旁贯异闻"为《史记》"作《后传》六十五篇"。班彪死后,年仅二十二岁的班固,动手整理父亲的遗稿,决心继承父业,完成这部接续巨作。

不料,工作开始几年,有人上书汉明帝,告发班固"私作国史"。班固被捕入狱,书稿也被全部查抄。他的弟弟班超上书汉明帝说明班固修《汉书》的目的是颂扬汉德,让后人了解历史,从中获取教训,并无毁谤朝廷之意。后来无罪开释,汉明帝更给了班家一些钱财,帮助他们写下去。

汉和帝永元元年(公元89年),窦宪率兵伐匈奴,班固随其出征,任中护军,行中郎将事,大破匈奴后,勒石燕然山的铭文,即出自班固手笔。

班固"不教学诸子，诸子多不遵法度"，洛阳令种竞被班固的家奴醉骂，怀恨未忘。汉和帝永元四年窦宪失势自杀，班固受牵连而被免官职，种竞利用窦宪事败之机，逮捕班固，日加答辱。班固死在狱中，年六十一岁。此时所著《汉书》，八表及天文志均未完成。

班固著《汉书》未完成而卒，汉和帝命其妹班昭就东观藏书阁所存资料，续写班固遗作，然尚未完毕，班昭便卒。同郡的马续是班昭的门生，博览古今，汉和帝召其补成七表及天文志。

此外，班固也是东汉时期最著名的辞赋家之一，著有《两都赋》、《答宾戏》、《幽通赋》等。

《汉书》的语言庄严工整，多用排偶、古字古词，遣辞造句典雅远奥，与《史记》平畅的口语化文字形成了鲜明的对照。

《汉书》开创了我国断代纪传表志体史书，奠定了修正史的编例。史学家章学诚曾在《文史通义》中说过："迁史不可为定法，固因迁之体，而为一成之义例，遂为后世不祧之宗焉。"两书各有所长，同为中华史学名著，为治文史者必读之史籍。

《汉书》尤以史料丰富、闻见博洽著称，"整齐一代之书，文赡事详，要非后世史官所能及"。可见，《汉书》在史学史上有重要的价值和地位。

后汉书

《后汉书》由我国南朝刘宋时期的历史学家范晔编撰，是一部记载东汉历史的纪传体史书，"二十四史"之一。

《后汉书》是继《史记》、《汉书》之后又一部私人撰写的重要史籍。与《史记》、《汉书》、《三国志》并称为"前四史"。

范晔（公元398年—公元445年），字蔚宗，南朝宋顺阳（今河南淅川东）人。官至左卫将军，太子詹事。宋文帝元嘉九年（432年），范晔因为"左迁宣城太守，不得志，乃删众家《后汉书》为一家之作"，开始撰写《后汉书》，至元嘉二十二年（445年）以谋反罪被杀止，写成了十纪，八十列传。原计划作的十志，未及完成。今本《后汉书》中的八志三十卷，是南朝梁刘昭从司马彪的《续汉书》中抽出来补进去的。

《后汉书》全书主要记述了上起东汉的汉光武帝建武元年（公元25年），下至汉献帝建安二十五年（公元220年），共一百九十六年间的史事。

史 部
Shibu

《后汉书》纪十卷和列传八十卷的作者是范晔，此书综合当时流传的七部后汉史料，并参考袁宏所著的《后汉纪》，简明周详，叙事生动，所以取代了以前各家的后汉史。

《后汉书》大部分沿袭《史记》、《汉书》的现成体例，但在成书过程中，范晔根据东汉一代历史的具体特点，又有所创新，有所变动。首先，他在帝纪之后添置了皇后纪。东汉从和帝开始，连续有六个太后临朝。把她们的活动写成纪的形式，既名正言顺，又能准确地反映这一时期的政治特点。其次，《后汉书》新增加了《党锢传》、《宦者传》、《文苑传》、《独行传》、《方术传》、《逸民传》、《列女传》七个类传。范晔是第一位在纪传体史书中专为妇女作传的史学家。尤为可贵的是，《列女传》所收集的十七位杰出女性，并不都是贞女节妇，还包括并不符合礼教道德标准的才女蔡琰。

《后汉书》结构严谨，编排有序。如八十列传，大体是按照时代的先后顺序进行排列的。最初的三卷为两汉之际的风云人物。其后的九卷是光武时代的宗室王侯和重要将领。《后汉书》的进步性还体现在勇于暴露黑暗政治，同情和歌颂正义的行为方面。在《王充、王符、仲长统传》中，范晔详细地收录了八篇抨击时政的论文。《后汉书》一方面揭露鱼肉人民的权贵，另一方面又表彰那些刚强正直、不畏强暴的中下层人士。

司马彪，字绍统，晋高阳王司马睦的长子。从小好学，然而好色薄行，不得为嗣。司马彪因此闭门读书，博览群籍。初官拜骑都尉，泰始中任秘书郎，转丞。司马彪鉴于汉氏中兴，忠臣义士昭著，而时无良史，记述烦杂，遂"讨论众书，缀其所闻，起于世祖，终于孝献，编年二百，录世十二，通综上下，旁贯庶事，为纪、志、传凡八十篇，号曰《续汉书》。"范晔的《后汉书》出，司马彪的《续汉书》渐被淘汰，惟有八志因为补入范书而保留下来。司马彪的八志中，《百官志》和《舆服志》是新创，但没有《食货志》却是一大缺欠。

范晔在撰写《后汉书》以前，已经有许多后汉书流传。其中，主要的有东汉刘珍等奉命官修的《东观汉记》、三国时吴国人谢承的《后汉书》、晋司马彪的《续汉书》、华峤的《后汉书》、谢沈的《后汉书》、袁山松的《后汉书》，还有薛莹的《后汉记》、张莹的《后汉南记》、张璠的《后汉记》、袁宏的《后汉记》等。范晔的《后汉书》，就是在这些后汉书的基础上撰写出来的。

《后汉书》虽然只有本纪、列传和志，而没有表，但范晔文笔较好，善于剪裁，叙事连贯而不重复，在一定程度上弥补了无表的缺陷。另外，因为记载东汉史实的其他史书多数已不存在，所以，《后汉书》的史料价值就更为珍贵。

三国志

《三国志》是西晋陈寿编写的一部主要记载魏、蜀、吴三国鼎立时期的纪传体国别史，详细记载了从魏文帝黄初元年（公元 220 年）到晋武帝太康元年（公元 280 年）六十年的历史，受到后人推崇。

陈寿（公元 233 年—297 年），字承祚，西晋巴西安汉（今四川南充北）人。他少好学，师事同郡学者谯周，在蜀汉时任观阁令史。当时，宦官黄皓专权，大臣都曲意附从。陈寿因为不肯屈从黄皓，所以屡遭遣黜。入晋以后，历任著作郎、治书侍御史等职。公元 280 年，西晋灭东吴，结束了分裂局面。陈寿当时四十八岁，开始撰写《三国志》。

陈寿写《三国志》以前，已出现一些有关魏、吴的史作，如王沈的《魏书》，鱼豢的《魏略》，韦昭的《吴书》等。《三国志》中的《魏书》、《吴书》，主要取材于这些史书。蜀政权没有设置史官，无专人负责搜集材料，编写蜀史。《蜀书》的材料是由陈寿采集和编次的。

陈寿写书的时代靠近三国，可资利用的他人成果并不多，加上他是私人著述，没有条件获得大量的文献档案。阅读《三国志》时，就会发现陈寿有史料不足的困难，内容显得不够充实。

《三国志》全书一共六十五卷，《魏书》三十卷，《蜀书》十五卷，《吴书》二十卷。陈寿是晋朝朝臣，晋承魏而得天下，所以《三国志》尊魏为正统。《三国志》为曹操写了本纪，而《蜀书》和《吴书》则记刘备为《先主传》，记孙权称《吴主传》，均只有传，没有纪。《三国志》位列中国古代"二十四史"记载时间顺序第四位，与《史记》、《汉书》、《后汉书》并称为前四史。

《三国志》不仅是一部史学巨著，更是一部文学巨著。陈寿在尊重史实的基础上，以简练、优美的语言为我们绘制了一幅幅三国人物肖像图。人物塑造得非常生动。

《三国志》取材精审，作者对史实经过认真的考订，慎重的选择，对于不可靠的资料进行了严格的审核，不妄加评论和编写，慎重的选择取材之源。这虽然使《三国志》拥有了文辞简约的特点，但也造成了史料不足的缺点。

《三国志》还有其他不足之处，不可不注意。如在叙事时，除了在某些人的纪和传中有矛盾之处外,其最大的缺点,就是对曹魏和司马氏多有回护、溢美之词,受到了历代史学家的批评。另外,全书只有纪和传,而无志和表,这是一大缺欠。陈寿没有编写志,了解三国时代的典章制度,只好借助于《晋书》。

《三国志》成书之后,由于叙事过于简要,到了南朝宋文帝时,著名史学家裴松之便为其作注,又增补了大量材料。

别 史

国 语

《国语》是中国最早的一部国别史著作。记录了周朝王室和鲁国、齐国、晋国、郑国、楚国、吴国、越国等诸侯国的历史。上起周穆王十二年(公元前990年)西征犬戎(约公元前947年),下至智伯被灭(公元前453年)。包括各国贵族间朝聘、宴飨、讽谏、辩说、应对之辞以及部分历史事件与传说。

关于《国语》的作者是谁,自古至今学界多有争论,到现在也没有形成定论。司马迁最早提到《国语》的作者是左丘明("左丘失明,厥有《国语》"),其后班固、李昂等都认为是左丘明所著,还把《国语》称为《春秋外传》或《左氏外传》。但是在晋朝以后,许多学者开始怀疑《国语》不是左丘明所著。

直到现在,学界仍然争论不休,一般都否认左丘明是《国语》的作者,但是缺少确凿的证据。普遍的看法是,《国语》是战国初期一些熟悉各国历史的人,根据当时周朝王室和各诸侯国的史料,经过整理加工汇编而成。

《国语》按照一定顺序分国排列,在内容上偏重于记述历史人物的言论。这是《国语》体例上最大的特点。

《国语》共有二十一卷,其中《周语》三卷,《鲁语》二卷,《齐语》一卷,《晋语》九卷,《郑语》一卷,《楚语》二卷,《吴语》一卷,《越语》二卷。

《国语》在内容上有很强的伦理倾向,弘扬德的精神,尊崇礼的规范,认为"礼"是治国之本。而且非常突出忠君思想。

《国语》的政治观比较进步,反对专制和腐败,重视民意,重视人才,具有浓重的民本思想。

《国语》记录了春秋时期的经济、财政、军事、兵法、外交、教育、法律、婚姻等各种内容，对研究先秦时期的历史非常重要。

战国策

《战国策》是中国古代的一部史学名著。它是一部国别体史书。全书按东周、西周、秦国、齐国、楚国、赵国、魏国、韩国、燕国、宋国、卫国、中山国依次分国编写，共三十三卷，约十二万字。

《战国策》主要记述了战国时的纵横家的政治主张和策略，展示了战国时代的历史特点和社会风貌，是研究战国历史的重要典籍。

《战国策》的作者直到现在也没有确定，原有《国策》、《国事》、《短长》、《事语》、《长书》、《修书》等名称。西汉末年，刘向校录群书时在皇家藏书中发现了六种记录纵横家的写本，但是内容混乱，文字残缺。于是刘向按照国别编订了《战国策》。因此，战国策显然不是一时一人所作，刘向只是《战国策》的校订者和编订者。因其书所记录的多是战国时纵横家为其所辅之国的政治主张和外交策略，因此刘向把这本书定名为《战国策》。

到北宋时，《战国策》散佚颇多，经曾巩校补，是为今本《战国策》。

1973 年，在长沙马王堆三号汉墓出土了一批帛书，其中一部类似于今本《战国策》，整理后定名为《战国纵横家书》。该书共二十七篇，其中十一篇内容和文字与今本《战国策》和《史记》大体相同。

今本《战国策》共三十三卷，其中《东周策》一卷，《西周策》一卷，《秦策》五卷，《齐策》六卷，《楚策》四卷，《赵策》四卷，《魏策》四卷，《韩策》三卷，《燕策》三卷，《宋卫策》一卷，《中山策》一卷，共四百九十七篇。所记载的历史，上起公元前 490 年知伯灭范氏，下至公元前 221 年高渐离以筑击秦始皇。

《战国策》一书反映了战国时代的社会风貌和当时士人的精神风采，不仅是一部历史著作，同时也是一部非常好的历史散文。它作为一部反映战国历史的历史资料，比较客观地记录了当时的一些重大历史事件，是战国历史的生动写照。它详细地记录了当时纵横家的言论和事迹，展示了这些人的精神风貌和思想才干，另外也记录了一些义勇志士的人生风采。

《战国策》的文学成就也非常突出，在中国文学史上，它标志着中国古代散文发展的一个新时期，文学性非常突出，尤其在人物形象地刻画，语言文字地运用，寓言故事等方面具有非常鲜明的艺术特色。

《战国策》的思想内容比较复杂，主体上体现了纵横家的思想倾向，同时也反映出了战国时期思想活跃、文化多元的历史特点。《战国策》的政治观比较进步，最突出的是体现了重视人才的政治思想。

《战国策》一书对司马迁的《史记》的纪传体的形成，具有很大的影响。《战国策》的文学价值历来为研究者们所称赞，但是对它的思想却是众说纷纭。这是由于该书与后世的儒家思想不符，过于追逐名利。而且过于夸大纵横家的历史作用，降低了史学价值。

杂 史

穆天子传

《穆天子传》，又名《周穆王游行记》，是西周的历史神话典籍之一。西晋初年（太康二年），在今河南汲县发现一座战国时期魏国墓葬，出土一大批竹简，均为重要文化典籍，通称"汲冢竹书"，竹简长二尺四寸（古尺），每简四十字，用墨书写。其中有《穆天子传》、《周穆王美人盛姬死事》，后合并为至今流传的《穆天子传》。由荀勖校订全书六卷。

《穆天子传》初经荀勖校分五篇，东晋郭璞注此书时，又把《周穆王盛姬死事》一篇加入，成为六卷，这是古本。今本乃宋人修编，相较古本有所残缺。周穆王西游在《春秋左氏传》、《竹书纪年》、《史记》中均有记载。虽然《穆天子传》在文字上可能有些夸张，有些神话传说的内容杂入，但基本事实是应该肯定的。它对中国地理学的发展有较大影响，在地理学史上有一席之地，不能抹杀。

《穆天子传》是一部记录周穆王西巡史事的著作，书中详载周穆王在位五十五年率师南征北战的盛况，有日月可寻。名为传，实际上属于编年，其体例大致与后世的起居注同。所以，《隋书·经籍志》、《新唐书·艺文志》都把它列入史部起居注门。

关于《穆天子传》的真伪问题，几经争辩，仍是个不解之谜。

《穆天子传》主要记载周穆王率领七萃之士，驾上赤骥、盗骊、白义、逾轮、山子、渠黄、骅骝、绿耳等骏马，由造父赶车，伯夭作向导，从宗周出发，越过漳水，经由河宗、阳纡之山、群玉山等地，西至于西王母之邦，和西王母宴饮酬酢的神话故事。其中的宗周，经学者研究，认为是指洛邑（今河南洛阳）；穆王的西行路线，当是从洛邑出发，北行越太行山，经由河套，然后折而向西，穿越今甘肃、青海、新疆，到达帕米尔地区（西王母之邦）。

周穆王姬满西游，是我国有文字记载的最早的旅行探险活动。姬满是我国最早的旅行家，《穆天子传》则是我国最早的游记。

六卷《穆天子传》，前四卷记述姬满的西方远游，自洛阳渡黄河，逾太行，涉滹沱，出雁门，抵包头，过贺兰山，穿鄂尔图期沙漠，经凉州至天山东麓的巴里坤湖，又走天山南路，到新疆和田河、叶尔羌河一带。又北行一千余千米，到"飞鸟之所解羽"的"西北大旷原"，即中亚地区。回国时走天山北路。这是我国东西陆路交通史上的大事，周穆王姬满是我国旅游的开拓者。五、六两卷，则叙述姬满两次向东的旅游经历。穆天子西游时，与沿途各民族进行频繁的物资交流，如：珠泽人"献白玉石……食马三百，牛羊二千"。穆天子赐"黄金环三五、朱带贝饰三十，工布之四"等。从这些记载中，可以看到当时物资交换的规模、方式、品种。

《穆天子传》所提供的材料，除去神话传说和夸张的成分，有助于了解古代各族分布、迁徙的历史和他们之间的友好交往，及先秦时期中西交通径路以及文化交流的情况。它说明远在汉武帝刘彻派张骞通西域以前，中国内地和中亚之间就已有个人和团体的交往接触。这一点已有不少考古材料可资证明。

《穆天子传》中有大量的神话传说。传说虽不尽可信，但此书为丰富人们的西北地理知识，拓展人们的视野空间，起到了重要作用。其中地形的描述和沙漠中的游人用牲畜血解渴的记载，也都有它的地理价值。

贞观政要

《贞观政要》是一部政论性的史书。这部书以记言为主，所记基本上是贞观年间唐太宗李世民与臣下魏征、王珪、房玄龄、杜如晦等人关于施政问题的对话以及一些大臣的谏议和劝谏奏疏。此外也记载了一些政治、经济上的重大措施。

作者吴兢（公元670年—749年），一生经历了高宗、武则天、中宗、睿宗、玄宗五朝，因"励志勤学，博通经史"而受到人们的钦佩，从武则天长安年间起任史职。吴兢的文学风格一是叙事简赅，一是秉笔直收，被人称为"良史"。

史 部
Shibu

唐太宗李世民，在位二十三年（公元626年—649年），年号"贞观"，是中国历史上一位有才能有作为的皇帝。他的治绩，被历代史家称颂为"贞观之治"。

《贞观政要》共有十卷，四十篇，精心勾画出了贞观年间君臣决策运筹、治国安邦的政治全景图，以历史经验、历史智慧再现了"贞观之治"的面貌和唐太宗君臣论政的风采，是唐太宗建立空前强大的帝国的历史记录，全方位展示了"贞观之治"的成功实践。书中所阐述的治国安民的诸多观点至今仍颇具借鉴价值。

《贞观政要》虽记载史实，但不按时间顺序组织全书，而是从总结唐太宗治国施政经验，告诫当今皇上的意图出发，将君臣问答、奏疏、方略等材料，按照为君之道、任贤纳谏、君臣鉴戒、教戒太子、道德伦理、正身修德、崇尚儒术、固本宽刑、征伐安边、善始慎终等一系列专题内容归类排列，使这部著作既有史实，又有很强的政论色彩；既是唐太宗"贞观之治"的历史记录，又蕴含着丰富的治国安民的政治观点和成功的施政经验。

这部书是对中国史学史上古老记言体裁加以改造更新而创作出来的，是一部独具特色，对人富有启发的历史著作。

《贞观政要》写作于开元、天宝之际。当时的社会仍呈现着兴旺的景象，但社会危机已露端倪，政治上颇为敏感的吴兢已感受到衰颓的趋势。为了保证唐皇朝的长治久安，他深感有必要总结唐太宗君臣相得、励精图治的成功经验，为当时的帝王树立起施政的楷模。《贞观政要》正是基于这样一个政治目的而写成的，所以它一直以其具有治国安民的重大参考价值，而得到历代的珍视。

书中所记述的封建政治问题是全面而详备的。吴兢把君主作为封建政权的关键，他在开卷的第一篇《君道》中，首先探讨了为君之道。他列举唐太宗的言论说明：要想当好君主，必先安定百姓，要想安定天下，必须先正自身。把安民与修养自身当作为君的两个要素，对于封建政治来说，是抓到了点子上的。对于君主的个人修养，他以唐太宗为例，说明清心寡欲和虚心纳谏是相当重要的。做到这两点，是唐太宗成功的关键，从历代统治者的施政实践上看，这两条对于政权安危具有普遍意义。

在书中，吴兢还重点记述了人才使用问题。书中介绍了唐太宗知人善任、任人唯贤的事迹。唐太宗对用人有较深刻的认识，他一再强调"为政之要，唯在得人。"（《贞观政要·崇儒》）对于人才，他提出了必须具有高尚品德，能够克己恭俭，正直廉洁等要求。为此，他不但采取了一系列选拔人才的措施，而且非常重视对官员的考核和赏罚。通过唐太宗的努力，一批人才集中于初唐政坛，这是问题的一个方面。另一方面，大批人才的出现，也在巩固封建政权，组织民众生产，安定民众生活方面发挥了重大作用。正是君明臣贤，上下一心，才促成了"贞观之治"的出现。吴兢在此似乎同意魏征的观点："大厦云构，非一木之枝；帝王之功，非一士之略。"（《隋书》卷六十六"后论"）知贤用贤一直是古代政治家非常重视的问题，唐太宗君臣相得的实践，为此提供了一个成功的佐证。《贞观政要》对此的记述，则把这一问题的讨论引向了深入。

吴兢在书中还对太宗朝的大政方针进行了归纳和概述，其中做得成功的有偃武修文、崇尚儒学、加强礼治、执法宽弛、休养生息、安定民众，采取怀柔政策，安抚周边少数民族等等。农业是安定民心、治理国家的根本，这是历代有识统治者的共识，但真正能抓住这一环节不放，取得实际效果的，却不多见。唐太宗也非常重视农业生产。他说："凡事皆须务本。国以人为本，人以衣食为本，凡营衣食，以不失时为本。夫不失时者，在人君简静乃可致耳，若兵戈屡动，土木不息，而欲不夺农时，其可得乎？"（《贞观政要·务农》）这个说法比之前代政论家的言论，应该说没有太多新意。但作为一个执政者本身，有了这个认识，又能把它贯彻到自己的政策方针中去，其作用就难以估量了。唐太宗在兵戈扰攘之后，把自己的简静无为，推广为对天下民众实行轻徭薄赋、休养生息的政策，很快收到了良好的效果。贞观后期天下丰足，可以上比汉初的文景盛况。对此，历代统治者都心往神追，可通过努力把它变为现实，却是相当大的难题，《贞观政要》对此的记述，很有理论指导意义。

《贞观政要》在史料学方面也具有重要价值。现在唐代起居注、实录、国史已不存，《贞观政要》是现存记载太宗朝历史较早的一部史书。书中保存了较多的重要史实，比它晚出的《旧唐书》、《新唐书》、《资治通鉴》等书所记贞观年间史实，有些方面也不如它详尽。

世说新语

《世说新语》是我国南朝宋时期（公元420年—581年）产生的一部主要记述魏晋人物言谈轶事的笔记小说。是由南朝刘宋宗室临川王刘义庆组织一批文人编写的，梁代刘峻作注。

刘义庆（公元403年—444年），南朝宋彭城（现江苏徐州）人，曾任荆州刺史，爱好文学。他本是宋武帝刘裕之弟长沙王刘道怜的儿子，十三岁时被封为南郡公，后来过继给叔父临川王刘道规，因此袭封为临川王。刘义庆自幼聪敏过人，深得宋武帝、宋文帝的信任，备受礼遇。

全书原八卷，刘孝标注本分为十卷，今传本皆作三卷，分为德行、言语、政事、文学、方正、雅量等三十六门，全书共一千多则，记述自汉末到刘宋时名士贵族的逸闻轶事，主要为有关人物评论、清谈玄言和机智应对的故事。

《世说新语》是一部笔记小说集，此书不仅记载了自汉魏至东晋士族阶层言谈、轶事，反映了当时士大夫们的思想、生活和清谈放诞的风气，而且其语言简练，文字生动鲜活，因此自问世以来，便受到文人的喜爱和重视，戏剧、小说如关汉卿的杂剧《玉镜台》、罗贯中的《三国演义》等也常常从中寻找素材。

当然，因为刘义庆当时人在扬州，听说了不少当地的人物故事、民间传说，所以在《世说新语》中，也记载了一些发生在当时扬州的故事。如我们熟悉的成语"咄咄怪事"，就是源自于曾担任建武将军、扬州刺史的中军将军殷浩被废为平民后，从来不说一句抱怨的话，每天只是用手指在空中写写画画。扬州的吏民顺着他的笔划暗中观察，看出他仅仅是在写"咄咄怪事"四个字而已。大家这才知道，他是借这种方法来表示心中的不平。

可惜的是，《世说》一书刚刚撰成，刘义庆就因病离开扬州，回到京城不久便英年早逝，时年仅四十一岁，宋文帝哀痛不已，赠其谥号为"康王"。

《世说新语》在流传过程中出现了多个书名，如《世说》、《世说新书》、《新语》、《世说新语》等。《隋书·经籍志》、《旧唐书·经籍志》、《新唐书·艺文志》等皆作《世说》，这是该书的最早称谓，及至唐代，《世说新书》等书名皆可见于史籍。宋代以降，此书经晏殊删定以后，便通称为《世说新语》了。

《世说新语》是研究魏晋时期历史的极好的辅助材料。其中关于魏晋名士的种种活动如清谈、品题，种种性格特征如栖逸、任诞、简傲，种种人生的追求，以及种种嗜好，都有生动的描写。综观全书，可以得到魏晋时期几代士人的群像。通过这些人物形象，可以进而了解那个时代上层社会的风尚。

《世说新语》的语言简约传神，含蓄隽永。正如明代胡应麟在《少室山房笔丛》卷十三中所说："读其语言，晋人面目气韵，恍惚生动，而简约玄澹，真致不穷。"有许多广泛应用的成语便是出自此书，例如：难兄难弟、拾人牙慧、咄咄怪事、一往情深，等等。

《世说新语》对后世有着十分深刻的影响，不仅模仿它的小说不断出现，而且不少戏剧、小说也都取材于它。

编 年

竹书纪年

《竹书纪年》相传为战国时魏国史官所作,记载自夏商周至战国时期的历史。据《晋书·卷五十一》可知原书十三篇。《竹书纪年》是编年体史书,记载先秦时期的历史,与传统正史记载多有不同,对研究先秦史有很高的史料价值。《竹书纪年》又与近年长沙马王堆汉初古墓所出古书近似,而《竹书纪年》的诸多记载也同甲骨文、青铜铭文相类,可见其史料价值。

自西晋时期出土以后,《竹书纪年》有先后经历晋人荀勖、和峤考订释义的初释本,卫恒、束皙考正整理的考正本,宋明时期的今本,清代的古本。原文竹简亡佚,而初释本、考正本也渐渐散佚,今本被清儒斥为伪书。现今较为精准的是方诗铭的《古本竹书纪年辑证》。

根据《晋书·卷五十一》(《列传第二十一·束皙》)记载,在晋武帝太康二年,名叫不准的汲郡人盗墓,得到墓冢的竹简数十车,皆以古文(比当时通用的文字还要古的战国文字,或说"蝌蚪文",或说"古文",或说"小篆",不一而足)记载,史称《汲冢书》。其中有记载夏商周年间的史书十三篇,晋人初名之《纪年》(又称《汲冢纪年》)。

中书监荀勖、中书令和峤奉命将散乱的竹简排定次序,并用当时通用的文字考订释文,遂有初释本《竹书纪年》,又称"荀和本"。凡十三篇,按年编次,叙夏、商、周三代,接以晋国、魏国排次,而周平王东迁后以晋国纪年,三家分晋后以魏国纪年,至"今王二十年止"。初释本认为竹简所记的今王应该是魏襄王,汲郡所盗的墓冢应该是魏襄王的。

当时和峤认为《竹书纪年》起自黄帝,但是这个意见未被采纳,或将记载黄帝以来史事的残简作为附编收录。

由于竹简散乱,而战国文字当时已经不能尽识,因此争议很大。到了晋惠帝时期,秘书丞卫恒奉命考正竹简,以定众议。但是八王夺位,永嘉之乱爆发。卫恒被杀害。其友佐著作郎束皙续成其事,遂有考正本《竹书纪年》,又称"卫束本"。考正本认为竹简所记的今王应该是魏安釐王,汲郡所盗墓冢应该是魏安釐王的。永嘉之乱后,《竹书纪年》的竹简亡佚,而初释本、考正本传世。《隋书·经籍志》录有竹书国异一卷,或是后人据此两种本子所作的校记。

历经安史之乱、五代十国,初释本、考正本渐渐散佚无存。宋代目录书,诸如《崇文总目》、《郡斋读书志》、《直斋书录解题》已不加著录。

元末明初乃至于明代中期,出现了《竹书纪年》刻本,其春秋战国部分以周王室纪年记事,与初释本、考正本不同,是为今本《竹书纪年》。清代学者钱大昕等人指斥其为伪书,姚振宗《隋书经籍志考证》更推断为明代嘉靖年间天一阁主人范钦伪作。

南宋初年,罗泌《路史·国名纪》戊注曾引《纪年》桓王十二年事,已不用晋国纪年,除多一字外,与今本全同,据此推断今本最迟在南宋初年出现。

清代学者热衷于训诂考究,其中研究《竹书纪年》的甚多。嘉庆年间,朱右曾辑录《竹书纪年》的佚文,加以考证,编成《汲冢纪年存真》,是为古本《竹书纪年》。王国维在这个基础上,再辑成《古本竹书纪年辑校》。范祥雍进一步编成《古本竹书纪年辑校订补》。

1981年,方诗铭综合清代朱、王、范三家著述,重加编次,广为搜集,细致考证,与王修龄等人辑录成《古竹书纪年辑证》,随书收录王国维《今本竹书纪年疏证》,是现今较为完备的本子。

《竹书纪年》的内容有与传统正史记载不同处,如"(殷)祖乙胜即位,是为中宗",与《史记·殷本纪》等以中宗为太戊不同,但与甲骨文"中宗祖乙"的称谓却完全相合,可见《竹书纪年》的史料价值甚高。

资治通鉴

《资治通鉴》,简称"通鉴",是北宋司马光主编的一部长篇编年体史书,记载了周威烈王二十三年(公元前403年)起,一直到五代后周世宗显德六年(公元959年)的历史。它是中国第一部编年体通史,在中国史学史中占有极其重要的地位。

作者司马光(公元1019年—1086年),北宋时期著名的政治家,史学家,文学家。北宋陕州夏县涑水乡(今山西夏县)人,出生于河南省光山县,字君实,号迂叟,世称涑水先生。司马光自幼嗜学,尤喜《春秋左氏传》。

司马光的主要成就反映在学术上。其中最大的贡献,就是主持编写了《资治通鉴》。司马光一生大部分精力都花在了奉敕编撰《资治通鉴》上，共费时十九年。

宋神宗熙宁年间，司马光强烈反对王安石变法，上疏请求外任。熙宁四年（公元1071年），他判西京御史台，自此居洛阳十五年，不问政事。在这段悠游的岁月里，司马光和他的助手刘攽、刘恕、范祖禹、司马康等人历时十九年编纂了这部规模空前的编年体通史巨著。在这部书里，编者总结出许多经验教训，供统治者借鉴。

《资治通鉴》上起周威烈王二十三年（公元前403年），下迄五代后周世宗显德六年（公元959年），共记载了十六个

司马光

朝代一千三百六十二年的历史，历经十九年编辑完成。该书详近略远，隋唐五代三百七十一年，占全书的40%，史料价值最高。很明显的他多次着墨在其中的贤明政治时期，如文景之治，贞观之治等。他在《进资治通鉴表》中说："臣今筋骨癯瘁，目视昏近，齿牙无几，神识衰耗，目前所谓，旋踵而忘。臣之精力，尽于此书。"司马光为此书付出毕生精力，成书不到二年，他便积劳而逝。《资治通鉴》从发凡起例至删削定稿，司马君实都亲自动笔，不假他人之手。清代学者王鸣盛说："此天地间必不可无之书，亦学者必不可不读之书。"

《资治通鉴》全书二百九十四卷，约三百多万字，另有《考异》、《目录》各三十卷。《资治通鉴》所记历史断限，上起周威烈王二十三年（公元前403年），下迄后周显德六年（公元959年），前后共一千三百六十二年。全书按朝代分为十六纪，即《周纪》五卷、《秦纪》三卷、《汉纪》六十卷、《魏纪》十卷、《晋纪》四十卷、《宋纪》十六卷、《齐纪》十卷、《梁纪》二十二卷、《陈纪》十卷、《隋纪》八卷、《唐纪》八十一卷、《后梁纪》六卷、《后唐纪》八卷、《后晋纪》六卷、《后汉纪》四卷、《后周纪》五卷。

《资治通鉴》的内容以政治、军事和民族关系为主，兼及经济、文化和历史人物评价，目的是通过对事关国家盛衰、民族兴亡的统治阶级政策的描述，以警示后人。

司马光书名的由来，就是宋神宗认为该书"鉴于往事，有资于治道"，而钦赐此名的。由此可见，《资治通鉴》的得名，既是史家治史以资政自觉意识增强的表现，也是封建帝王利用史学为政治服务自觉意识增强的表现。

史 评

史 通

《史通》是中国及全世界首部系统性的史学理论专著，作者是唐朝的刘知几。全书内容主要评论史书体例与编撰方法，以及论述史籍源流与前人修史之得失。包括的范围十分广泛，基本上可以概括为史学理论和史学批评两大类。史学理论指有关史学体例、编纂方法以及史官制度的论述；史学批评则包括评论史事、研讨史籍得失、考订史事正误异同等。由于《史通》总结唐以前史学的全部问题，因而拥有极高史学地位，对后世影响深远。此书的编著时间始于唐代武后长安二年，至唐中宗景龙四年成书，花了九年时间。

刘知几（公元661年—721年），字子玄，彭城（今江苏徐州）人。生于唐代名门，父、兄都是唐高宗和唐玄宗时的官僚，并以词章知名于世。刘知几因家学渊源，自幼博览群书，攻读史学，后又致力于文学。他二十岁时中进士，唐中宗景龙二年（公元708年），迁为秘书少监，又掌修史之事。当时，由于权贵控制史馆，史官无著述自由，凡事皆需仰承监修旨意，刘知几颇不得志。因此只好"退而私撰《史通》以见其志"。并以一家独创之学，对于史馆垄断史学表示抗议。景龙四年（公元710年），《史通》撰成。此后，刘知几名声大扬。

《史通》共二十卷，包括内篇和外篇两部分，各为十卷。内篇有三十九篇，外篇有十三篇，合计五十二篇。其中，属内篇的《体统》、《纰缪》、《弛张》等三篇，大约在北宋时已亡佚，今存仅有四十九篇。另有《序录》一篇，为全书的序文。

《史通》内篇之开卷，即以《六家》、《二体》两篇，根据唐代以前史学的体裁，对我国古代史学的源流进行了总结。首先，它将古代史学分叙六家，即尚书家、春秋家、左传家、国语家、史记家、汉书家；总归二体，即纪传体和编年体。然后，对六家、二体的优点和缺点，进行评述。

《本纪》、《世家》、《列传》、《表历》、《书志》、《论赞》、《序传》、《序例》诸篇，以具体史籍为例，对纪传史各组成部分的特点、功用都详细论述。《史通》反对作"表历"，以为"表历"往往与史传重复，"成其烦费，岂非缪乎？"对于纪传史的志书，《史通》主张删除天文、艺文、五行三种，而增加都邑、方物、氏族等志。又以为"每卷立论，其烦已多，而嗣论以赞，为黩弥甚"，对各史的"论赞"则多持批评的态度。

在编纂方法方面，《史通》牵涉范围广泛，包括叙事、言语、题目、模拟、断限、书法、人物、编次、称谓、烦省等十多种问题，均属于撰史方法和写作技巧的内容，有的至今仍有参考价值。《史通》既总结前史在叙事方面的好经验，又批评各史存在冗句烦词、雕饰词藻的病例，尤其反对骈文入史的做法。

他例举三传不学《尚书》之语，两汉多违《战策》之词的例证，反对撰史因袭古人词句，以记述后世言语，而提出使用"当世口语"撰史，以使"方言世语，由此毕彰"的要求。这些主张都有借鉴的价值。

此外，关于史料的搜集和鉴别问题，刘知几在《采撰》篇作了专门的探讨，以为史家撰述历史，如同"珍裘以众腋成温，广厦以群材合构"，需要"征求异说，采摭群言"，然后成为"不朽"之作。

《史通》将唐代以前的历史文献，分为"正史"和"杂史"两大类。所谓"正史"，指先秦经、传，唐以前的纪传史和编年史，以及唐代官修诸史；而"杂史"则分为偏记、小录、逸事、琐言、郡书、家史、别传、杂记、地理书、都邑簿等十种。他在《古今正史》中，先叙述唐以前正史的源流，从《尚书》至唐修诸史，逐一介绍各史的作者、成书经过、体例卷帙、后人注补的内容。然后，在《疑古》、《惑经》、《申左》、《杂说》诸篇中，对唐以前的历史文献，进行全面而具体的评述，并指出其矛盾、疏略之处。

应当肯定的是，《史通》对我国古代史学作出了全面的总结，提出了较为系统的史学理论，成为唐代以前我国史论的集大成。

文史通义

《文史通义》是一部纵论文史，品评古今学术的著作。它不仅是史学园地里的奇葩，而且也是文学批评园地里不可多得的佳作。

作者章学诚（公元1738年—1801年），字实斋，号少岩，浙江会稽（今绍兴市）人，是我国封建社会晚期一位杰出的史学评论家。他的代表作《文史通义》和刘知几的《史通》一直被视作我国古代史学理论的双璧。

刘知几的《史通》问世之后，对于后世史论的发展，起了承前启后的作用。因此，宋元期间，相继产生了如郑樵的《通志》、范祖禹的《唐鉴》和吴缜的《新唐书纠谬》等。继宋元之后，明清两代评史论史之风更盛，而章学诚的《文史通义》，堪称能与《史通》匹敌的第二部史学理论巨著。章氏在《文史通义》中，不仅批判了过去的文学和史学，也提出了编写文史的主张。他对编纂史书的具体做法，又表现在他所修的诸种地方志之中。

章学诚少年时酷爱文史书籍，且能举其得失。后寓居北京，游于内阁学士朱筠之门，得以遍览群书，并与钱大昕、邵晋涵、戴震诸名流往还甚密，讨论学术源流及异同。乾隆四十三年（公元1778年）中进士，其后历主保定莲池、归德文正等书院讲席，纂修和州、永清、亳州等方志。晚年，得到湖广总督毕沅的器重，人其幕参与《续资治通鉴》的纂修，又主修《湖北通志》。章氏还著有《史籍考》、《校雠通义》等。

章学诚为什么撰写《文史通义》呢？由于他对刘知几、郑樵、曾巩等人的史学成就，不是全部肯定，而是吸收他们有益的东西。他说："郑樵有史识而未有史学，曾巩具史学而不具史法，刘知几得史法而不得史意，此余《文史通义》所为作也。"在章氏看来，刘知几、郑樵、曾巩在史学上各有优点，但却不全面，所以他才写《文史通义》，吸前人之长，加以补充发挥。应该说，章氏的史学观点，正是发展了刘知几等人史学思想而形成的封建社会末期比较完整的史学体系。

《文史通义》共八卷，包括内篇和外篇两部分，内篇五卷，外篇三卷。但是，由于该书版本很多，内容不尽一致。公元1921年，吴兴刘承干所刻《章氏遗书》本，《文史通义》内篇增一卷，又增《补遗》八篇。新中国成立后，中华书局据刘刻本排印，又附增《补遗续》五篇。另外，旧本《文史通义》卷前刊有章学诚次子华绂写的序文一篇，刘刻本未载，新中国成立后排印本补入。

章氏撰写《文史通义》，大约始于乾隆三十八年（公元1773年），至嘉庆六年（公元1801年）为止，历时二十余年。

章学诚在学术贡献上最能体现其"成一家之言"精神的有三个方面：一是史学理论上的突破，二是方志学的奠基，三是校雠学的系统与完善。而一二两大方面的内容则全在《文史通义》之中。他那丰富的史学理论，在许多方面都确实做到了后来居上，而这许多方面也确实都超过了刘知几。

首先重视史义的研究，并从理论上强调其重要性，这在古代史家当中章学诚是第一人。孔子作《春秋》，记齐桓、晋文争霸之事，通过事实体现孔子的观点和目的。孔子也曾讲过通过史事实现史义，但并未作理论上的论述。杰出史学评论家刘知几的论述重点则是历史编纂学的史学方法论，因而理论上论述史义的重要性便落在章氏身上。正如他自己所言："刘言史法，吾言史意；刘议馆局纂修，吾议一家著述。"他所以要重视史义，是因为"史所贵者义也，而所具者事也，所凭者文也"。他认为事是对历史事实的记载，文则是观点与事实的表现形式，而观点又是反映作史者的政治主张与政治立场，因此，"史义"的重要就可想而知了。史家编写历史，必须用明确的观点记载历史，总结经验。

其次，提出史家必须具备史德，刘知几提出良史必备才、学、识三长，千百年来一直成为衡量优秀史家的标准，章氏在《史德》篇中对此首先加以肯定，又指出根据他的研究，单具"三长"还不足以称良史，作为史家，还必须具备"史德"。什么是"史德"？就是著书者之心术，指史家作史，能否忠实于客观事实，做到"善恶必书，务求公正"的一种品德。他说，"史之义出于天，而史之文不能不籍人力以成之"，"故曰心术不可不慎也"。特别是"慎辨于天人之际，尽其天而不益以人"的要求把我国古代史学领域"据事直书"的传统发展到一个新的阶段。这个新的杰出思想，正是对古往今来历史经验的大总结。

再者，对"六经皆史"思想的大发挥。"六经皆史"说不是章氏首先提出，但他对这一思想发挥得最全面、最彻底。他指出"六经"原来也都是先王治国平天下的道理，况且古代并无经史之分，把儒家六部著作推上神圣经书宝座，那是汉武帝独尊儒术以后之事，从此"六经"就成为封建统治者统治人民的思想基础。

最后，为我国方志学奠基。该书外篇四至六都是方志论文。章氏虽长于史学，但从未得到清政府的重用。因此他把自己的史学理论，用于编修方志的实践中。编修方志在他一生活动中占有相当重要地位，并使他成为方志学建立的极重要人物。梁启超把他誉为我国"方志之祖"、"方志之圣"。上世纪80年代全国修志热潮兴起后，他的方志学说还被用来当做启蒙理论学习，《文史通义》也成为非谈不可、非读不行的热门了。

由于章学诚是封建社会末期的史家，在《文史通义》中，有其高于前人的评论，但也摆脱不了宣扬纲常礼教之例，对于历代史学名著的评论，其观点仍有值得商榷之处。

子 部

概 述

　　西周的灭亡促使人们更多地转向对天下兴亡的思考，打破了"庶人不议"的观念，取而代之的是"处士横议"的活跃风气。在对人、事及社会的广泛探讨中，人们不再崇信"天道"，进而在如何统一天下、治理国家、教化民众等方面形成了各种不同的学派。这些学派的创立者和代表人物被合称为"诸子"，"百家"则指这些学派。最有影响的主要是儒家、墨家、道家和法家。各学派的人物针对一些社会问题四处游说，推行自己的政治主张，或著书立说，人们的思想空前活跃，在中国文化史上形成了一个百家争鸣的空前繁荣的局面。诸子百家的学术观点反映在他们的文学作品中也随之形成了不同的学术和文学派别。诸子散文大都观点鲜明，言辞犀利，感情充沛，表达方式灵活多样，具有很强的感染力，所以诸子百家散文不仅具有重要的学术价值，同时也具有重要的文学价值。

　　诸子百家中，儒家创始人孔子因继承三代中原文化正统，在诸子百家中脱颖而出。以致儒家学说不仅在诸子百家中地位显著，而且还成为传统文化的主流、核心内容，对中华民族精神的形成产生了无与伦比的影响。事实上，我们可以说，儒家并非通常意义上的学术或学派，儒家学说是华夏民族的文化精华，也是华夏固有价值系统的一种表现。它已渗透传统文化的每一根毛细血管之中，极大地影响着中国文化的每一个领域。凡是从中国土壤里产生的学说思想、宗教派别，甚至是外来文化、外来宗教，都不能避免地带上儒家文化的痕迹。于今而言，犹不止此。儒家思想亦对世界文化产生了永久的影响。关于对诸子百家的派别归类，司马谈列举了六家，"乃论六家之要指曰：易大传：'天下一致而百虑，同归而殊途。'夫阴阳、儒、墨、名、法、道德，此务为治者也"。刘歆《七略》

的《诸子略》分为十家：儒、道、阴阳、法、名、墨、纵横、杂、农、小说。除去小说家不谈，所以称"九流十家"。

儒家是战国时期重要的学派之一，它以春秋时孔子为师，以六艺为法，崇尚"礼乐"和"仁义"，提倡"忠恕"和不偏不倚的"中庸"之道，主张"德治"和"仁政"，重视道德伦理教育和人的自身修养的一个学术派别。

儒家强调教育的功能，认为重教化、轻刑罚是国家安定、人民富裕幸福的必由之路。主张"有教无类"，对统治者和被统治者都应该进行教育，使全国上下都成为道德高尚的人。

在政治上，还主张以礼治国，以德服人，呼吁恢复"周礼"，并认为"周礼"是实现理想政治的理想大道。至战国时，儒家分有八派，重要的有孟子和荀子两派。

孟子的思想主要是"民贵君轻"，提倡统治者实行"仁政"，在对人性的论述上，他认为人性本善，提出"性善论"，与荀子的"性恶论"截然不同，荀子之所以提出人性本恶，也是战国时期社会矛盾更加尖锐的表现。

道家是战国时期重要学派之一，又称"道德家"。这一学派以春秋末年老子关于"道"的学说作为理论基础，以"道"说明宇宙万物的本质、本源、构成和变化。认为天道无为，万物自然化生，否认上帝鬼神主宰一切，主张道法自然，顺其自然，提倡清静无为，守雌守柔，以柔克刚。政治理想是"小国寡民"、"无为而治"。老子以后，道家内部分化为不同派别，著名的有四大派：庄子学派、杨朱学派、宋尹学派和黄老学派。

墨家是战国时期重要学派之一，创始人为墨翟。这一学派以"兼相爱，交相利"作为学说的基础：兼，视人如己；兼爱，即爱人如己。"天下兼相爱"，就可达到"交相利"的目的。政治上主张尚贤、尚同和非攻；经济上主张强本节用；思想上提出尊天事鬼。同时，又提出"非命"的主张，强调靠自身的强力从事。

墨家有严密的组织，成员多来自社会下层，相传皆能赴火蹈刀，以自苦励志。其徒属从事谈辩者，称"墨辩"；从事武侠者，称"墨侠"；领袖称"巨（钜）子"。其纪律严明，相传"墨者之法，杀人者死，伤人者刑"。

墨翟死后，分裂为三派。至战国后期，汇合成二支：一支注重认识论、逻辑学、数学、光学、力学等学科的研究，是谓"墨家后学"（亦称"后期墨家"），另一支则转化为秦汉社会的游侠。

子 部

法家是战国时期的重要学派之一，因主张以法治国，"不别亲疏，不殊贵贱，一断于法"，故称之为法家。春秋时期，管仲、子产即是法家的先驱。战国初期，李悝、商鞅、申不害、慎到等开创了法家学派。至战国末期，韩非综合商鞅的"法"、慎到的"势"和申不害的"术"，以集法家思想学说之大成。

这一学派，经济上主张废井田，重农抑商、奖励耕战；政治上主张废分封，设郡县，君主专制，仗势用术，以严刑峻法进行统治；思想和教育方面，则主张禁断诸子百家学说，以法为教，以吏为师。其学说为君主专制的大一统王朝的建立，提供了理论根据和行动方略。

《汉书·艺文志》著录法家著作有二百十七篇，今存近半，其中最重要的是《商君书》和《韩非子》。

名家是战国时期的重要学派之一，因从事论辩名（名称、概念）实（事实、实在）为主要学术活动而被后人称为名家。当时人则称为"辩者"、"察士"或"刑（形）名家"。代表人物为惠施和公孙龙。

阴阳家是战国时期重要学派之一，因提倡阴阳五行学说，并用它解释社会人事而得名。这一学派，当源于上古执掌天文历数的统治阶层，代表人物为战国时齐人邹衍。

阴阳学说认为阴阳是事物本身具有的正反两种对立和转化的力量，可用以说明事物发展变化的规律。五行学说认为万物皆由木、火、土、金、水五种元素组成，其间有相生和相胜（剋）两大定律，可用以说明宇宙万物的起源和变化。邹衍综合二者，根据五行相生相胜说，把五行的属性释为"五德"，创"五德终始说"，并以之作为历代王朝兴废的规律，为新兴的大一统王朝的建立提供理论根据。

《汉书·艺文志》著录此派著作二十一种，已全部散佚。成于战国后期的《礼记·月令》，有人说是阴阳家的作品。《管子》中有些篇亦属阴阳家之作，《吕氏春秋·应同》、《淮南子·齐俗训》、《史记·秦始皇本纪》中保留一些阴阳家的材料。

纵横家是中国战国时代以纵横捭阖之策游说诸侯，从事政治、外交活动的谋士。列为诸子百家之一。主要代表人物是苏秦、张仪等。

战国时南与北合为纵，西与东连为横，苏秦力主燕、赵、韩、魏、齐、楚合纵以拒秦，张仪则力破合纵，连横六国分别事秦，纵横家由此得名。他们的活动对于战国时政治、军事格局的变化有重要的影响。

《战国策》对其活动有大量记载。据《汉书·艺文志》记载，纵横家曾有著作"十六家百七篇"。

杂家是战国末期的综合学派。因"兼儒墨、合名法"，"于百家之道无不贯综"而得名。秦相吕不韦聚集门客编著的《吕氏春秋》，是一部典型的杂家著作集。

农家是战国时期重要学派之一。因注重农业生产而得名。此派出自上古管理农业生产的官吏。他们认为农业是衣食之本，应放在一切工作的首位。《孟子·滕文公上》记有许行其人"为神农之言"，提出贤者应"与民并耕而食，饔飧而治"，表现了农家的社会政治理想。此派对农业生产技术和经验也注意记录和总结。《吕氏春秋》中的《上农》、《任地》、《辩土》、《审时》等篇，被认为是研究先秦农家的重要资料。

小说家，先秦"九流十家"之一，乃采集民间传说议论，借以考察民情风俗。《汉书·艺文志》云："小说家者流，盖出于稗官。街谈巷语，道听途说者之所造也。"

兵家重点在于指导战争，在不得不运用武力达到目的时，怎样去使用武力。创始人是孙武，兵家又分为兵权谋家、兵形势家、兵阴阳家和兵技巧家四类。

兵家主要代表人物，春秋末有孙武、司马穰苴；战国有孙膑、吴起、尉缭、魏无忌、白起等。今存兵家著作有《黄帝阴符经》、《六韬》、《三略》、《孙子兵法》、《司马法》、《孙膑兵法》、《吴子》、《尉缭子》等。

中国医学理论的形成，是在公元前五世纪下半叶到公元三世纪中叶，共经历了七百多年。公元前五世纪下半叶，中国开始进入封建社会。从奴隶社会向封建社会过渡，到封建制度确立，在中国历史上是一个大动荡的时期。社会制度的变革，促进了经济的发展，意识形态、科学文化领域出现了新的形势，其中包括医学的发展。医家泛指所有从医的人。

诸子所以说是政治学派的总称，是因为其各家的基本宗旨大都是为国君提供政治方略。儒家主张以德化民；道家主张无为而治；法家主张信赏必罚；墨家主张兼爱尚同；名家主张去尊偃兵。汉代以后，墨家和名家成为绝学，农家独立成一门技术性学科，阴阳家演化为神秘的方术。因此对后来大一统王朝政治产生影响的只有儒、道、法。

诸子百家的许多思想给后代留下了深刻的启示。如儒家的"仁政"、"己所不欲，勿施于人"的"恕道"；孟子的古代民主思想；道家的辩证法；墨家的科学思想;法家的唯物思想;兵家的军事思想等,在今天依然闪烁光芒。便是那"诡辩"的名家,也开创了中国哲学史上的逻辑学领域。我们可以、也应该鉴借儒家的刚健有为精神,来激励自己发愤图强;鉴借儒家的公忠为国精神,来培育自己的爱国情怀;鉴借儒家的"以义制利"精神,来启示自己正确对待物质利益;鉴借儒家的仁爱精神,来培育自己热爱人民的高尚情操;鉴借儒家的气节观念,来培育自己的自尊、自强的独立人格;也鉴借墨家的"兼爱"、"尚贤"、"节用";道家的"少私寡欲"、"道法自然";法家的"废私立公"等等思想。

儒 家

儒家概说

儒家思想,又称儒学,也有人认为它是一种宗教而称之为儒教。儒家思想是奉孔子(公元前551年—前479年)为宗师的,所以又称为孔子学说,是对中国以及远东文明发生过重大影响并持续至今的意识形态。儒家的经典形成于孔子时代,但是不同时代对儒家经典的解读有很大的不同,因此很难对儒家思想下一个面面俱到的定义。

从十四世纪下半叶起,明清两代朝廷将宋代形成的程朱理学定为官学,形成流传至今的儒家主流。儒家思想对中国,东亚、东南亚乃至全世界都产生过深远的影响。奉儒学为官学的最后一个王朝大清帝国被民国取代以后,儒家思想受到了外来新文化最大限度的冲击,不过在历经多种冲击、浩劫乃至官方政权试图彻底铲除儒家思想之后,儒家思想依然是中国社会一般民众的核心价值观。同时,儒家思想也是东亚地区的基本文化信仰。

先秦时,儒家学派也只是诸子之一,与其它诸子一样地位本无所谓主从关系。儒家学派的思想由春秋末期的思想家孔子所创立。孔子,名丘,字仲尼,是我国古代伟大的政治家、教育家和思想家,孔子的言行思想主要载于语录体散文集《论语》。

孔子创立的儒家学说是在总结、概括和继承了夏、商、周三代尊尊亲亲传统文化的基础上形成的一个完整的思想体系。儒家思想基本分为"内圣"与"外王"，即个人修养与政治主张两类。随着学科的细分，主要从以下角度对其进行解析。

在伦理学上儒家注重自身修养，其中心思想是"仁"，意谓人与人之间应注重和谐的关系。对待长辈要尊敬尊重；朋友之间要言而有信；为官者要清廉爱民；做人有自知之明，尽份内事，"君子务本，本立而道生"；统治者要仁政爱民，"为政以德，譬如北辰，居其所而众星共之"；对待其他人要博爱，"幼吾幼，及人之幼。老吾老，及人之老"；对待上司要忠诚，"君事臣以礼，臣事君以忠"；对待父母亲属要孝顺，"父母在，不远游，游必有方"、"今之孝者，是谓能养。至于犬马，皆能有养；不敬，何以别乎？"；人要有抱负而有毅力，"士不可不弘毅，任重而道远"；尊重知识，"朝闻道，夕死可矣"；善于吸取别人的长处，"见贤思齐焉，见不贤而内自省也"，以及"君子远庖厨"推己及人的思想。

儒家的政治思想是"仁政"、"王道"以及"礼制"，其理想是"大同"、"大一统"，其政治学主要阐述君臣关系、官民关系。孔子"君事臣以礼，臣事君以忠"，孟子"民为重，社稷次之，君为轻"，荀子"从道不从君，从义不从父，人之大行也"，是儒家政治学的代表性主张。

在现实政治的问题上，儒家要求统治者和被统治者双方都要承担义务，从理论上说，被统治者有权利反抗不正常承担义务的统治者。"仁政易行"则提倡分清"不能"与"不为"之间的区别，即"不去做"与"做不到"之间的差异。而其"无恒产，因无恒心"也体现了民本思想。

在国际政治方面，儒家主张"华夷之辨"。"华夷之辨"在古代促进了中原先进文化的传播，在近代则成为中国现代化的障碍。

儒家有重视编修历史的悠久传统。子曰："述而不作，信而好古，窃比于我老彭。"（《论语·述而》）。但是孔子编修《春秋》，不单纯记载史事，而且也通过遣词用字的方法，体现出一套褒贬倾向，借此以表达自己的思想观点，称之为"微言大义"。由于历代儒家学者的努力，中国的编年史从公元前841年（西周共和元年）开始，一直到今天，一年也没有中断过。

西晋太康二年（公元281年），盗墓人在魏国古墓发现一部竹简书，是魏国人写的编年史，被称为《竹书纪年》，内容有些地方与孔子《春秋》相同，但是也有一些重要内容完全不同，因此后世有人怀疑儒家记载历史的真实性。

儒家重义轻利，重官轻商，重本抑末，与现代商品经济不相适应。儒家典籍

《礼记》中所描述的大同社会是儒家思想大道之行的描述。也就是说，儒家思想的经济学，是为了人类理想社会而服务。

儒家不重视分科领域专业知识的研究。子曰："君子不器。"朱熹的解读是："器者，各适其用而不能相通。成德之士，体无不具，故用无不周，非特为一才一艺而已。"这是儒家轻视专门人才的思想根源。明代撰写《天工开物》的宋应星，也是六次科举不中，才转而研究科技专业知识的。

孔子所处的春秋时代，由于社会内部不可调合的矛盾引起的深重危机摇撼了传统文化的权威性，对传统文化的怀疑与批判精神与日俱增，就连祖述尧舜，宪章文武的孔子也不能不把当时所处的时代精神注入到自己的思想体系中，并对传统文化加以适当的改造，以便在社会实践中建立一种新的和谐秩序和心理平衡，这种情况到了大变革的战国时代显得尤为突出，因为人们在崩塌的旧世界废墟上已经依稀看到了冲破旧尊卑等级束缚的新时代的曙光。

未来究竟是个什么样的社会模式，就成了举世关注的大问题，并在思想界引起了一场百家争鸣式的大辩论。当时代表社会各个阶级、阶层利益的诸子百家，纷纷提出各自的主张，其中一个最主要的争论焦点就是如何对待传统文化的问题。围绕这个问题而进行的思想交锋，儒、法两大思想流派最有代表性。他们旗鼓相当，针锋相对，应者云集，皆为显学。另外还有墨家、道家、阴阳家等等学派，可谓学派林立，是中国历史上学术与言论的开明时代。

儒学的形成

儒家学派形成之前，古代社会贵族和自由民通过"师"与"儒"接受传统的六德（智、信、圣、仁、义、忠），六行（孝、友、睦、姻、任、恤）、六艺（礼、乐、射、御、书、数）的社会化教育。从施教的内容看，中国古代的社会教育完全是基于华夏族在特定生活环境中长期形成的价值观、习惯、惯例、行为规范和准则等文化要素之上而进行的。儒家学派全盘吸收这些文化要素并上升到系统的理论高度。

儒家学派的创始人孔子第一次打破了旧日统治阶级垄断教育的局面，一变"学在官府"而为"有教无类"，使传统文化教育播及整个民族。这样儒家思想就有了坚实的民族心理基础，为全社会所接受并逐步儒化全社会。但是儒家学派固守"道不过三代，法不贰后王"（《荀子·王制》）。

儒家思想的内涵丰富复杂，封建皇权逐步发展出基础理论和思想，即讲"大一统"、讲"君臣父子"和讲"华夷之辨"。

秦始皇消灭六国，建立秦朝，推行中央集权郡县制，以淳于越为代表的秦儒主张地方自制分封制，后来遭到秦始皇的残酷镇压，史称"焚书坑儒"。汉代之后，儒家基本上主张维护中央集权，与秦代儒家有很大的不同。

在汉武帝之前，秦朝是以法家思想为政权的统治思想。秦始皇焚书坑儒后，加之汉字尚处于雏形，不具备准确表达的功能，正统的儒家思想已基本消失。在汉初，当时的主流思想是道家思想，所谓黄老道行无为之治。

董仲舒提出"春秋大一统"和"罢黜百家，表章六经"，强调以儒家思想为国家的哲学根本，杜绝其他思想体系的根本。鉴于秦朝苛政的覆灭，统治阶层意识到仁政对于维持王朝稳定统治的必要性，汉武帝采纳了他的主张。从此儒学成为正统思想，研究四书五经的经学也成为了显学。此时，孔子已死三百余年。董仲舒在具体的政策上将道家，阴阳家和儒家中有利于君王统治的部分加以发展，行成了新儒术，作为独尊儒术的基础学说。

在汉朝的儒家思想普及过程中，很多社会问题得到解决。儒家思想倾向于施用仁政管理国家，政治家们以此为根据，限制土地过分集中，建立完善的道德体系。提出了包括"限民名田，以澹（赡）不足"，"三纲五常"等政策。

董仲舒还强调"天"的至高无上的地位，如果君王施政不仁，天就会有所表示，称之为"天人感应"，这意味着君权之上还有一个神权，有浓厚的宗教色彩，对君王有一定的制衡作用。这是汉儒的一个特点。

秦焚书坑儒之后，除《易经》外，儒书基本绝迹，靠儒生的记忆背诵才流传下来。汉朝独尊儒术以后，"五经"通过年迈的儒者得到复原，以汉隶书写，称今文经学。但后来在孔子故居发现隐藏了一部分儒经，以孔子时代的蝌蚪文记载，刘歆做了很大整理，称古文经学。两者在流传文本和经典解读方法上均有差异，但其后经学家郑玄基本统一了今古文，今古之争渐息，儒经在文本上的争议被平息，至宋朝，朱熹对《大学》文本作了修正，但被其后明朝的王阳明所反对，并推崇古本《大学》，于是又开始流传古本。明太祖朱元璋曾欲对《孟子》进行删节，但因遭到臣属以死要挟的强烈反对而放弃。直至清末，时局动荡，人心思变，疑古之风日盛，今古文之争又起。康有为认为东汉以来经学，多出刘歆伪造，是新莽一朝之学，非孔子之经。但又被其后的学者所驳斥。今天所看到的儒经，大多源自汉儒的流传，而解读上，则承袭了宋明儒的思想。

唐代韩愈提出道统之说，《原道》认为："尧以是传之舜，舜以是传之禹，禹以是传之汤。汤以是传之文武周公，文武周公传之孔子，孔子传之孟轲。"韩愈又说："孟轲师子思，子思之学，盖出曾子。自孔子没，群弟子莫不有书，独孟轲氏之传得其宗。"韩愈本人则以孟子继承者自居，并自谦说："韩愈之贤不及孟子。孟子不能救之于未亡之前，而韩愈乃欲全之于已坏之后。"李翱说："孔氏去远，杨朱恣行，孟轲拒之，乃坏于成。戎风混华，异学魁横，兄尝辨之，孔道益明。"皮日休说："千世之后，独有一昌黎先生，露臂瞋视，诟于千百人内。其言虽行，其道不胜。苟轩裳之士，世世有昌黎先生，则吾以为孟子矣。"

自汉以来至今，儒家思想在绝大部分历史时期是中国的主流价值观，但是也有低迷时期。魏晋时期儒学的地位被道教玄学替代。唐代政权基本上以儒家思想为主导，但是也渗透了道教和佛教。宋朝时程朱理学为儒学主流，尊周敦颐、程颢、程颐为始祖，朱熹为集大成者，后取得官方地位，但陆九渊与程朱理学不同，另有一套"明心见性"、"心即是理"的哲学观点，经明朝王阳明又发展为心学。

现在所说的儒家思想，相当部分是来自宋朝的解读。元明清时期，科举考试都以朱熹的理学内容为考试题目，对思想产生了很大的影响。

民国以后，儒家从思想到形式的系统体系在民间和官方的存在转为主要保存了儒家思想的价值观在中国人思想中的主流地位。

在中国大陆，中华人民共和国成立后，尽管政府当局曾经带头"打倒孔老二"，但儒家思想在国人价值观中的主流地位并不可能去除，改革开放以后，以儒家思想为主体的中华文化的恢复、发展越来越得到人们的重视。

中国宋明时期以陆九渊、王守仁为代表的唯心主义哲学流派。南宋时，陆九渊倡言心即理，针对朱熹等人的"理"在人心之外、"即物"才可"穷理"的理论，提出"发明本心"、"收其放心"的"简易"、"直捷"主张。他还同朱熹辩论过"无极"、"太极"等问题，成为与朱熹一派理学相持对立的一家，被称为"心学"。陆九渊弟子很多，著名的有杨简、袁燮等人，杨简将"心即理"进一步发展成为"万物唯我"的唯我主义。宋代以后，由于程朱理学成为官方统治思想，陆学影响不如朱学大。到明代中期，陈献章由朱学转向陆学。王守仁更是集心学之大成，并提出"心外无物"、"心外无理"、"心即是理"的命题，在认识论上推行"致良知"的方法，认为"良知"就是"天理"，"致良知"就是"明明德"同时提出"知行合一"的革命性观点，反对宋儒知先行后的说法或知而不行的做法。王守仁是陆九渊以后影响最大的主观唯心主义哲学家。明代后期，王学大盛，出现了众多流派，其中以王艮为代表的泰州学派和李贽等人影响较大。泰州学派内部各人思想不尽相同，但有个共同的趋势，就是强调儒家的"圣"、"贤"是人人可成的，即便是"农工商贾"也可以成圣成贤，声称"人人天地性，个个圣贤心"。李贽还提出"是非无定质"，反对封建专制主义的思想禁锢。

在程朱理学发展的同时，还兴起过一个强调"以利和义"，反对义利对立的儒家学派，成为事功学派。不过没有成为主流。

1644年，明朝灭亡，这是以汉人为统治者的中国第二次亡国。明亡之后，以黄宗羲为代表的一些儒家学者对历史进行了反思，认为"为天下之大害者，君而已矣"。

清代中期，戴震批判朱熹理学"酷吏以法杀人，后儒以理杀人"。

明清以来，西学东渐。鸦片战争中国战败之后，面对西学的压力，清代儒家开明派提出"中学为体、西学为用"的改良主张。

近代以来，中国的落后致使人们对中国文化作出反思，儒学内部龚自珍、魏源等，以汉学批宋学，主张改革，成为近代儒学中的异端。之后，又有三次对儒家思想的较大冲击：第一次是太平天国运动中，草根阶层对儒学的冲击。第二次是戊戌变法时代，变法派思想家对儒学的冲击。第三次是民国成立之后的五四运动，各类激进主义新思潮对儒学的冲击。

面对冲击，儒学也作出反应。康有为、陈焕章创立孔教，将儒学宗教化。而学衡派的学人对孔子和儒家思想在现代社会的地位做出了深刻的研判，产生了新儒家。

儒家思想对中国文化的影响很深，几千年来的社会，所传授的不外"四书五经"。传统的责任感思想，节制思想，和忠孝思想，都是它和专制统治结合的结果，因此，儒家思想是连同当代在内的主流思想。

春秋繁露

《春秋繁露》是西汉董仲舒（公元前179年—前104年）所撰，共十七卷。

董仲舒，广川（今河北枣强）人，西汉哲学家，今文经学大师，专治《春秋公羊传》；曾任博士、江都相和胶西王相，汉武帝时，举贤良文学之士，他对策建议说："诸不在六艺之科，孔子之术者，皆绝其道，勿使并进。"此建议被武帝所采纳，开此后两千余年封建社会以儒学为正统的先声。

子部
Zibu

本书为作者阐释儒家经典《春秋》之书,书名为"繁露",《四库全书总目》云:繁或作蕃,盖古字相通,其立名之义不可解。《中兴馆阁书目》谓"繁露"冕之所垂,有联贯之象;《春秋》比事属辞,立名或取诸此,亦以意为说也。此书篇名与《汉书·艺文志》及《汉书·董仲舒传》的记载不尽相同;《汉书·艺文志》只言《公羊董仲舒治狱》十六篇;《汉书·董仲舒传》所载《玉杯》、《蕃露》、《清明》、《竹林》皆为所著书名,数十篇,十余万言;今存《玉杯》、《竹林》则为《春秋繁露》中之篇名,因此,后人疑其不尽出董仲舒一人之手,宋儒程大昌攻之

董仲舒

尤力。但《四库全书总目》却认为,书虽未必全出自董仲舒,但其中多根极理要之言,非后人所能依托。

董仲舒在书中极力推崇《公羊传》的见解,阐发"春秋大一统"的宗旨,把封建统一说成是天经地义而不可改变的。他认为自然界的天就是超自然的有意志的人格神,并且建立起了一套神学目的论学说,把人世间的一切包括封建王权的统治都说成是上天有目的安排,将天上神权与地上王权沟通起来,为"王权神授"制造了理论根据。同时,又以阴阳五行学说将自然界和社会人事神秘化,理论化,作出各种牵强比附,建立"天人感应"论的唯心主义形而上学的神学体系。如董仲舒创造的"人副天数"说,将人身的骨节、五脏、四肢等等,比附为一年的日数、月数,以至五行、四时之数,人身五脏与五行符、外有四肢与四时符,从而得出"为人者,天也"的理论,认为人类自身的一切都由天所给予。用天有阴阳来比附人性,谓"天两有阴阳之施,身亦两有贪仁之性",意即天道兼备着阴阳两种作用,人身也兼备着贪仁两种本性等等。

概括而言,董仲舒的神学体系包括"三纲"、"五常"、"三统"、"三正"、"性三品"诸说。在《基义》篇里,谓君臣、父子、夫妇之义,皆取之阴阳之

道。君为阳，臣为阴；父为阳，子为阴；夫为阳，妻为阴。是故仁义制度之数，尽取之天。王道之三纲，可求于天，综合前论，即是所谓的君为臣纲，父为子纲，夫为妻纲的"三纲"。并把"仁、义、礼、智、信"五种封建道德伦理规范，与"金、木、水、火、土"之五行相比附，则为"五常"。"三统"与"三正"实际上是仲舒的历史观。秦汉以前古书记载有夏、商、周三代，仲舒遂认为夏是黑统，商是白统，周是赤统，改朝换代只不过是"三统"的依次循环，只是"改正朔，易服色"，在历法和礼仪上作形式上的改换。夏以寅月为正月，商以丑月为正月，周以子月为正月，三代的正月在历法上规定不同，故被其称作"三正"。在仲舒看来，一个新王朝出现，无非在历法上有所改变，衣服旗号有所变化，此即为"新王必改制"，表示一个新王朝重新享有天命。从"三统"、"三正"论中不难看出，仲舒否认历史的发展，王朝的更迭只是形式上的改变，实质上却是绝对不变的。所谓的"性三品"，即是圣人生来性善，小人生来性恶，中人之性，则可善可恶，性善圣人则是天生的统治者，中人之性则可以教化，逐渐变善，至于小人则是"斗筲之性"，只能接受圣人的统治。

总之，此书内容反映了作者的整个哲学思想体系，这种以儒家宗法思想为中心，杂以阴阳五行学说的思想体系，对中国封建社会的发展产生了巨大的作用与影响。

此书传本很多，主要有清《四库全书》本，光绪五年（公元1879年）定州王氏谦德堂刻《畿辅丛书》本，附张驹贤《校正》十七卷，又有《四部备要》本及1975年中华书局铅印本。

盐铁论

《盐铁论》是中国西汉的桓宽根据汉昭帝时所召开的盐铁会议记录"推衍"整理而成的一部著作。

作者桓宽，生卒年不详。字次公。汝南（今河南上蔡西南）人。是西汉后期的散文家。汉宣帝时被举为郎，后任庐江太守丞。著有《盐铁论》十卷六十篇。《盐铁论》原为汉昭帝时以御史大夫桑弘羊、丞相田千秋为一方，以各地贤良、文学为另一方，就盐铁官营和酒类专卖等问题举行辩论的会议纪要，后经桓宽"推衍"整理而成此书。

《盐铁论》以对话形式，生动地记载了这场辩论的情况。全书体例统一，风格一致，结构严密，通晓畅达，在经济思想史和文学史上都具有重要的价值。

公元前81年（汉昭帝始元六年）旧历二月，朝廷从全国各地召集贤良文学六十多人到京城长安，与以御史大夫桑弘羊为首的政府官员共同讨论民生疾苦问题，后人把这次会议称为盐铁会议。会上，双方对盐铁官营、酒类专卖、均输、平准、统一铸币等财经政策，以至屯田戍边、对匈奴和战等一系列重大问题，展开了激烈争论。这是中国古代历史上第一次规模较大的关于国家大政方针的辩论会。

在盐铁会议上，贤良文学全面抨击了汉武帝时制定的政治、经济政策。在经济方面要求"罢盐铁、酒榷、均输"。他们以儒家思想为武器，讲道德，说仁义，反对"言利"，认为实行盐铁等官营政策是"与民争利"，违背了古代圣贤"贵德而贱利，重义而轻财"的信条，败坏了古代淳朴的社会风尚，引诱人民走"背义而趋利"的道路。他们提出了战国以来法家的重本抑末说，认为官营工商业"非治国之本务"，主张"进本退末，广利农业"，指责官府经营工商业是"与商贾争市利"。贤良文学还提出"外不障海泽以便民用，内不禁刀币以通民施"的放任主张。他们的重本抑末说，实际上是要抑官营工商业，而为私人工商业争取利权，是计划经济向市场经济转化的一种方式。

会议结果，废除了全国的酒类专卖和关内铁官。事过三十年，桓宽根据这次会议的官方记录，加以"推衍"整理，增广条目，把双方互相责难的问题详尽地记述出来，写成《盐铁论》。

《盐铁论》全书分为十卷六十篇。前四十一篇是写盐铁会议上的正式辩论，自第四十二篇至五十九篇是写会后的余谈，最后一篇"杂论"是作者写的后序。篇各标目，前后联成一气，采用对话文体，以生动的语言真实反映当时的辩论情景，保存了不少西汉中叶的经济史料和丰富的经济思想资料。

书中记述，在汉昭帝下诏调集的这次盐铁会议上，贤良文学们提出，盐铁官府垄断专营和"平准均输"等经济政策是造成百姓疾苦的主要原因，所以请求废除盐、铁和酒的官府专营，并取消均输官。

均输和平准是汉武帝时期的政策，其最初目的是利用行政手段干预市场和调剂物价的两种措施，均输就是在各地设置均输官，负责征收、买卖和运输货物，地方应交纳的贡物，折合成钱交给均输官，均输官再在各地之间贱买贵卖，调节物价，同时也为国家增加了收入。平准则是官府负责京师和大城市的平抑物价工作，贱时国家收买，贵时国家抛售，抑制奸商的投机倒把行为，稳定物价。但是由于理论的过于理想化，造成了百姓买什么什么贵的恶性循环。

书中的御史大夫即桑弘羊,站在封建中央政府的立场,强调法治,崇尚功利,坚持国家干涉经济的政策,对盐铁官营、平准、均输等重大政策措施采取坚决维护的态度,认为它"有益于国,无害于人",既可以增加国家财政收入,"以佐助边费",又有发展农业生产,"离朋党,禁淫佚,绝并兼之路"的作用,因而决不可废止。他在为盐铁官营等政策辩护时,全面地提出了他对工商业的看法。他接受了范蠡、白圭的重商思想和《管子》中有关国家经营工商业的思想,认为工商业在人民经济生活中是不可少的,人民生活所需的"养生送终之具"均"待商而通,待工而成",所以,他主张"开本末之途,通有无之用","农商交易,以利本末"。但他认为工商业应该由政府控制,发展官营工商业。这样既可以增加国家财政收入,又可以"排富商大贾",抑制他们的兼并掠夺,有利于"使民务本,不营于末",有利于"建本抑末"。

盐铁会议上,贤良文学在辩论中所阐述的当时的儒家经济思想,经过《盐铁论》的"推衍",更为全面系统,形成中国封建社会中占统治地位的经济思想。《盐铁论》的作者桓宽,服膺儒家思想,在政治上站在反对桑弘羊的立场,但他把盐铁会议辩论双方的思想、言论比较忠实地整理出来,因而使《盐铁论》这部著作,不仅保存了西汉中期较丰富的经济史料,也把桑弘羊这一封建社会杰出理财家的概略生平、思想和言论相当完整地保留了下来,成为研究中国经济思想史、特别是西汉经济思想史的一部重要著作。

公元1487年(明朝成化二十三年)的涂祯刊本是较好的版本,现代的参考版本有郭沫若的《盐铁论读本》和王利器的《盐铁论校注》。

白虎通义

《白虎通义》又称《白虎通》。东汉著名史学家班固(公元32年—92年)所撰,共四卷。

汉章帝建初四年(公元79年),皇帝亲自主持和召集当时著名的博士、议郎、郎官及诸生、诸儒在白虎观讨论"五经"之同异。参加者有贾逵、丁鸿、杨终、班固、李育、楼望、成封、桓郁等数十人,既有今文经学家,也有古文经学家。这场大讨论的由来,一是由于古文经学出现之后,在文字、思想、师说各方面都同今文经学派发生分歧,双方展开了激烈的斗争。自西汉武帝时占统治地位的今文经学派,为保住自己的地位,急需利用皇帝的权威制成定论,以压倒对方。二是自董仲舒的《春秋繁露》提出一整套"天人感应"的神学目的论的唯心主义哲学体系后，用神学解释经学之风便愈刮愈烈，到西汉末年，封建神学和庸俗经学的混合物谶纬迷信盛行起来，由于封建统治者的支持和提倡，迅速弥漫于学术思想领域。为了巩固封建统治的需要，封建皇帝也乐于出面，组织一场大讨论，以便使谶纬迷信和封建经典更好地结合起来，使神学经学化，经学神学化。

在白虎观，博士、儒生纷纷陈述见解，章帝亲自裁决其经义奏议，当时撰有《白虎议奏》，统名《白虎通德论》，后又命班固撰成此书。这部书是今文经学的政治学说提要，广泛解释了封建社会一切政治制度和道德观念，成为当时封建统治阶级的神学、伦理学法典。

《白虎议奏》亡于隋唐时期，《通德论》亦渐废不存，独以此书传世。《隋书·经籍志》著录为六卷，不载作者名氏；《新唐书·艺文志》亦载为六卷，始题班固之名；《崇文总目》载作十卷，凡十四篇；陈振孙《直斋书录解题》亦作十卷，凡四十四门。今传本为元代大德年间刘世常所藏，共四十四篇，与陈氏《解题》同。但卷数却为四卷，与宋及其以前各家书目并不相同，盖历代有所分合所致。

此书为作者集两汉今文经学大成之作，主要内容为记述白虎观会议关于经学之议论，大部分为复述董仲舒的学说及基本观点，并有所发挥。

关于天地万物生成，书中引图《易纬乾凿度》所说："太初者，气之始也；太始者，形之始也；太素者，质之始也；阳唱阴和，男行女随也。"编造出了一套唯心主义的神学世界起源说；把传统的阴阳五行学说神学化。在这一神学世界观中，天地、阴阳、五行都是有意志的东西，"天之为言镇也，居高临下，为人镇也"；"地之言施也，谛也"，"元气之所生，万物之祖也"；五行"言行者，欲言为天行气之义也，地之承天，犹妻之事夫，臣之事君也。其位卑，卑者亲事，故自周于一行。尊于天也"。很显然，天是最高神，地是它的"妻子"，五行是它们生万物的材料，整个宇宙发展过程都是由最高的神安排的。如此，自然现象之间的关系也就具有了封建伦理的性质。天造就了人，人就事事模仿天，指出"王者父天母地"，"天覆地载"，"上法斗极"；其对朝廷的事务，大到礼与刑，小到吃饭，都作了"王者法天"、"天人合一"的神学解释：由于天人是合一的，人坤是一体的，所以天与人就互相感应。

《白虎通义》在董仲舒的基础上，对"三统"说作了更详尽的发挥，认为"三统"是"本于天"的，"正朔有三。何本？天有三统，谓三微之月也。明王者当奉顺而成之，故受命各统一正也"，指出"三统"循环，变的只是形式，旧王朝灭亡了，新王朝成立了。正朔、服色、都城等可以改变，但"三纲"、"五常"的大道却不能改，肯定"王者有改道之文，无改道之质"，三统循环论实际不止是封建一统不变论。关于性命论，书中认为，人是天研生，是"天之贵物"，人体象八卦。人性生于阳，人情生于阴，人的寿命分为"寿命"、"遭命"、"随命"，三命均为天定。并提出了"三纲"、"六纪"的伦理金条，"三纲"是"君为臣纲，父为子纲，夫为妻纲"，"六纪"为"诸父、兄弟、族人、诸舅、师长、朋友"，认为"三纲法天地人，六纪法六合"，"六纪"是从"三纲"而来，是"三纲"之纪，把封建社会的伦理关系说成合乎天意的、永恒的自然关系。

关于学习，书中亦十分强调，但其所讲的"学"，不是学习客观世界的知识，而是学"圣人之道"，它把圣人描绘成无所不通、无所不晓，能与天地鬼神交通的人，所以，它对"学"的阐述，实际上是"神学知识论"；同时，又把"五经"神学化，指出"经所以有五何？经，常也，有五常之道，故曰'五经'。《乐》仁、《书》义、《礼》礼、《易》智、《诗》信也"；何以要学"五经"？"人情有五性，怀五常，不能自成，是以圣人像天五常之道而明之，以教人成其德也"，如此，圣人为天的代言人，"五经"也就成了"天书"、"圣经"。

全书大量引述经书为论断根据，把神学、经学合为一炉，在董仲舒改造孔子学说的基础上，进一步附加谶纬迷信成分，把儒学改造为神学，把孔子改造为学者与教主的双重身份，把儒家著作改造为"圣经"，给孔孟传统的唯心主义、形而上学增加了更多的神学内容。

本书传本较多，主要有《四库全书》本，清卢文绍抱经堂校刻本，《四部丛刊》本等。中华书局《新编诸子集成》收录（清）陈立《白虎通疏证》点校本。

《白虎通义》自问世以来，产生了很大的影响。由于它是由皇帝钦定的，内容又包罗万象，在政治、思想、伦理等各个方面，都为人们规定了行为规范。使之成为人们认识与解释世界的"万能钥匙"，从而成为一种思维的模式和定式，这对学术的更新、思想的解放无疑是一种致命的桎梏。

孔子家语

《孔子家语》一书最早著录于《汉书·艺文志》，凡二十七卷，孔子门人所撰，其书早佚。

唐代颜师古注《汉书》时，曾指出二十七卷本"非今所有家语"。颜师古所说的今本《孔子家语》,是三国魏时王肃收集并撰写的十卷本。

王肃(公元195年—256年),字子雍,东海郡郯(今山东郯城西南)人。三国魏儒家学者,著名经学家。曾遍注群经,对今、古文经意加以综合,以其深厚的文化底蕴,借鉴《礼记》、《左传》、《国语》等名著,编撰《孔子家语》等书以宣扬道德价值,并以身为司马昭岳父之尊,将其精神理念纳入官学,其所注经学在魏晋时期被称作"王学"。他主张微言大意,综合治经,反对郑玄不谈内容的文字训诂学派。王肃杂取秦汉诸书所载孔子遗文逸事,又取《论语》、《左传》、《国语》、《荀子》、《小戴礼》、《大戴礼》、《礼记》、《说苑》等书中关于婚姻、丧葬、郊禘、庙祧等制度与郑玄所论之不同处,综合成篇,借孔子之名加以阐发,假托古人以自重,用来驳难郑学。

对《孔子家语》,历来颇多争议。宋王柏《家语考》、清姚际恒《古今伪书考》、范家相《家语证伪》、孙志祖《家语疏证》均认为其是伪书。宋朱熹《朱子语录》、清陈士珂和钱馥的《孔子家语疏证》序跋,黄震的《黄氏日抄》等则持有异议。

然而一千多年来,该书广为流传,《四库全书总目》曾精辟论述说:"其书流传已久,且遗闻逸事,往往多见于其中。故自唐以来,知其伪而不能废也。"晚近以来,学界疑古之风盛行,《家语》乃王肃伪作的观点几成定论。1973年,河北定县八角廊西汉墓出土的竹简《儒家者言》,内容与今本《家语》相近。1977年,安徽阜阳双古堆西汉墓也出土了篇题与《儒家者言》相应的简牍,内容同样和《家语》有关。这些考古发现说明,今本《孔子家语》是有来历的,早在西汉即已有原型存在和流传,并非伪书,更不能直接说成是王肃所撰著。它陆续成于孔安国以及与王肃同时的孔孟等孔氏学者之手,经历了一个很长的编纂、改动、增补过程,是孔氏家学的产物。应当承认它在有关孔子和孔门弟子及古代儒家思想研究中的重要价值。

王肃在《孔子家语》中,详细记录了孔子与其弟子门生的问对诘答和言谈行事,生动塑造了孔子的人格形象,对研究儒家学派(主要是创始人孔子)的哲学思想、政治思想、伦理思想和教育思想,有巨大的价值。同时,由于该书保存了不少古书中的有关记载,这对考证上古遗文,校勘先秦典籍,有着巨大的文献价值。

孔子集语

《孔子集语》是关于孔子言行事迹的文字汇编,传世有两种:一是宋朝薛据辑的两卷本，二是清朝孙星衍辑的十七卷本。薛氏辑本被收入《四库全书》，孙氏辑本被收入《续修四库全书》，后者不但从文字数量上超出前者六七倍，而且从编辑品质上也大大超过前者。

孙星衍（公元1753年—1818年），字伯渊，一字渊如，号季仇、微隐、芳茂山人，江苏阳湖（今江苏常州）人，是清朝著名的考据学家、金石学家、训诂学家。孙星衍历官山东兖沂曹济道兼管黄河兵备道，山东督粮道权布政使。

作为一个著名的藏书家和学者，他对薛氏辑本很不满意，于是在晚年引疾归田后，与其族弟星海、侄婿龚庆一起检阅群籍，从《易十翼》、《小戴礼记》、《春秋左氏传》、《孝经》、《论语》、《孟子》、《孔子家语》、《孔丛子》、《史记·孔子世家》、《史记·仲尼弟子列传》以外的八十三种典籍中采辑了八百一十三条孔子言行记录。

他仿照《说苑》的体裁按类编排，共分十四篇十七卷，前十篇反映孔子的基本思想，后四篇多属于孔子的生平事迹和寓言故事。初稿纂成之后，他又请著名学者严可均进行审校，前后历时六年才成书。

值得注意的是，孙氏辑本不止重视材料的收集，还注明每一条材料的出处，并把内容相同或相近的材料排列在一起，而且对疑文脱句加以按语进行校勘，因而具有很高的学术价值。

当然，此书是从浩繁的古籍中逐条查阅辑录而成，难免仍有所缺失。后来王仁俊作《孔子集语补遗》增补七十七条，李滋然作《孔子集语补遗商正》，再补八十九条。今人郭沂将这三部书进行了校点和整理，并补入了《论语》、《孔子家语》、《孔丛子》以外该书未收录的材料以及新出土的马王堆帛书《易传》和八角廊竹简《儒家者言》中的材料。

孙氏辑本《孔子集语》首刊于嘉庆二十年，收入《平津馆丛书》，扉页题有"冶城山馆藏版"。因该版为孙星衍组织编撰刻印，故通称"阳湖孙氏本"，又因收入《平津馆丛书》，亦称"平津馆原本"。

光绪三年，以校刻精良著称的浙江书局据平津馆原本重新校刻《孔子集语》，汪诒寿任总校，收入《二十二子》，通称"二十二子本"或"浙江书局本"。

光绪十年，江苏吴县朱记荣重新校刻《平津馆丛书》，他亲自校勘了《孔子集语》。此版纠正了平津馆原本的衍损之处，刻工精美。但在编排上把《孔子集语表》放在了《篇目》之后。由于这是重校本，而扉页题有"光绪乙酉夏白堤八字桥朱氏槐庐家塾珍藏"，所以此本又称"重校平津馆丛书本"或"朱氏槐庐本"。

另外，依据阳湖孙氏本校刊的《孔子集语》分别有：光绪十九年上海鸿文书局刊本，编入《二十二子》和《二十五子汇函》；光绪二十三年上海文瑞楼刊本，收入《子书二十二种》、《子书二十三种》和《子书二十八种》；同年，湖南新化三味书局刊本，收入《二十二子》；民国九年上海五凤楼石印本，收入《子书四十八种》；民国十二年上海扫叶山房石印本，收入《三十六子全书》。

近思录

《近思录》是朱熹（公元1130年—1200年）和吕祖谦（公元1137年—1181年）为初学者把握北宋四子的思想理论而编辑的理学基础读本。

《近思录》融汇了北宋四子的理学思想，构成了一个完整的逻辑体系，各篇之间意脉清晰，弥补了各家各派散而难举的缺陷。书中先谈有关宇宙生成的本体论。卷首收录四子关于"道"为世界本体和"性"的本原的论述，高屋建瓴，纲举目张。次谈"格物致知"的方法论，为学要"尊德性而道问学"，读书须"致知而穷理"，由浅入深，示人门径。再谈立身处世的修养论。道德存养的功夫贯穿于知行之中，以存养为基础，推己及人，修身齐家则可以出

朱熹

仕，进而治国平天下，全面概括了儒家内圣外王的学说。最后谈教学，辨异端，明道统，在引导辨的基础上，推出了道德修养的理想境界——圣贤气象。

淳熙二年（公元1175年），吕祖谦从浙江到福建与朱熹会晤，两人在寒泉精舍相与读北宋四子——周敦颐、张载、程颢、程颐的著作，感其"广大闳博，若无津涯"，初学者不易把握其要义，于是精选六百二十二条，辑成《近思录》。

《近思录》共分十四卷。"近思"二字取自《论语》："博学而笃志，切问而近思，仁在其中矣。"朱熹取此书名的用意是把《近思录》当作学习四子著作的阶梯，四子著作又为学习"六经"的阶梯，以正"厌卑近而骛高远"之失。

《近思录》是中国古代儒家思想文化发展成熟的理论形态，代表着古代思想文化的发展水平；周敦颐、程颢、程颐、张载四子的读经方法，对我们今天读经

仍然很有启发借鉴意义；科学的治学次序、方法，治学当行与不当为之事，对当今的教育者、读经者均有指导意义、借鉴价值；读经当然不应舍弃之。

《近思录》是依朱、吕二人的理学思想体系编排的，从宇宙生成的世界本体到孔颜乐处的圣人气象，循着格物穷理，存养而意诚，正心而迁善，修身而复礼，齐家而正伦理，以至治国平天下及古圣王的礼法制度，然后批异端而明圣贤道统。全面阐述了理学思想的主要内容，故此书实可谓囊括了北宋五子及朱吕一派学术的主体。

《近思录》一书，在理学史上具有重要地位，为确立儒家道统，传播理学思想起过重要作用。清代学者江永（公元1681年—1762年）称，"凡义理根源，圣学体用，皆在此编"，"盖自孔曾思孟而后，仅见此书"。国学大师钱穆也说，"后人治宋代理学，无不首读《近思录》"。

《近思录》在长期的传刻流布中，并不是单纯以白文本的形式传播的，它在传播过程中产生了大量的注释本、续编本、仿编本、补编本、心得本等，形成一种《近思录》系列的辐射传播，充分显示了《近思录》在理学传播与接受中的巨大影响作用。其中，清朝学者江永撰有《近思录集注》较为流行。

宋以来《近思录》不仅在国内得到广泛传播，而且传播到国外，特别在东亚文化圈国家产生了巨大的影响，在这些国家也形成了自己的《近思录》系列著作。如朝鲜郑晔《近思录释疑》、姜必孝《近思后录》、李珥《近思录口诀》、李汉膺《续近思录》等。

传习录

《传习录》是王阳明的问答语录和论学书信集。是一部儒家简明而有代表性的哲学著作。该书包含了王阳明的主要哲学思想，是研究王阳明思想及心学发展的重要资料。

作者王守仁（公元1472年—1529年），浙江余姚人。字伯安，号阳明子，世称阳明先生，故又称王阳明。中国明代最著名的思想家、哲学家、文学家和军事家。陆王心学之集大成者，非但精通儒家、佛家、道家，而且能够统军征战，是中国历史上罕见的全能大儒。封"先儒"，奉祀孔庙东庑第五十八位。

《传习录》上卷经王阳明本人审阅，中卷里的书信出自王阳明的亲笔，是他晚年的著述，下卷虽未经本人审阅，但较为具体地解说了他晚年的思想，并记载了王阳明提出的"四句教"（无善无恶心之体，有善有恶意之动，知善知恶是良知,为善去恶是格物)。

王阳明继承了程颢和陆九渊的心学传统,并在陆九渊的基础上进一步批判了朱熹的理学。《传习录》中的思想明显地表现了这些立场和观点。

"心即理"本来是陆九渊的命题,《传习录》对此作了发挥。王阳明批评朱熹的修养方法是去心外求理、求外事外物之合天理与至善。王阳明认为"至善是心之本体","心即理也,此心无私欲之蔽,即是天理,不须外面添一分"。他这样说是强调社会上的伦理规范之基础在于人心之至善。

王阳明

从这个原则出发,他对《大学》的解释与朱熹迥异。朱子认为《大学》之"格物致知"是要求学子通过认识外物最终明了人心之"全体大用"。王阳明认为"格物"之"格"是"去其心之不正,以全其本体之正"。"意之本体便是知,意之所在便是物"。"知"是人心本有的,不是认识了外物才有的。这个知是"良知"。他说:"所谓致知格物者,致吾心之良知于事事物物也。吾心之良知即所谓天理也。致吾心良知之天理于事事物物,则事事物物皆得其理矣。致吾心之良知者,致知也;事事物物皆得其理者,格物也;是合心与理而为一者也。"在他看来,朱子的格物穷理说恰恰是析心与理为二的。由此可见,王阳明的"心即理"的命题主要是为其修养论服务的。致良知说是对陆九渊"心即理"思想的发展。王阳明的"心即理"的思想也有我们一般意义上的本体论的含义。然而,如果偏重从本体论研究它,就会忽视它在王阳明修养论中的基础意义。

知行问题是《传习录》中讨论的重要问题,也反映了王阳明对朱熹以来宋明道学关于这个问题讨论的进一步研究。

朱子主张知先行后、行重知轻。王阳明提出的"知行合一"虽然继续了朱子重行的传统,但是批判了朱子割裂知行。王阳明主张"知行合一"乃是由"心即理"立基,批评朱子也是指出他根本上是析心与理为二。他说:"外心以求理,此知行之所以二也。求理于吾心,此圣门知行合一之教。""知行合一"的含意是说知行是一件事的两个方面。知是心之本体的良知;良知充塞流行、发而为客观具体的行动或事物，就是行。由这个认识出发，如果知而不行那只是不知。知是行的主意，行是知的功夫。知行本是紧密相联的，因此有"知行合一"之说。在当时社会上、在理学发展中的确有知而不行的情况存在。王阳明的"知行合一"对时弊有纠偏的意义。但是他强调"知行合一"说不是仅仅针对时弊提出的，它首先是要说明"知行之本体"。"知行合一"说强调道德意识本来就存在于人心中，这是道德的自觉性。它也强调道德的实践性，认为道德方面的知不是关于对象的知识，而是道德的实现。"知行合一"也有一般认识论方面的意义，但它首先讲的是道德修养，对于后者长期以来学术界一直没有深入研究。

王阳明的"心即理"、"致良知"、"知行合一"都是要强调道德的自觉和主宰性。他说："知是理之灵处，就其主宰处说便谓之心，就其禀赋处说便谓之性。"人心能够知晓行为的善恶，也能自觉地去为善，这就是本心的"明觉"，这是对程颢思想的发展。《传习录》中对人心的"虚灵明觉"有很多讨论。若要全面正确地把握王阳明"心外无理"及其他学说，深入地研究他的这些讨论是十分必要的。正因为人心的本质是理，并且人能自觉到这种道德意识，所以人不需通过外物去认识本心之理，外物之理只是人心的表现。格致的工夫不是去认识外物，而是去掉本心的私欲之蔽。人心的明觉在程颢和朱熹处都有论述。读者在读《传习录》时应明了王阳明和他们的联系与区别。

应该承认王阳明以上的这些思想的确为人性善作了本体论的说明，有其历史意义。但也一定要看到，他的学说对人性恶的原因研究不够。虽然他的学说在明代下层人民中亦有影响，但仍不能说它有较大的普泛性。王阳明也注意到过"利根"和"钝根"之人要区别对待，但他的思想只适于"利根"之人。后人批评他"近禅"正在于此。这也是他不如朱学的所在，王阳明的这一偏失开始受到现代学者的注意，但是在当代新儒学的大家中，除梁漱溟以外，其他人对此尚注意不够。

《传习录》不但全面阐述了王阳明的思想，也体现了他辩证的授课方法，以及生动活泼、善于用譬、常带机锋的语言艺术。

《传习录》包括了王学所有的重要观点。上卷阐述了知行合一、心即理、心外无理、心外无物、意之所在即是物、格物是诚意的功夫等观点，强调圣人之学为身心之学，要领在于体悟实行，切不可把它当作纯知识，仅仅讲论于口耳之间。中卷有书信八篇，回答了对于知行合一、格物说的问难之外，还谈了王学的根本内容、意义与创立王学的良苦用心；讲解致良知大意的同时，也精彩地解释了王学宗旨；回答了他们关于本体的质疑并且针对各人具体情况指点功夫切要。另有两篇短文，阐发阳明的教育思想。下卷的主要内容是致良知，阳明结合自己纯熟的修养功夫，提出本体功夫合一、满街都是圣人等观点，尤其引人注目的是四句教，它使王学体系更加齐备了。

《传习录》最早是由王阳明的学生徐爱自正德七年（公元1512年）开始，陆续记录下的王阳明论学的一些谈话片段而名之曰《传习录》。正德十三年（公元1518年），王阳明的另一学生薛侃将徐爱所录残稿及陆澄与他新录的部分一起汇编出版，仍名为《传习录》。嘉靖三年（公元1524年），南大吉增收王阳明论学书信若干篇，仍以原名出版。嘉靖三十三年（1554年），王阳明的学生钱德洪将陈九川等人所录的《遗言录》加以删削，与他和王畿所录编成的《传习续录》出版。嘉靖三十五年（1556年），钱德洪又增收黄直所录。隆庆六年（公元1572年），谢廷杰在浙江出版《王文成公全书》，以薛侃所编《传习录》为上卷，以钱德洪增删南大吉所编书信部分的八篇为中卷，以《传习续录》为下卷，附入王阳明所编《朱子晚年定论》。这就是《王文成公全书》本的《传习录》。

上海商务印书馆曾影印隆庆六年《王文成公全书》作为四部丛刊本，上海商务印书馆1927年出版了叶绍钧的校注本。

《传习录》集中反映了王阳明的心性之学，在中国古代哲学史上有着重要的地位。直到今天，王阳明的思想在当代新儒家中仍有其深刻的影响。

道　家

道家概说

道家是中国春秋时期战国时期诸子百家中最重要的思想学派之一。

道家的创始人是老子（约公元前571年—前471年），姓李，名耳，字伯阳，谥曰聃，楚国苦县（今安徽涡阳）人，曾为中国周代守藏史，因见周德日衰，退隐西游，不知所终。但是，关于老子其人的传说还有三种：一说老子是老莱子；二说太史儋即老子；三说老子是隐君子。后人对这几种说法皆有不同的观点，引起了长期的争论。

老子是我国人民熟知的一位古代伟大思想家，他所撰述的《道德经》开创了我国古代哲学思想的先河。他的哲学思想和由他创立的道家学派，不但对我国古代思想文化的发展，作出了重要贡献，而且对我国两千多年来思想文化的发展，产生了深远的影响。

道家思想虽然起始于春秋末期的老子，但一直到秦朝时期并没有道家这一名称。用"道"一词来概括由老子开创的这个学派是由汉朝初年开始的。这时，道家也被称为德家。

司马迁的父亲司马谈曾写过名为《论六家要旨》的文章，把秦的学派概括为道德、儒、墨、名、法、阴阳六家，并阐述了六家的要旨和得失，汉初道家思想普遍流行，加之司马谈是道家思想的信徒，所以他给予了道家最高的评价。他指出道家兼有其他五家之长，同时避免了它们的短处，用来治国修身，有事半功倍的效果。汉代淮王因谋反而自杀，谋反者使用的理论武器是黄老之学，黄老之学的无为而治受到了严重的挑战，使道家思想逐渐走向没落。汉武帝独尊儒术后，道家从此不再是中国的主流思想。

之后道家思想渗透在中国文化的各个方面中，魏晋玄学是最明显的复兴思潮。先秦各家内，一般都可以区分出众多派别，道家也不例外。东汉班固所作的《汉书·艺文志》中，共列有道家的著作三十七种，九百三十三篇，他们大多作于先秦时期。

道家思想的主要流派有：老子、庄子、黄老学派，此外杨朱思潮可能影响了老子和庄子，同时又会于两者之中。不同学派之间的思想重点也不相同，或偏于治国，或偏于治身。司马谈所说的道家，主要是指黄老学派。

"道家"与"道教"二词，常被不加区别地使用。从历史上来看，这两个词指称过很多不同的内容，也曾被混为一谈；现在也仍然有人主张将二者等同起来。然而，如果将道家理解为由老子、庄子开创，并在魏晋被重新发明的哲学思想流派，将道教理解为于两汉逐渐形成，后又有若干发展分化的宗教，那么，虽然道教在理论上汲取了道家思想的大量因素，甚至奉老子为教主，但是二者还是不能混为一谈，也不能说道教理论就是道家思想，试举一例：道教所谓长生不老，成仙通神，老、庄并未言及，也不能视为老、庄思想的合理引申，甚至可以说，与自然之道也有悖逆之处。

道家的理论奠定于老子，老子《道德经》一书上下五千言，字字珠玑，书中广论道的形上学义、人生智慧义，提出一种有物混成且独立自存之自然宇宙起源论，也提出世界存在与运行原理是"反者道之动"的本体论思想，对于存活于其中人类而言，其应学习的就是处世的智慧，于是老子也提出了众多的政治、社会与人生哲学观点出来，但重点都在保身修身而不在文明的开创，可以说他是以一套宗本于智慧之道的社会哲学与理论来应对混乱的世局，而无意制造社会的新气象，因为那些都不是大道之本。

庄子是老子之后道家理论最重要开创者，道家哲学基本上也就是老庄二型而已。庄子的道家学不同于老学之处，在于庄子更详尽地处理了人与自然的关系、人的可开创能力，包括智慧上、认识能力上、身体能量上等等。

庄子同样站在天道自然的命题基础上，提出了从人的自我修养到面对整个社会国家的处世之道，庄子书内七篇之作，就是他从世界观到知识论到社会哲学的内圣外王之道的理论。

列子，战国时期人。现存的《列子》八篇是东晋张湛所辑的，一般认为该书反映了战国至魏晋间的思想。

《列子》从道家思想出发，并对道家思想中无为的人生观有所改造，强调人在自然天地间的积极作用。并认为人在一种不任强使力的生存状态下，不忧天、不畏天，才是最好的生存状态。

王弼，三国时代人。当两汉经学的发展已到尾声，社会政治一直在动乱与不义的情境中时，知识分子转向玄学清谈的风气，王弼以其对老子哲学的深切体悟，注解老子《道德经》一书，重体用之分，有无之别，不但发展出诠释老学的宗旨："贵无"的精神，并以此原理注解《易经》，甚至还因此改变了从汉易以来言象数易学的气化宇宙论。而将《易经》的研究方向代之以纯粹的玄学思想，使中国易学史走向了一个崭新的局面。

郭象，西晋时期人，以《庄子注》而闻名，主张"独化"理论，是一种从高度抽象思维当中所发展出来的玄学式概念理论。认为宇宙万物都生于偶然的"玄冥"境界因此提倡一种物无大小，各顺其适的精神和平等尊重每一个生命的人生观。

道家对中国文化的贡献与儒家同等重要，只是在政治思想上一为表显，一为裹藏而已。而道家在理论能力上的深厚度与辩证性，则为中国哲学思想中所有其它传统提供了创造力的泉源。

至于道家文化在中国艺术、绘画、文学、雕刻等各方面的影响，则是占据绝对性的优势主导地位，即便说中国艺术的表现即为道家艺术的表现亦不为过。当然，道家哲学为中国的政治活动也提供了活络的空间，使得中国知识分子不会因为有太强的儒家本位的政治理想而执着于官场的追逐与性命的投入，而能更轻松地发现进退之道，理解出入之间的智慧。

老子

《老子》，又名《道德经》或《道德真经》。老子生活在春秋时期，曾在周朝的国都洛邑任藏室史（相当于国家图书馆馆长）。他博学多才，孔子周游列国时曾经向他请教关于礼的问题。老子晚年乘青牛西去，在函谷关（位于今河南灵宝）写成了五千字左右的《老子》。

《老子》含有丰富的辩证法思想，老子哲学与古希腊哲学一起构成了人类哲学的两个源头，老子也因其深邃的哲学思想而被尊为"中国哲学之父"。老子的思想被庄子

老　子

所传承，并与儒家和后来的佛家思想一起构成了中国传统思想文化的内核。《老子》的国外版本有一千多种，是被翻译成最多种语言的中国书籍。

《老子》、《易经》和《论语》被认为是对中国人影响最为深远的三部思想巨著。《老子》分为上下两册，共八十一章，前三十七章为上篇道经，第三十八章以下属下篇德经，全书的思想结构是：道是德的"体"，德是道的"用"。上下两册共五千字左右。

《道德经》是后来的称谓，最初老子书称为《老子》而无《道德经》之名。其成书年代过去多有争论，至今仍无法确定，不过根据1993年出土的郭店楚简《老子》年代推算，成书年代至少在战国中前期。

《老子》以"道"解释宇宙万物的演变，以为"道生一，一生二，二生三，三生万物"，"道"乃"夫莫之命（命令）而常自然"，因而"人法地，地法天，天法道，道法自然"。"道"为客观自然规律，同时又具有"独立不改，周行而不殆"的永恒意义。《老子》书中包括大量朴素辩证法观点，如以为一切事物均

具有正反两面,"反者道之动",并能由对立而转化,"正复为奇,善复为妖","祸兮福之所倚,福兮祸之所伏"。又以为世间事物均为"有"与"无"之统一,"有无相生",而"无"为基础,"天下万物生于有,有生于无"。

此外,书中也有大量的民本思想:"天之道,损有余而补不足,人之道则不然,损不足以奉有余";"民之饥,以其上食税之多";"民之轻死,以其上求生之厚";"民不畏死,奈何以死惧之?"。其学说对中国哲学发展具深刻影响。

在道教中老子被尊为道祖。从《列仙传》开始,把老子列为神仙,还说老子重视房中术。东汉时期,成都人王阜撰《老子圣母碑》,把老子和道合而为一,视老子为化生天地的神灵。成为了道教创世说的雏形。而在汉桓帝时,汉桓帝更是亲自祭祀老子,把老子作为仙道之祖。其道教尊称老子为"太上老君",亦被尊称为"混元皇帝",也是道教三清道祖中的道德天尊。

老子的著作、思想早已成为世界历史文化遗产的宝贵财富。欧洲从十九世纪初就开始了对《道德经》的研究,到二十世纪的四五十年代,欧洲共有六十多种《道德经》译文,德国哲学家黑格尔、尼采,俄罗斯文豪托尔斯泰等世界著名学者对《道德经》都有深入的研究,并都有专著或专论问世。黑格尔说:"中国哲学中另有一个特异的宗派……是以思辨作为它的特性。这派的主要概念是'道',这就是理性。这派哲学及与哲学密切联系的生活方式的发挥者是老子。"尼采曾经说:"老子的《道德经》就像一个永不枯竭的井泉,满载宝藏,放下汲桶,唾手可得。"

前苏联汉学家李谢维奇说,"老子是国际的"。英国科学家李约瑟一生研究中国,对中国文化情有独钟,著有多卷本《中国科技史》专著。他说,中国文化就像一棵参天大树,而这棵参天大树的根在道家。李约瑟越研究中国,越认识老子及道家在中国文化中的重要地位,就越发相信老子学说的正确,也就越来越按照老子说的去做,他晚年干脆自称是"名誉道家"、"十宿道人"。李约瑟对中国古代文化的研究很有成就,是上个世纪国际上知名的汉学家,而他的最大贡献是他发现了道家思想的现代意义,从而为上个世纪后半叶世界"老子热"的形成做出了历史性的贡献。

在现时的德国、法国、英国、美国、日本等发达国家相继兴起了"老子热",《老子》一书在这些国家被一版再版。2007年,在已有多种英文译本的情况下,一种新的《道德经》译本的出版权在美国又被八个出版商所争夺,最后哈泼公司以十三万美元的高价买下了出版权。

上世纪八十年代,据联合国教科文组织统计,在世界文化名著中,译成外国文字出版发行量最大的是《圣经》,其次就是《道德经》。

庄 子

《庄子》,又名《南华经》或《南华真经》。是庄子和他的门人以及后学者编著的。《汉书·艺文志》著录《庄子》五十二篇,但留下来的只有三十三篇。其中内篇七篇,一般定为庄子著;外篇和杂篇可能掺杂有他的门人和后来道家的作品。

庄子(约公元前369年—前286年),名周,字子休,战国时期宋国(今安徽亳州)人。著名的思想家、哲学家、文学家,是道家学派的代表人物,老子哲学思想的继承者和发展者,先秦庄子学派的创始人。曾作过漆园吏。生活贫穷困顿,却鄙弃荣华富贵、权势名利,力图在乱世保持独立的人格,追求逍遥无待的精神自由。他的学说涵盖着当时社会生活的方方面面,但根本精神还是归依于老子的哲学。后世将他与老子并称为"老庄",把他们的哲学称为"老庄哲学"。

庄 子

《庄子》的思想包含着朴素辩证法因素,主要思想是"天道无为",认为一切事物都在变化,他认为"道"是"先天生地"的,"道未始有封,认为自然的比人为的要好。提倡无用,认为大无用就是有用,主张"无为",放弃一切妄为。又认为一切事物都是相对的,因此他否定一切事物的本质区别,极力否定现实,幻想一种"天地与我并生,万物与我为一"的主观精神境界,安时处顺,逍遥自得。在政治上主张"无为而治",反对一切社会制度,摈弃一切文化知识。

庄子所持的宇宙与人的关系是"天人合一"的,是物我两忘的,所以他有着通达的生死观;庄子认为是道给了我们形貌,天给予了我们形体,我们要做的是不要因为好恶而损害自己的本性。他以人的完整生命为起点来思考人应当度过一个怎样的生活旅程。

他超越了任何知识体系和意识形态的限制，站在天道的环中和人生边上来反思人生，他的哲学是一种生命的哲学，他的思考也具有终极的意义。而且还有很多思想十分超前，比如"一尺之棰，日截其半，万世不竭"，就是数学里的极限思想。

《庄子》的想象力很强，文笔变化多端，具有浓厚的浪漫主义色彩，并采用寓言故事形式，富有幽默讽刺的意味，对后世文学语言有很大影响。其超常的想象和变幻莫测的寓言故事，构成了庄子特有的奇特的形象世界，"意出尘外，怪生笔端"。

《庄子》在哲学、文学上都有较高研究价值。研究中国哲学，不能不读《庄子》；研究中国文学，也不能不读《庄子》。鲁迅先生说过："其文汪洋辟阖，仪态万方，晚周诸子之作，莫能先也。"名篇有《逍遥游》、《齐物论》、《养生主》等，《养生主》中的"庖丁解牛"尤为后世所传诵。

《庄子》共三十三篇，分"内篇"、"外篇"、"杂篇"三个部分，一般认为"内篇"的七篇文字肯定是庄子所写的，"外篇"十五篇一般认为是庄子的弟子们所写，或者说是庄子与他的弟子一起合作写成的，它反映的是庄子真实的思想；"杂篇"十一篇的情形就要复杂些，应当是庄子学派或者后来的学者所写，有一些篇幅就认为肯定不是庄子学派所有的思想，如《盗跖》、《说剑》等。

《庄子》的出现，标志着在战国时代，我国的哲学思想和文学语言，已经发展到非常玄远、高深的水平，是我国古代典籍中的瑰宝。因此，庄子不但是我国哲学史上一位著名的思想家，同时也是我国文学史上一位杰出的文学家。无论在哲学思想方面，还是文学语言方面，他都给予了我国历代的思想家和文学家以深刻的、巨大的影响，在我国思想史、文学史上都有极其重要的地位。

列 子

《列子》又名《冲虚经》或《冲虚真经》。于公元前450年至前375年所撰，是道家的重要典籍。《汉书·艺文志》著录《列子》八卷，早佚。今本《列子》八卷，从思想内容和语言使用上看，可能是后人根据古代资料编著的。全书共载民间寓言故事、神话传说等一百三十四则，是东晋人张湛所辑录增补的，题材广泛，颇富教育意义。

列子是战国前期思想家，是老子和庄子之外的又一位道家思想代表人物，与郑缪公同时。其学本于黄帝老子，主张清静无为。列子终生致力于道德学问，曾师从关尹子、壶丘子、老商氏、支伯高子等。隐居郑国四十年，不求名利，清静修道。主张循名责实，无为而治。先后著书二十篇，十万多字，今存《天瑞》、《仲尼》、《汤问》、《杨朱》、《说符》、《黄帝》、《周穆王》、《力命》等八篇，共成《列子》一书，均已失传。其中寓言故事百余篇，如《黄帝神游》、《愚公移山》、《夸父追日》、《杞人忧天》等，篇篇珠玉，读来妙趣横生，隽永味长，发人深思。后被道教尊奉为"冲虚真人"。

庄子在《庄子·逍遥游》中，就提到过列子可以"御风而行，泠然善也"，似乎练就了一身卓绝的轻功。因为庄子书中常常虚构一些子虚乌有的人物，如"无名人"、"天根"，故有人怀疑列子也是"假人"。不过《战国策》、《尸子》、《吕氏春秋》等诸多文献中也都提及列子，而这些书都以严肃著称，而不像《庄子》那样语涉荒诞。所以列子应该实有其人。

列子的学说，刘向认为："其学本于黄帝老子，号曰道家。道家者，秉要执本，清虚无为，及其治身接物，务崇不竞，合于六经。"《尔雅·释诂》邢昺《疏》引《尸子·广泽篇》及《吕氏春秋·不二》说："子列子贵虚。"《战国策·韩策》有："史疾为使楚，楚王问曰：'客何与所循？'曰：'治列子圄寇之言。'曰：'何贵？'曰：'贵正。'"张湛《列子·序》认为："其书大略明群有以至虚为宗，万品以终灭为验，神惠以凝寂常全，想念以著物为表，生觉与化梦等情。巨细不限一域，穷达无假智力，治身贵于肆任，顺性则所至皆适，水火可蹈。忘怀则无幽不照，此其旨也。"

列子认为"至人之用心若镜，不将不迎，应而不藏，故能胜物而不伤"。他因为穷而常常面有饥色，却拒绝郑国暴虐的执政者子阳馈赠的粮食。其弟子严讳问之曰："所有闻道者为富乎？"列子曰："桀纣唯轻道而重利是以亡！"列子还主张应摆脱人世间贵贱、名利的羁绊，顺应大道，淡泊名利，清静修道。

《列子》里面的先秦寓言故事和神话传说中不乏有教益的作品。如《列子学射》（《列子·说符》）、《纪昌学射》（《列子·汤问》）和《薛谭学讴》（《列子·汤问》）三个故事分别强调了这样的道理：在学习上，不但要知其然，还要知其所以然；真正的本领是从勤学苦练中得来的；知识技能是没有尽头的，不能只学到一点就满足了。又如《承蜩犹掇》（《列子·黄帝》）强调了这样的道理：曲背老人捕蝉的如神技艺源于他的勤学苦练。还有情节更离奇的《妻不识夫》（《列子·汤问》）说明一个人是可以移心易性的。

《列子》（包括他的弟子参加编写），有旧本二十篇，西汉刘向、刘歆父子去其重复，存者八篇，《汉书·卷三十·艺文志第十》有"刘向说……列子八篇。名圄寇，先庄子，庄子称之"句，应该是刘向、刘歆父子，或同时代其他人整理的八篇。但不知何时已佚失。

今本《列子》版本不下几十种，书前大多存有刘向所撰的《序》或张湛（东晋时人）所作的《序》，各版本内容相差不远，有大量寓言、民间故事、神话传说等，书中旨意大致归同于老、庄。

今人杨伯峻先生的《列子集释》，征引了历代主要注疏，又附录了《张湛事迹辑略》及刘向、张湛、卢重玄、陈景元等的序文，和柳宗元、朱熹、高似孙、叶大庆、陈三立、梁启超、马叙伦、杨伯峻等的考校辨伪文字，可称善本。

抱朴子

《抱朴子》是东晋道家的理论著作。它总结了战国以来神仙家的理论，从此确立了道教神仙理论的体系；又继承魏伯阳炼丹理论，集魏晋炼丹术之大成；它是研究我国晋代以前道教史及思想史的宝贵材料。

作者葛洪（公元284年—364年），字稚川，两晋时学者、文学家。丹阳句容（今属江苏）人。曾为司徒王导主簿，又被征为散骑常侍、大著作，不就。后赴广州，在罗浮山炼丹。

《抱朴子》今存《内篇》二十篇。论述神仙、炼丹、符箓等事，自称"属道家"；《外篇》五十篇，论述"时政得失，人事臧否"，自称"属儒家"。《外篇》中《钧世》、《尚博》、《辞义》、《文行》等篇有关于文学理论批评的内容。

葛 洪

《抱朴子》在道家体系中具有重要的地位，而葛洪本人也被认为是道家的重要人物。对道家学派的发展具有重要作用。

《抱朴子·内篇》主要讲述神仙方药、鬼怪变化、养生延年、禳灾却病，属于道家。其内容可以具体概括为：论述宇宙本体、论证神仙确实存在、论述金丹和仙药的制作方法及应用、讨论各种方术的学习应用、论述道经的各种书目，说明世人修炼的广泛性。

《抱朴子·外篇》则主要谈论社会上的各种事情，属于儒家的范畴，也显示了作者先儒后道的思想发展轨迹。其内容可具体概括为：论人间得失，讥刺世俗，讲治民之法；评世事臧否，主张藏器待时，克己思君；论谏君主任贤能，爱民节欲，独掌权柄；论超俗出世，修身著书等。总之，《抱朴子》将玄学与道教神学，方术与金丹、丹鼎与符、儒学与仙学统统纳为一体之中，从而确立了道教神仙理论体系。

葛洪提出了修仙必须积累善行，建立功德，慈善为怀。《抱朴子》中强调人不能单纯地从修炼方术入手，人生的抱负也不能仅仅是遁隐山林，要想真正修炼成仙还要建功立业、修身齐家治国平天下。主张在现实社会生活中获得精神解脱和炼得肉体飞升，既做到立时济世，又得超凡入圣。如他说："上士得道于三军，中士得道于都市，下士得道于山林。"他认为修炼既可以保德致长生，也可以治世致太平。通过修炼还可以获得长生，身体不伤，是最大的孝道。

葛洪在《抱朴子》一书中，将玄学与道教纳为一体，将神学与道学纳为一体，将方术与金丹纳为一体，将丹鼎与符箓纳为一体，将儒学与仙学纳为一体，从而确立了道教的神仙理论体系。

《抱朴子·内篇》有宋本，今存辽宁省图书馆。《道藏》本亦为古本。明刊单行本以鲁藩本为善。清代刊本以孙星衍《平津馆丛书》本为佳。

太上感应篇

《太上感应篇》是道教的经典著作之一，旨在劝善，简称《感应篇》，作者不详，内容融合了较多的佛、儒思想，许多内容至今仍然具有积极意义。

太上，就是太上老君，为道教对老子尊称。老子，原名李耳，字伯明，著作有《道德经》，被道教奉为教主。

《太上感应篇》是道教劝善书，作者不详。《宋史·艺文志》收录"李昌龄《感应篇》一卷"，《正统道藏》太清部有《感应篇》三十卷，题"李昌龄传，郑清之赞"。《重刊道藏辑要》有《太上感应篇集注》等，《道藏精华录百种》有

《太上感应篇樶义》二卷。该文思想可上溯至《玉钤经》、《道戒》和《抱朴子·内篇·微旨》转引的《易内戒》、《赤松子传》和《河图记命符》等书。

《太上感应篇》篇幅不长，计一千二百多字。主要借太上之名，阐述"天人感应"和"因果报应"。

《太上感应篇》认为，"大地有司过之神，依人所犯轻重以夺人算"，"又有三台北斗神君在人头上，录人罪恶，夺其纪算"，"又有三尸神在人身中每到庚申日，辄上诣天曹言人罪过"，于是人们的作为通过天地鬼神来裁决。当人非义而动、背理而行时，就会"大则夺纪、小则夺算"，"而算减则贫耗，多逢忧患"，最终"算尽则死"，人就离开了人世；如果死有余辜，还将殃及子孙。所谓"是道则进，非道则退"，则"天道佑之，福禄随之，众邪避之，神灵卫之，所作必成，神仙可翼"。若改恶从善，则将转祸为福。

《太上感应篇》虽是道教书，却融合了较多的佛、儒思想。它提倡"积德累功，慈心于物"，类似于佛教多善积德、慈悲为怀的精神，强调"忠孝友悌，正己化人，矜孤恤寡，敬老怀幼"，则体现了儒家伦理。在儒家学说中，尤其强调五伦纲常，认为君臣、父子、夫妇的等级界限分明，而在《太上感应篇》中亦以"扰乱国政"、"违逆上命"、"用妻妾语"、"违父母训"、"男不忠良，女不柔顺，不和其事，不敬其夫"作为恶行的准则。可以说，《太上感应篇》实际上建立的是，以儒家道德规范和道释宗教规戒为标准的立身处世准则，显示出北宋时期道、佛、儒三教合流的趋向。

《太上感应篇》最初只在民间流传，南宋时始获官方重视，历经宋、元、明、清而久盛不衰。它不再局限于虚无的说教，而是建立了现实的封建伦理准则，有利于规范人们的言行，特别是有助于保证国家、社会、家庭的严谨秩序，故而博得历代统治者的重视。

同时，那些诚心修道者也推崇它，因为它不同于一味要求人们凝神思道，清心静虑的心灵修炼术，而是具体、现实地提出了行善得道的方式，这使得世俗道教从精神道教中分离出来，满足了人们渴望通过现实的生活方式也能到达得道成仙的人生境界的愿望。

宋理宗在卷首亲题"诸恶莫作，众善奉行"八字。此后，为之作序、作注者代不乏人，影响十分广泛，乃至日本、朝鲜等国，皆有此书的流布。

释家

释家概说

释家又被称作释教，即佛教，由释迦牟尼创立，为世界三大宗教之一。一般意义上所说的释教是指的汉传佛教，是现存佛教的三大分支之一（另外两个为藏传佛教与上座部佛教）。佛教经由两条路径传入中国，一支由古印度经西域传入中原地区，尔后传入朝鲜半岛、越南、日本等处，故汉传佛教又称北传佛教。另一支则由南印度经海路传至中国南方，为南传佛教。

大乘佛教的主要发扬传系，为现代的汉传佛教。因为中国的影响，汉传佛教将大乘佛教的教义传播至朝鲜半岛、日本与越南等地，并且影响了藏传佛教。在实质上，汉传佛教可以说是形塑大乘佛教面貌的主要力量之一，但有别于藏传佛教之显密并重，汉传佛教的宗派以显宗为多。

有一种说法，佛教最早是在孔子时传入中国的，也有说是在秦朝以前传入的。但是这些说法现在一般认为不可信，因为按照一般的说法，释迦牟尼只比孔子大十几岁。现在一般认为，佛教是在大约西汉末年，东汉初年时由印度从西域传入的。

根据记载，汉哀帝元寿元年（公元前2年）博士弟子景卢出使大月氏，其王使人口授《浮屠经》。到了东汉永平十年（公元67年），汉明帝梦见金人，于是派人去西域，迎来迦叶摩腾与竺法兰两位高僧，并且带来了许多佛像和佛经，用白马驮回首都洛阳，皇帝命人修建房屋供其居住，以翻译《四十二章经》。所修建的房屋就是现在的白马寺。因此，在中国佛教史上，多以汉明帝永平十年作为佛教传入之年。而白马寺则成为中国的第一座佛寺。《四十二章经》，也成为中国的第一部汉译佛经。

佛教在中国经长期传播发展，形成具有中国民族特色的中国佛教。由于传入的时间、途径不同和民族文化、社会历史背景的不同，中国佛教形成三大系，即汉传佛教、藏传佛教和云南傣族等地区的上座部佛教（巴利语系）。

佛教虽然早在东汉初期即传入中国，但当时儒学兴盛，发展不大，至三国后期方有发展。三国时期的佛教重镇，北方以洛阳为主，南方则为建业。曹魏魏明帝大兴佛寺，曹植也喜读佛经，并创作梵呗。孙吴地区，当支谦、康僧会先后入吴，受孙权推崇。孙皓称帝时，本要毁坏佛寺，因康僧会说法感化，终而放弃。在蜀汉，佛教不是很兴盛。

当时大乘佛教受贵霜帝国影响而传播四周。西域受其影响，于阗、龟兹等地佛教兴盛。之后又有天竺昙柯迦罗、安息昙谛和康居康僧铠等僧侣到洛阳翻译经典，将大乘佛教传至中国。昙柯迦罗推广戒律，这是中国僧侣有戒律受戒之始，后世以其为律宗的始祖。昙谛所译的《昙无德羯磨》受朱士行等人戒守，一般以此为中国僧侣出家之始。由于当时经文翻译未善，朱士行为求原经研读，于公元260年自雍州出发至于阗，成为首位西行求法的中国僧侣。他写的《大品般若经》的梵本，后由弟子于公元282年送回洛阳，最后由竺叔兰译成《放光经》。

西晋年间，官方与民间的佛教信仰，逐渐普遍。相传西晋时代东西两京（洛阳、长安）的寺院一共有一百八十所，僧尼三千七百余人。竺法护时代已有"寺庙图像崇于京邑"之说。

佛教在东晋时代形成南北区域。北方有匈奴、羯、鲜卑、氐、羌等民族所建立的十六国。这些地区的统治者，多数提倡佛教，以后赵、前秦、后秦、北凉均盛，在中国佛教史上占极重要的地位，其代表人物为道安和鸠摩罗什。南方的东晋王朝也随着当时名僧不断地南移，形成了庐山和建康两地的佛教盛况，其代表人物为慧远和佛陀跋陀罗。

北朝佛教起于西域僧侣佛图澄（公元232年—348年）在后赵的弘传。佛图澄于西晋永嘉四年（公元310年）来到洛阳。其时后赵石勒在葛陂（今河南新蔡县）屯军，专用杀戮来壮大声威。佛图澄和他相见，用道术感化，阻止其残杀，从此中州（今河南地区）人民逐渐奉佛。后石虎即位，迁都邺城（今河北邯郸市临漳县、磁县），尊崇佛图澄，一时人民多营寺庙，争先出家。和佛图澄同时在后赵的，还有敦煌人单道开，襄阳羊叔子寺竺法慧和中山帛法桥等。

继后赵之后，北地佛教最盛的区域是前秦。前秦苻坚笃好佛教，道安得到推崇。

佛教在后秦尤盛。后秦统治者姚兴，笃好佛教，又因得鸠摩罗什，译经讲习都超越前代。当时北方凿窟造像之风兴起，后秦沙门乐僔于建元二年（公元366年），在敦煌东南鸣沙山麓，开凿石窟，镌造佛像，这就是著名的莫高窟。但后期北魏太武帝、北周武帝进行大规模的灭佛活动，对佛教的发展造成严重破坏。

南北朝时期，南朝佛教以慧远主持的庐山东林寺为中心。其他中心，还有建康道场寺。建康为东晋王朝首都，佛教非常隆盛。佛陀跋陀罗、法显、慧观、慧严等都以道场寺作根据，宣扬佛教。

南梁王朝梁武帝萧衍提倡尊儒崇佛，并曾多次舍身出家。其提倡的佛教僧侣必须恪守素食，成为汉传佛教所有僧侣的独特的基本戒律。该时期佛教文学，经过历代译人的努力，创造了一种融洽华梵的新体裁。佛教也渐次渗入一般文学的领域，以佛典的理趣、风格、词句及故实入诗文的渐多。

南朝期间，佛教艺术开始兴盛。佛像塑造极盛，著名作品有道安在襄阳檀溪寺铸造的丈六释迦金像，竺道邻在山阴昌原寺铸造的无量寿像，竺道壹在山阴嘉祥寺铸造的金牒千像，支慧护在吴郡绍灵寺铸造的丈六释迦金像，特别是处士戴逵和他的次子戴颙在山阴灵宝寺制作的弥陀及夹侍二菩萨木像、在招隐寺制作的五夹纻像和在瓦官寺制作的夹纻行像等。这时并有从外国输入的造像，如苻坚致送道安的佛像中有高七尺的外国金箔倚像。画像方面，顾恺之和吴曹不兴、晋卫协并称中国最初的三大佛画家。

北周隋国公杨坚于公元581年取代北周，建立隋朝。隋文帝在位期间，大兴佛教，并招请隐居僧侣出山，号召佛徒"为国行道"，使佛教再度兴盛于世，也使社会得到安定。隋文帝在治国上，采用并容儒教、佛教、道教相辅治国的政策，调和三教的关系。并下令在儒教崇拜的五岳建造佛教寺庙。

隋炀帝杨广在位时，朝庭对佛教也是采取积极扶持的政策。隋炀帝本人是佛教菩萨戒弟子。其在位时，下令装补故经，并写新本，修治和铸刻佛像很多，同时，也对佛教严加控制，把江南佛教有影响的名士集中在扬州，以便支配，并下令沙门致敬王者。

唐朝虽以道教为国教，但佛教依然受到推崇，先后有唐高宗、武则天、唐中宗、唐肃宗、唐德宗、唐宪宗、唐懿宗和唐僖宗八位皇帝六迎二送供养佛指舍利。每次迎送声势浩大，朝野轰动，皇帝顶礼膜拜，等级之高，绝无仅有。

唐高祖于帝业初创时，曾奉佛求福，即位后，更设十大德以统摄僧尼。唐太宗在清除南方割据、平息骚乱时，曾得少林寺僧兵之助；在即位后，下诏在全国"交兵之处"建立寺刹。他还在玄奘西行求法归国后，于慈恩寺组织大规模的译场，法相唯识宗即在太宗的支持下创立。武则天更是崇信佛法，她实行了一连串的佛教措施：开沙门的封爵赐紫，诏令僧尼于道士、女冠之前，于寺院中设立悲田养病坊，组织译场，开凿龙门石窟。其中以对神秀大师的礼遇，使禅宗大盛，而诏令新译《八十华严》，更是直接促成法藏创立华严宗。

盛唐佛教义学蓬勃发展，促成大乘各汉传佛教宗派的建立。重要的有智𫖮创立的天台宗；吉藏创立的三论宗；玄奘和窥基创立的法相宗；道宣、法砺和怀素分别创立的律宗，有南山、相部和东塔三家；由北魏昙鸾开创，隋代道绰相继，而由唐代善导集成的净土宗；弘忍的弟子神秀和惠能分别创立的禅宗，有北宗和南宗，在唐中叶后又陆续出现"禅门五家"，即沩仰、临济、曹洞、云门和法眼五派；法藏创立的华严宗；由印度僧人善无畏、金刚智、不空和惠果所奠定的密宗。这些宗派创立后，随着盛唐中国的影响，不久即传播海外。

禅宗的巨著《六祖坛经》，是中国第一部佛教白话文学作品，在中国佛学思想上具有承先启后的作用。中国佛教著作尊称为"经"的，仅此一部。

会昌五年（公元845年），由于社会动荡、经济衰退、道教盛行的原因，唐朝发生了大规模的禁佛事件。唐武宗下令没收寺院土地财产，毁坏佛寺，佛像，淘汰沙门，勒令僧尼还俗。佛教受到极大的打击。

至晚唐之后，十大宗派名存实亡，三论宗、唯识宗、成实宗、俱舍宗等各宗几乎都已无人研究，传承断绝。密宗在宋代时曾短暂复兴，期间雕刻了著名的大足石窟，但不久逐渐消亡。天台、华严二宗勉强维持，南山律宗若存若亡。十大宗派，只剩禅宗、净土宗二家，其中又以禅宗发展最盛。

禅宗，自六祖惠能大师以降，晚唐至北宋初之间，先分出五大支派，盛极一时，后只剩临济及曹洞二派。大慧宗杲禅师的看话禅与宏智正觉禅师的默照禅是南宋时最主要的两个流派，其中又以看话禅的影响最大。

建于盛唐和中唐，位于今中国四川省乐山市的乐山大佛，高七十一米，是世界上最大的石刻佛像。现成为一项文化与自然双重遗产被列入世界遗产名录。其工程浩大，耗时九十年才完成。

五代十国时期，由于时局分裂及战乱纠纷。南方地区相对稳定，区域佛教文化兴盛；北方则战乱频繁，佛教遭到严重限制和破坏。北方后周世宗柴荣显德二年（公元955年）废天下佛寺，以佛寺铜材铸行"周元通宝"，钱质与铸量均居五代之冠，其毁佛行为，史称"三武一宗"。

南方吴越国佛教发展兴盛，统治者钱镠、钱弘俶十分崇尚佛教，大建寺院刻印佛经，阿育王寺，湖州天宁寺所藏《宝箧印经》、杭州雷峰塔的金铜十六罗汉像即是该时期作品。后晋时任瓜州节度使的曹元忠崇尚佛教，他于开运四年（公元947年）组织刻印了一批佛像，大量散发。

北宋初期，朝廷对佛教采取保护政策。宋太祖建国后，马上废止后周世宗的毁佛诏令，让佛教复兴，派遣使者西行求佛法。随着僧侣人数众多，又修订了出家的考试制度。

宋朝管理佛教事务的中央机构是左右街僧录事，隶属于鸿胪寺。各州府或大刹设僧政司，管理一境或一寺事务。宋朝沿用唐朝的度牒制度，度牒相当于出家许可证，没有度牒就属于不合法的"私度"。度牒制度原本是为了控制僧尼人数，限制寺院的规模。但是自神宗朝起，为解决财政短缺，政府开始将度牒货币化，度牒沦为国家的敛财手段。其后度牒买卖始终参与国家财政运转，徽宗时期和绍兴年间尤为严重。宋徽宗时期，因为他笃信道教，佛教遭到破坏，烧经毁像，并将道士地位放在僧尼之上。佛教严重受挫，除禅、净二宗外，其余则多被湮灭。

宋儒理学一方面汲取佛教华严、禅宗的思想，从而丰富了儒家内容，另一方面又批判和排斥佛教。排佛者中最著名的是欧阳修，但欧阳修的排佛思想曾受到契嵩和尚、宋朝宰相张商英、李纲和刘谧等人的反对。张商英作《护法论》创三教调和说，认为孔子之道与佛教所主张的识心见性、无上菩提之道无异儒参治皮肤之疾，道以治血脉之疾，佛以治骨髓之疾，三教本旨无违。

辽代耶律王朝佛教发展强盛，辽太祖有意吸收中原文化，曾建天雄寺宣传佛教；辽太宗取得了燕云十六州后，对佛教特加保护。山西大同的上华严寺为现今保存最大最完善的辽代寺庙，北京房山云居寺也是辽代始建。辽代最受推崇的是华严宗，其次是密宗，再次为净土宗以及律宗、唯识宗、俱舍宗等，而民间则流行信仰祈愿往生弥陀或弥勒净土。

西夏王朝，历代诸王均崇信佛教，除自宋朝请经及翻译、雕印佛经之外，并致力于寺塔的建设，故境内寺院林立。

金代女真族在开国以前已有佛教信仰，是从它邻境奉行佛教的高丽、渤海等国传入的，其所受佛教影响亦深，禅宗盛行，净土宗与华严宗也比较流行。金代在经书刊刻上有举世闻名的《赵城金藏》，于1933年在山西赵城县广胜寺发现，现存于北京中国国家图书馆，为该馆"四大镇馆之宝之一"（其余三者为《永乐大典》、《敦煌遗书》和《四库全书》）。《金藏》是收录了唐朝玄奘法师从印度取回的佛经的稀世孤本，为无价之宝。

蒙、元的统治者崇尚藏传佛教，但对汉传佛教也采取保护政策。佛教中的禅宗、律宗等继续流传、发展，寺院林立，僧尼众多，中央和地方设有严密的僧官制度，加以监督，颁行了《敕修百太清规》，雕印了著名的普宁寺版的大藏经。

至明代，在禅净双修、三教合一的潮流下，著名的明末四大高僧（紫柏真可、莲池袾宏、憨山德清、藕益智旭），虽然将禅宗的修行方法引入净土宗，以禅宗的心态修行净土，但是仍然是以净土为依归，与禅宗特重智慧开悟的风格已截然不同。净土宗在佛门及民间成为信仰主流。

洪武元年（公元1368年），朱元璋在金陵天界寺设善世院，命令慧昙（公元1304年—公元1371年）主持管理全国佛教。在他的职位之下又设置了统领、副统领、赞教、纪化等宗教职位，以实施对佛教教团的管理。从总体上来看，虽然明代佛教仍然流行禅宗和净土宗，可是佛教思想上的发展则甚少。

清初皇室崇奉藏传佛教，对汉传佛教采取限制政策。康熙时禁令稍弛，迎请明末隐居山林的高僧重返京师，使已经衰微的佛教一时又呈现出活跃的气象。清朝对于佛教的政策基本上是继承明代的僧官制度，在北京设立了僧录司，所有宗教官员都经礼部考试轮选，最后由吏部委任。所有僧官的职别名称，和明代无异。

从整体来说，清代的佛教宗派，都是继承着明朝，当中以禅宗最为流行。民间则更为流传，在许多民间文艺作品中普遍存在。

清代汉地的僧侣，除参禅、念佛之外，几乎无事可做，佛教僧侣中无有杰出人物，居士之中仅有乾隆时的彭绍升较为特出，他所偏重的也是净土一宗。太虚大师曾经感慨："迨乎前清，其（佛教）衰也始真衰矣。迨乎近今，其衰也，始衰而濒于亡矣。从全球运开，泰西文明过渡东亚，我国之政教学术莫不瞠焉其后，而佛教实后而尤后者。"

晚清至民国肇建之际，鉴于佛教之衰微，先有杨仁山居士创建金陵刻经处，精印佛典，大量流通。许多在中国失传的佛教典籍，又陆续由日韩传回中国，原先失传的许多宗派，开始又复活了起来。金陵刻经处同时又有教育的功能，太虚大师的武昌佛学院，是起源于金陵印经处的。

民国初年，诸教内大德如太虚大师、印光大师、虚云大师、弘一大师等出世，大力倡导与推动复兴佛教。太虚大师力倡佛教的现代化运动，有改革佛教的思想与举措。对内整合佛教的现代思维：主八宗并弘外，将汉传佛教分为法相唯识、法性空慧、法界圆觉三大系。印光大师的《印光法师文抄》被龙天推出后，更是广为传播，道风所播，遐迩景从，法化广被，名遍远近，一本印祖文抄，度化众生无以计数。赵朴初等佛学大居士也相继涌现，也为汉传佛教复兴立下汗马功劳。

大藏经

大藏经为佛教经典的总集,简称为藏经,又称为一切经,契经、藏经或三藏。有多个版本,比如乾隆藏、嘉兴藏等。现存的大藏经,按文字的不同可分为汉文、藏文、巴利语三大体系。这些大藏经又被翻译成西夏文、日文、蒙文、满文等。

大藏经的内容包括经(释迦牟尼在世时的说教以及后来增入的少数佛教徒——阿罗汉或菩萨的说教在内)、律(释迦牟尼为信徒制定必须遵守的仪轨规则)、论(关于佛教教理的阐述或解释)。

大藏经的编纂,始于释迦牟尼涅槃不久,弟子们为保存他的说教,统一信徒的见解和认识,通过会议方式的结集,形成一致公认的经、律、论内容。其后又增加了有关经、律、论的注释和疏解等"藏外典籍",成为卷帙浩繁的四大部类。原始佛教分裂以后,各大派别大多按照自己的观点编有本派的藏经,但只有上座部的三藏比较完整地保存下来,其他部派的典籍除了在汉文译本中保存一部分外,基本上都已散佚。早期的梵文经典只剩下少数零散贝叶本或纸写本至今尚存,全部三藏已难窥全貌。

现存的大藏经,按文字的不同可分为汉文、藏文、蒙文、满文、西厦文、日文和巴利语系等七大系统。此外还有过契丹文大藏经的刻造,但尚未发现传世的刻本。

汉文大藏经为大小乘佛教典籍兼收的丛书。佛教传入中国内地以后的千余年间,仅经录即近五十种之多,流传至今尚有二十余种,收录的经籍数量不等。各个时代编纂的大藏经,形式和内容互有不同。除房山石经外,宋代以前的基本上都是卷轴装帧的书写本。

北宋开宝年间(公元968年—975年),第一部木版雕印的大藏经问世后,历元、明、清至民国,共出版过木放慢和排印本大藏经二十种(一说二十一种)。

佛教由中国东传至朝鲜和日本后,高丽和日本王朝均依汉文大藏经进行抄写刻印或排印。

《开宝藏》首刻本于宋雍熙元年(公元984年)传入日本,端拱年间(公元988年—989年)传到高丽。乾兴元年(公元1022年)和元丰六年(公元1083年)又分别将天禧修订本和熙宁修订本传到契丹和高丽。辽清宁九年(公元1063年),契丹还把新刻就的《契丹藏》印本送给高丽。

六世纪中叶，部分汉译佛典通过朝鲜南部的百济国流传到日本。七世纪初，佛教在日本有了很大的发展，各种汉译佛经的写本和历代官私刻本的各版大藏经大量传入日本各大寺院。

自十三世纪末叶迄二十世纪二十年代的七百多年间，日本佛教界曾依据汉文本的各版大藏经，编纂、雕造、复刻或排印过《弘安藏》、《天海藏》、《黄檗藏》、《弘教藏》、《卍正藏经》、《卍续藏经》和《大正新修大藏经》等七种版本的汉文大藏经。

二十世纪初，日本佛学界还将小乘上座部三藏译为日文本的《南传大藏经》六十五卷，并编辑出版《国译大藏经》、《国译一切经》和《日本大藏经》，这三种藏经的内容除中国著述外，还收录了大量的日本章疏及杂著等。

金刚经

《金刚经》于公元前994年（约当中国周穆王时期）成书于古印度。是如来世尊释迦牟尼在世时与长老须菩提等众弟子的对话纪录，由弟子阿傩所记载。

阿傩（？—公元前463年）是释迦牟尼的十大弟子之一，他原是释迦牟尼佛的堂弟，后跟随佛陀出家，佛陀五十五岁时，选阿傩为常随侍者，当侍者达二十五年。因为他专注地服侍佛陀，谨记无误佛的一言一语，因此被称为"多闻第一"。佛灭后第一结集由阿傩诵出三藏中的经藏。

佛祖涅槃后，大迦叶尊者成为"初祖"，统领广大佛家弟子。大迦叶圆寂后，阿傩尊者继承迦叶率领徒众宏扬佛法，被后世尊称为"二祖"。

"金刚"，指金中最坚硬的刚，是坚固的意思。经论中常以"金刚"比喻武器或宝石。以"金刚"比喻武器，乃因其坚固、锐利，而能摧毁一切，且不被万物所破坏。如帝释天及密迹力士所持之法器，称为金刚杵，它不会被任何物所摧破损坏，还能摧破一切物。

在中国文化中，《金刚经》是影响非常大的一部佛经。千余年来，不晓得有多少人研究《金刚经》，念诵《金刚经》，因《金刚经》而得到感应，因《金刚经》而悟道成道。《金刚经》是佛教经典中很特殊的一部，他最伟大之处，在于超越了一切宗教性，但也包含了一切宗教性。因此在理解《金刚经》时，不能将它局限于佛教的范围，佛在《金刚经》里说"一切贤圣，皆以无为法而有差别"，这就是说，佛认为古往今来一切圣贤，一切宗教成就的教主，都是得道成道的；只因个人程度深浅不同，因时、地的不同，所传化的方式有所不同而已。

《金刚经》是佛教重要经典。根据不同译本，全名略有不同，鸠摩罗什所译的全名为《金刚般若波罗蜜经》，唐玄奘译本则为《能断金刚般若波罗蜜经》，《金刚经》传入中国后，自东晋到唐朝共有六个译本，以鸠摩罗什所译《金刚般若波罗蜜经》最为流行。唐玄奘译的《能断金刚般若波罗蜜经》为鸠摩罗什译本的一个重要补充。其他译本则流传不广。

金刚指最为坚硬之物，喻指勇猛的突破各种关卡，让自己能够顺利的修行证道；般若为梵语妙智慧一词的音译，意为"通达世间法和出世间法，圆融无碍，恰到好处，绝对完全的大智慧"。"波罗蜜"，意指超越生死而度达解脱的彼岸。经者径也，学佛成佛之路。

经题的意义，指以金刚一样无坚不摧的大智慧，破除一切烦恼执著，脱离欲界、色界、无色界三界而完成智慧（到达苦海彼岸）。

经文开始，由号称佛陀十大弟子中"解空第一"的须菩提发问：当众生立定志向要达到无上圆满的佛陀觉智时，应该将发心的目标定在哪里？如果在实践过程中心不能安住，应该如何降伏？即如何使心灵平和地安住在终极关怀，如何在走向终极目标的过程中，对各种错误认识和患得患失心理进行克服？《金刚经》就是围绕佛陀对此问题的解答而展开的。

在梵文中，佛陀是觉悟者的意思。小乘以自觉为终极，而大乘的菩萨不仅要自觉，更要"觉他"，故其终极目标是让一切众生成就佛果。根据佛教的哲学基础——缘起论，凡因条件关系而形成的事物，都不存在绝对不变的实体（自性）。因此，要以空观的智慧，破除在"我"、"他"、"众生"、"佛"之间的人为分别。故要尽己所能广度众生，但不要执著于"我"帮助众生的功德。唯心量大者，才有大格局，方能成就大事业。

《金刚经》是彻底解放烦恼心灵的大智慧，对中国的历史和文化产生了深远影响。但由于该经文字简洁、思想深奥，一般人很难全面透彻地理解其本来含义和价值指向。因此，历史上佛教各派祖师多为此经作注讲解，流传最为广泛的就是禅宗惠能的《六祖坛经》。

坛 经

《坛经》，又名《六祖法宝坛经》，是中国佛教禅宗创始者、禅宗六祖慧能（一作惠能）的传法记录。因为是在法坛上宣讲的经教，所以称为《坛经》。这是中国唯一被尊为经的佛书。

慧能大师，唐代高僧，中国佛教禅宗六祖，著有《六祖坛经》流传于世，至今仍有不腐肉身舍利久存于世，成为佛法修行之见证。慧能俗姓卢。幼随父流放岭南新州（今广东新兴）。父亡随母移居南海，艰辛贫困，以卖柴为生。二十四岁时，得人资助，北上参学。唐龙朔元年（公元661年）在黄梅谒见禅宗五祖弘忍。

《坛经》记载慧能一生得法传宗的事迹和启导门徒的言教，内容丰富，文字通俗，是研究禅宗思想渊源的重要依据。由于历代辗转传抄，因而版本较多，体例互异，内容详略不同。据流通较广的金陵刻经处本，其品目为自序、般若、决疑、定慧、妙行、忏悔、机缘、顿渐、护法、付嘱等十品。

其中心思想是"见性成佛"，即所谓"唯传见性法，出世破邪宗"。性，指众生本具之成佛可能性。即"菩提自性，本来清净，但用此心，直了成佛"及"人虽有南北，佛性本无南北"。这一思想与《涅盘经》"一切众生悉有佛性"之说一脉相承。其诱导禅者修禅的实践方法是"无念为宗，无相为体，无住为本"。无念即"于诸境上心不染"；无相为体，即"于相而离相"，以把握诸法的体性；无住为本，即"于诸法上念念不住"，无所系缚。又主张顿悟说，认为"不悟即佛是众生，一念悟时众生是佛"，"万法尽在自心中，顿见真如本性"。同时也强调"法即无顿渐，迷悟有迟疾"，"迷闻经累劫，悟在刹那间"。指出"法即一种，见有迟疾"，"法无顿渐，人有利钝"。

《坛经》还发挥净土思想。认为"东方人造罪念佛求生西方，西方人造罪念佛求生何国？凡愚不了自性，不识身中净土，愿东愿西，悟人在处一般"。又说："心地但无不善，西方去此不遥；若怀不善之心，念佛往生难到。"同时主张"佛法在世间，不离世间觉，离世觅菩提，恰如求兔角"。指出"若欲修行，在家亦得，不由于寺。在家能行，如东方人心善；在寺不修，如西方人心恶"。

《坛经》的思想对禅宗的发展起了重要的作用，在中国哲学史上发生了深远的影响。

四十二章经

东汉明帝永平十年（公元67年），开始有了汉译本的佛经出现，名为《四十二章经》，是中印度人竺法兰所译。他在永平初和另一高僧迦叶摩腾相偕来中国。迦叶摩腾自然也参加了这项翻译工作。经凡四十二章，故以之为名。

内容是连缀大小乘佛法而成，虽不精微，但确是佛经汉译的开始。《四十二章经》一卷。包含四十二篇短短的经文。一般认为是最早的汉译佛经。收在《大正藏》第十七册。

有关本经传译的记载，与汉明帝求法传说有密切关系，因此有关本经传译的记载也有许多异说。

本经的传来，最早的记载是《四十二章经序》。经序说，后汉明帝梦金人，因遣张骞、秦景等至大月支国写取佛经四十二章，但未载年月。西晋王浮撰《老子化胡经》说是永平七年（公元64年）遣使，永平十八年（公元75年）还。《历代三宝纪》以后的记载则都说是十年还汉。根据这些记载，本经的初传当在公元64年至75年之间。

经序仅说从大月支国写取此经，未说翻译。《出三藏记集》卷二始说张骞、秦景等于月支国遇沙门迦叶摩腾，译写此经还洛阳，肯定此经译于月支。《高僧传》卷一又说此经于洛阳译出。由此可见，此经翻译地点，自梁以来尚无定说。

至于译者，《出三藏记集》说迦叶摩腾译写，《历代三宝纪》所引《宝唱录》，又以为竺法兰所译。《高僧传》卷一云："腾译四十二章经一卷，初藏在兰台石室第十四间中。"后又说竺法兰译经五部，唯《四十二章经》现存。似乎并存以上两种说法。因之，后来本经通行本，遂皆题迦叶摩腾共竺法兰译。

《历代三宝纪》载本经前后有两译本，即：（1）迦叶摩腾于白马寺译；（2）三国时吴国支谦译，与迦叶摩腾译者少异；又谓支译"文义允正，辞句可观"。今人有说现存本经《丽藏》本，虽题汉译，实系支谦所译。汉译文或因朴拙早佚，后人乃误以支译当之云。

本经有多种异本，现存主要的有五种：（1）《丽藏》本；（2）宋真宗注本；（3）唐《宝林传》本；（4）宋六和塔本；（5）明朝了童补注、宋朝守遂注本。

有不少人怀疑本经是东晋时的中国人撰述，又因《出三藏记集》说本经为《道安录》所不载，故疑此经非汉时译。但《历代三宝纪》引《旧录》明说"本是外国经抄"，《出三藏记集》也说本经见于《旧录》。《旧录》为晋成帝时（公元326年—342年）支敏度所作，约与道安同时，当出于翻译，而且流行很早，在安世高译经以前，有这样的一种简单说明佛教基本修道的经典。

也就因为它是最早的一部汉译佛经，文字简短而又包含了佛教修道纲领，所以直到现在它仍为佛教徒所重视。

心 经

《心经》全称是《摩诃般若波罗蜜多心经》，简称《般若（bōrě）心经》或《心经》。唐玄奘译，知仁笔受。一卷。为般若经类的精要之作。是佛经中字数最少的一部经典著作。

玄奘所译为通常流行本。全经共二百六十字，阐述五蕴、三科、四谛、十二因缘等皆空的佛教义理，而归于"无所得"（不可得），认为般若能度一切苦，得究竟涅槃，证得菩提果。

由于经文短小精粹，便于持诵，在中国内地和西藏均甚流行。近代又被译为多种文字在世界各地流传。

玄奘所译《心经》收于《大正藏》第八册。心（梵文 hrdaya），指心脏，含有精要、心髓等意。本经系将内容庞大之般若经浓缩，成为表现"般若皆空"精神之简洁经典。"色即是空，空即是色"一语，即是出自本经。

在玄奘译出前有失译本《摩诃般若波罗密神咒》（旧题《摩诃般若波罗蜜大明咒经》）一卷，旧传鸠摩罗什译。

现存异译本六种：（1）唐法月译《普遍智藏般若波罗蜜多心经》；（2）唐般若、利言等译《般若波罗密多心经》；（3）唐智慧轮译《般若波罗蜜多心经》；（4）唐法成译《般若波罗蜜多心经》；（5）敦煌发现译本《唐梵翻对字音般若波罗蜜多心经》；（6）宋施护译《圣佛母般若波罗蜜多经》。

其中玄奘译本、失译本和敦煌本为"小本"，只有正文；其余为"广本"，有序、正、流通三分。

此经现存梵本有尼泊尔发现的广本和日本保存的各种传写摩刻小本两种。

日本手抄贝叶梵本，约在公元 609 年以后制作。

另外，在敦煌还发现《心经》的七种译本，其中广本与藏文大藏经所收录的《心经》相同，而与小本不同。

相传《心经》有注疏二百多种。据记载，仅中国撰述即有四十余种。最著名的有印度提婆《心经注》一卷；中国有唐新罗僧人圆测《心经赞》一卷，明旷《心经略疏》一卷，慧净《心经疏》一卷（敦煌发现），窥基《心经幽赞》二卷，法藏《心经略疏》一卷，宋智圆《心经疏》一卷等；日本有空海《心经秘键》二卷，最澄《心经释》一卷，真兴《心经略释》一卷，宗纯《心经注》一卷等。

墨 家

墨家概说

墨家是中国古代主要哲学派别之一，约产生于战国时期。创始人为墨翟。墨家是一个纪律严密的学术团体，其首领称"巨（矩）子"，其成员到各国为官必须推行墨家主张，所得俸禄亦须向团体奉献。墨家学派有前后期之分，前期思想主要涉及社会政治、伦理及认识论问题；后期墨家在逻辑学方面有重要贡献。

墨者多来自社会下层，以"兴天下之利，除天下之害"为教育目的，"孔席不暖，墨突不黔"，尤重艰苦实践，"短褐之衣，藜藿之羹，朝得之，则夕弗得"，"摩顶放踵，利天下，为之"（《孟子·尽心上》）。"以裘褐为衣，以跂蹻（草鞋）为服，日夜不休，以自苦为极"，生活清苦。墨者可以"赴汤蹈刃，死不旋踵"，意思是说至死也不后转脚跟后退。墨者中从事谈辩者，称"墨辩"；从事武侠者，称"墨侠"。墨者必须服从巨子的领导，其纪律严明，相传"墨者之法，杀人者死，伤人者刑"（《吕氏春秋·去私》）。例如巨子腹的儿子杀了人，虽得到秦惠王的宽恕，但仍坚持"杀人者死"的"墨者之法"。

按墨家的规定，被派往各国做官的墨者，必须推行墨家的政治主张；行不通时宁可辞职。另外，做官的墨者要向团体捐献俸禄，做到"有财相分"。当首领的要以身作则。

墨家是一个有领袖、有学说、有组织的学派，他们有强烈的社会实践精神。墨者们吃苦耐劳、严于律己，把维护公理与道义看作是义不容辞的责任。墨者大多是有知识的劳动者。

前期墨家在战国初即有很大影响，与杨朱学派并称显学。它的社会伦理思想以兼爱为核心，提倡"兼以易别"，反对儒家所强调的社会等级观念。它提出"兼相爱，交相利"，以尚贤、尚同、节用、节葬作为治国方法。它还反对当时的兼并战争，提出非攻的主张。它主张非命、天志、明鬼，一方面否定天命，同时又承认鬼神的存在。前期墨家在认识论方面提出了以经验为基础的认识方法，主张"闻之见之"、"取实与名"。它提出三表作为检验认识正确与否的方法。

墨翟死后，分裂为三派。至战国后期，墨家汇合成二支：一支注重认识论、逻辑学、几何学、几何光学、静力学等学科的研究，是谓"墨家后学"（亦称"后期墨家"），另一支则转化为秦汉社会的游侠。前者对前期墨家的社会伦理主张多有继承，在认识论、逻辑学方面成就颇丰。后期墨家除肯定感觉经验在认识中的作用外，也承认理性思维在认识中的作用，对前期墨家的经验主义倾向有所克服。它还对"故"、"理"、"类"等古代逻辑的基本范畴作了明确的定义，区分了"达"、"类"、"私"等三类概念，对判断、推理的形式也进行了研究，在中国古代逻辑史上占有重要地位。

战国以后，墨家已经衰微。到了西汉时，由于汉武帝的独尊儒术政策、社会心态的变化以及墨家本身并非人人可达的艰苦训练、严厉规则以及高尚思想，墨家在西汉之后基本消失。

《墨子》一书是墨子讲学时由弟子们记录后整理而成的。文字质朴无华，缺乏文学性，但逻辑性很强，善于运用具体事例进行说理，使说理文章有了很大发展，对后代议论文的发展起到了重要作用。

墨家的著作据《汉书·艺文志》中记载，到东汉时墨家著作尚存有八十六篇：《墨子》七十一篇，《胡非子》三篇，《随巢子》六篇，《我子》一篇，《田俅子》三篇，《尹佚》二篇。

墨家著作在六朝以后逐渐流失，现代所传的《墨子》只剩下五十三篇，这些篇幅只是因为被道家著作《道藏》所收录，才得以留传下来。

墨 子

《墨子》是墨子的弟子及其再传弟子对墨子言行的记录。

墨子，名翟。生卒年不详，大概是在公元前479年—前381年以内。是中国春秋战国时期的思想家、政治家。提出"兼爱"、"非攻"等观点，创立墨家学说，有《墨子》一书传世。

《墨子》分两大部分：一部分是记载墨子言行，阐述墨子思想，主要反映了前期墨家的思想；另一部分《经上》、《经下》、《经说上》、《经说下》、《大取》、《小取》等六篇，一般称作墨辩或墨经，着重阐述墨家的认识论和逻辑思想，还包含许多自然科学的内容，反映了后期墨家的思想。在逻辑史上被称为后期墨家逻辑或墨辩逻辑（古代世界三大逻辑体系之一，另两个为古希腊的逻辑体系和佛教中的因明学）；其中还包含许多自然科学的内容，特别是天文学、几何光学和静力学。

《墨子》在西汉时刘向整理成七十一篇，但六朝以后逐渐流失，现在所传的《道藏》本共五十三篇，原来都写墨翟著，但其中也有墨子弟子以及后期墨家的著述资料，这是现在研究墨家学派的主要史籍。按内容，《墨子》一书可分五组：从《亲士》到《三辩》七篇为墨子早期著作，其中前三篇掺杂有儒家的理论，应当是墨子早年"习儒者之业，受孔子之术"的痕迹；后四篇主要是"尚贤"、"尚同"、"天志"、"节用"、"非乐"等理论。从《尚贤上》到《非儒下》二十四篇为一组，系统地反映出墨子"兼爱"、"非攻"、"尚贤"、"尚同"、"节用"、"节葬"、"非乐"、"天志"、"明鬼"、"非命"十大命题，是《墨子》

墨子

一书的主体部分，《经》上、下，《经说》上、下及《大取》、《小取》六篇，专说名辩和物理、光学等内容，前人因其称"经"，定为墨翟自著，实际是后期墨家作品，这是研究墨家逻辑思想和科学技术成就的珍贵资料。《耕柱》至《公输》五篇是墨子言行记录，体例与《论语》相近，是墨子弟子们辑录的，也是研究墨子事迹的第一手资料。《备城门》以下到末二十篇（含已佚九篇），专讲守城技巧与城防制度，其制度与秦相近，是战国时期秦国墨者所作，这是研究墨家军事学术的重要资料。

《墨子》内容广博，包括了政治、军事、哲学、伦理、逻辑、科技等方面，是研究墨子及其后学的重要史料。西晋鲁胜、乐壹都为《墨子》一书作过注释，可惜已经散失。现在的通行本有孙诒让的《墨子闲诂》，以及《诸子集成》所收录的版本。

自秦以后，墨子及其弟子的言论，散见于各种典籍之中，如见于《新序》、《尸子》、《晏子春秋》、《韩非子》、《吕氏春秋》、《淮南子》、《列子》、《战国策》、《诸宫旧事》、《神仙传》等等。西汉刘向的《汉书·艺文志》将散见各篇著录成《墨子》共七十一篇。经历代亡佚，到宋时，只存六十篇，目前只存五十三篇，已亡佚十八篇。其中已亡佚的有：《节用》下篇，《节葬》上、中篇，《明鬼》上、中篇，《非乐》中、下篇，《非儒》上篇，除此八篇外，另十篇连篇目皆亡佚，在这十篇中，只有《诗正义》曾提到过《备卫》此篇目，其余无可考。

《墨子》文风朴实无华，但部分内容诘屈聱牙，以致两千多年来，很少有人问津。直到近代，才有学者认真解读这本古书，才发现早在两千多年前墨家便已有对光学（光沿直线前进，并讨论了平面镜、凹面镜、球面镜成像的一些情况，尤以说明光线通过针孔能形成倒像的理论为著）、数学（已科学地论述了圆的定义）、力学（提出了力和重量的关系）等自然科学的探讨，可惜的是，这一科学传统也因此书在古代未得到重视而没能结出硕果。但这一发现，震动了当今学术界，使近代人对墨家乃至诸子百家更为刮目相看。

《墨子》的哲学思想反映了从宗法奴隶制下解放出来的小生产者阶层的二重性，他的思想中的合理因素为后来的唯物主义思想家所继承和发展，其神秘主义的糟粕也为秦汉以后的神学目的论者所吸收和利用。墨子作为先秦墨家的创始人，在中国哲学史上产生过重大影响。

法　家

法家概说

法家是指春秋战国时期的一个学派。是以法治为思想核心的重要学派。其思想先驱可追溯到春秋时的子产，实际创始者是战国前期的李悝、商鞅、慎到、申不害等。战国末期的韩非子是法家思想的集大成者，他建立了完整的法治理论和朴素唯物主义的哲学体系。

法家思想同中国封建土地关系的产生与发展相联系，是地主阶级取代奴隶主贵族统治的理论表现。在奴隶社会中，"礼"是奴隶主贵族统治的政治体系和道德规范。春秋以来，周礼逐步失去了原有的威力，旧有的典章制度随之衰落。为适应封建土地关系发展的需要，奴隶主贵族中出现了一批改革家，如齐国的管仲、晋国的郭偃、郑国的子产等人。他们颁布法令与刑书，改革田赋制度，促进封建化过程，成为战国时期法家学派的思想先驱。管仲和子产既强调法制，又重视道德教化。在哲学上，他们表述了一些唯物主义的观点，管仲及其后继者提出"天不变其常，地不易其则"的观点，子产则提出"天道远，人道迩，非所及也"的命题，承认自然界有其客观的规律，反对天人感应的迷信观念。

战国初期，封建制在各诸侯国相继建立，应经济、政治、思想领域全面变革奴隶制的需要，产生了新兴地主阶级的法家学派。这一学派的思想家在理论上各有特色，在方策上亦各有别，但都主张以"法"治国。讲学于稷下学宫的齐国法家，继承发展了管仲的思想，汲取了黄老之学，主张法礼并重，先德后刑，因道生法，形成了一套较为温和的法治理论。《管子》中的有关篇章和帛书《经法》、《十六经》、《称》、《道原》等是他们的代表作。

而秦晋两国的法家则主张严刑峻罚，反对礼义说教，专重于法、术、势，奖励耕战，富国强兵，力并天下。他们是法家中激烈而彻底的一派，政绩显著。历史上通常把秦晋法家视为先秦法家学派的主要代表。

秦晋法家的创始人之一李悝，任魏文侯相，提倡"尽地力之教"，主张大力发展农业生产，调整租谷，创"平籴"法，兼顾农人与市民的利益。他还收集当时诸国刑律，编成《法经》六篇：《盗法》、《贼法》、《囚法》、《捕法》、《杂法》、《具法》。《法经》为中国古代第一部较为完整的法典。与李悝同时期的吴起先在魏国进行兵制改革，后又在楚国进行政治改革，"明法审令，损不急之官"，"使封君之子孙三世而收爵禄"，打破旧贵族的世卿世禄制，强迫旧贵族徙边垦荒，奖励"战斗之士"。后来，商鞅在秦实行两次变法，主要内容是：开阡陌封疆，废除井田制度；承认土地私有，奖励农战，凡勤于耕织而多缴粟帛者可改变原来身份；有军功者可授以爵位；实行郡县制；主张用严刑重罚以杜绝犯罪。但是他排斥道德教化，轻视知识文化的作用。他用发展观点看待历史，提出"反古者不可非，而循礼者不足多"，"治世不一道，便国不法古"。

商鞅重"法"，申不害则重"术"。"术者，因任而授官，循名而责实，操杀生之柄，课群臣之能者也，此人主之所执也"（《韩非子·定法》）。为了防备大臣操纵权力、玩弄法柄，申不害建议最高统治者必须用"术"，君主应以"独视"、"独听"、"独断"的手段来实行统治。他认为，"独视者谓明，独听者谓聪。能独断者，故可以为天下主"，君主"方寸之机正而天下治，故一言正而天下定，一言倚而天下靡"。君主个人的言论和主张可以决定国家的兴亡，表明了专制独裁主义的思想。

慎到是法家中强调"势"治的一派，主张君主可以"握法处势"，"无为而治天下"。他从"弃知去己"的观点出发,提出"大君任法而弗躬,则事断于法矣"。他以法为最高准则,提倡"官不私亲,法不遗爱,上下无事,唯法所在"(《君臣》),强调"法"必须和"势"相结合,把君主的权势看作行法的力量,所谓"贤智未足以服众,而势位足以缶贤者",但他又认为国家的存亡并非全由君主一人的力量所决定。"亡国之君非一人之罪也,治国之君非一人之力也"。他承认"法"也不是一成不变的,提出"守法而不变则衰"。

战国末期的韩非集秦晋法家思想之大成,将"法"、"术"、"势"三者糅合为一,又吸收道家思想,将法治理论系统化。他主张加强君主集权,剪除私门势力,"以法为教",厉行赏罚,奖励耕战。在历史观方面,他提出"不期修古,不法常可","事异则备变"的观点,把历史的发展分为上古之世、中古之世、近古之世和当今之世。在哲学上,用唯物主义观点改造老子关于"道"的学说,指出"道者,万物之所然也,万理之所稽也。理者,成物之文也"。认为道是万物发展的总规律,理是个别事物的特殊规律。强调人必须遵循客观的规律进行活动。在认识论方面,他提出"参验"的方法,以"功用"的实际效果检验人的言行,认为"无参验而必之者,愚也;弗能必而据之者,诬也"。这种把"参验"作为判别知识真伪的思想,对中国古代唯物主义认识论的发展具有重要意义。

法家学派的法治理论对春秋战国之际进行封建化的改革以至秦始皇统一六国,建立中央集权专制的封建国家起了重大的作用,并成为秦王朝的统治思想。到了西汉以后,独立的法家学派逐渐消失,其法治思想被吸收到儒学的体系中,德刑并用,成为维护地主阶级专政的有力工具。对以后的一些唯物主义者和进步思想家产生了积极的影响。

商君书

《商君书》也称《商子》,现存二十四篇,是战国时期商鞅及其后学的著作汇编,是法家学派的代表作之一。

商鞅(约公元前395年—前338年),汉族,卫国(今河南安阳市内黄梁庄镇一带)人。战国时期政治家、思想家,先秦法家代表人物。姬姓,卫氏。又称卫鞅、公孙鞅。商鞅应秦孝公求贤令入秦,说服秦孝公变法图强。孝公死后,受到秦贵族诬害以及秦惠文王的猜忌,车裂而死。其在秦执政二十余年,秦国大治,史称"商鞅变法",并使秦国长期凌驾于六国之上,但最后还是死在自己的法上。

《商君书》的文体多样。议论体有《农战》、《开塞》、《划策》等十数篇，或先综合后分析，或先分析后综合，兼用归纳演绎，首尾呼应。有时也运用比喻、排比、对比、借代等修辞手法。《徕民》篇运用了"齐人有东郭敞者"的寓言，以增强说理的效果和形象性。

说明体有《垦令》、《靳令》、《境内》等篇，是对秦政令的诠释。

辩难体有《更法》，通过人物对话相互驳辩来阐述中心论点，被司马迁录入《史记·商君列传》（文字有改动），用以表明商鞅的主张。

关于《商君书》的作者，学术界颇有争论。一种意见认为《商君书》基本是伪书，持这种看法的有郭沫若、黄云眉、顾实、刘汝霖等。另一种意见是基本肯定《商君书》的作者是商鞅，持这种看法的除史志的编著者外，还有吕思勉、谭献等人。第三种意见认为，《商君书》是商鞅遗著与其他法家遗著的合编，此书非作于一人，也非写于一时，持这种看法的有高亨等人。一般的看法是，前两种意见有些牵强，第三种意见有一定道理。

《韩非子·五蠹》篇说：今境内之民皆言治，藏商、管之法者家有之。这说明商鞅确实有此书。

《韩非子·内储说上七》引公孙鞅曰："行刑重其轻者。轻者不至，重者不来。是谓以刑去刑。"这与《商君书》中《靳令》、《说民》篇文字大致相同。司马迁在《史记·商君列传》的最后说：余尝读商君开塞耕战书，与其人行事相类。《商君书》正好有《开塞》、《农战》篇，这说明韩非、司马迁所见到的商鞅的著作，基本都在《商君书》中。

但此书在后人编纂或流传过程中，难免掺入一些其他法家的言论，这也是不可辩驳的事实。

韩非子

《韩非子》是战国末期法家学说集大成者韩非的著作。这部书现存五十五篇，约十余万言，大部分为韩非自己的作品。

韩非（约公元前281年—前233年），战国末期韩国（今河南省新郑）人。是中国古代著名的哲学家、思想家、政论家和散文家，法家思想的集大成者，后世称"韩子"或"韩非子"，他和李斯都是荀子的弟子。当时韩国很弱，常受邻国的欺凌，他多次向韩王提出富强的计策，但未被韩王采纳。韩非写了《孤愤》、《五蠹》等一系列文章，这些作品后来集为《韩非子》一书。

秦王嬴政读了韩非的文章，极为赞赏。公元前234年，韩非作为韩国的使臣来到秦国，上书秦王，劝其先伐赵而缓伐韩。李斯妒忌韩非的才能，与姚贾一道进谗加以陷害，韩非被迫服毒自杀。

《韩非子》一书，重点宣扬了韩非"法"、"术"、"势"相结合的法治理论。韩非"法"、"术"、"势"相结合的理论，达到了先秦法家理论的最高峰，为秦统一六国提供了理论武器，同时，也为以后的封建专制制度提供了理论根据。

《韩非子》认为历史是不断发展进步的。他认为如果当今之世还赞美"尧、舜、汤、武之道"，"必为新圣笑矣"。因此他主张"不期修古，不法常可"，"世异则事异"，"事异则备变"（《韩非子·五蠹》），要根据今天的实际来制定政策。他的历史观，为当时地主阶级的改革提供了理论根据。

《韩非子》吸收了荀子的"性本恶"理论，认为民众的本性是"恶劳而好逸"，要以法来约束民众，施刑于民，才可"禁奸于未萌"。因此他认为施刑法恰恰是爱民的表现（《韩非子·心度》）。容易让人忽视的是韩非是主张减轻人民的徭役和赋税的。他认为严重的徭役和赋税只会让臣下强大起来，不利于君王统治。

韩非继承和总结了战国时期法家的思想和实践，提出了君主专制中央集权的理论。

对于君主，他主张"事在四方，要在中央；圣人执要，四方来效"（《韩非子·物权》），国家的大权，要集中在君主（"圣人"）一人手里，君主必须有权有势，才能治理天下，"万乘之主，千乘之君，所以制天下而征诸侯者，以其威势也"（《韩非子·人主》）。为此，君主应该使用各种手段清除世袭的奴隶主贵族，"散其党""夺其辅"（《韩非子·主道》）；同时，选拔一批经过实践锻炼的封建官吏来取代他们，"宰相必起于州部，猛将必发于卒伍"（《韩非子·显学》）。

《韩非子》的朴素辩证法思想比较突出，书中提出了矛盾学说，用矛和盾的寓言故事，说明"不可陷之盾与无不陷之矛不可同世而立"的道理。值得一提的是，《韩非子》书中记载了大量脍炙人口的寓言故事，最著名的有"自相矛盾"、"守株待兔"、"讳疾忌医"、"滥竽充数"、"老马识途"等等。这些生动的寓言故事，蕴含着深隽的哲理，凭着它们思想性和艺术性的完美结合，给人们以智慧的启迪，具有较高的文学价值。

《韩非子》说理精密，文锋犀利，议论透辟，推证事理，切中要害。比如《亡征》一篇，分析国家可亡之道达四十七条之多，实属罕见。《难言》、《说难》二篇，无微不至地揣摩所说者的心理，以及如何趋避投合，周密细致，无以复加。

《韩非子》构思精巧，描写大胆，语言幽默，于平实中见奇妙，具有耐人寻味、警策世人的艺术效果。

《韩非子》善于用大量浅显的寓言故事和丰富的历史知识作为论证资料，说明抽象的道理，形象化地体现他的法家思想和他对社会人生的深刻认识。书中文章中出现的很多寓言故事，因其丰富的内涵，生动的故事，成为脍炙人口的成语典故，至今为人们广泛运用。

兵　家

兵家概说

兵家是中国先秦、汉初研究军事理论，从事军事活动的学派，是诸子百家之一。据《汉书·艺文志》记载，兵家又分为兵权谋家、兵形势家、兵阴阳家和兵技巧家四类。兵家的代表人物有春秋时期的孙武、司马穰苴，战国时期的孙膑、吴起、尉缭、公孙鞅、赵奢、白起，汉初的张良、韩信等。传至今日的兵家著作有《孙子兵法》、《孙膑兵法》、《吴子》、《六韬》、《尉缭子》等。兵家著作中含有丰富的朴素唯物论和辩证法思想。

春秋战国时代，诸侯之间不断爆发战争，从事军事的智谋有识之士，总结军事方面的经验教训，研究制胜的规律，这一类学者，古称之为兵家。凡论述军事的兵家著作，称为兵书。

《汉书·艺文志·兵书略》著录汉以前兵家著作五十三家，七百九十篇，图四十三卷，分为权谋、形势、阴阳、技巧四家。

吕思勉《先秦学术概论·兵家》中说："阴阳、技巧之书，今已尽亡。权谋、形势之书，亦所存无凡。大约兵阴阳家言，当有关天时，亦必涉迷信。兵技巧家言，最切实用。然今古异宜，故不传于后。兵形势之言，亦今古不同。惟其理多相通，故其存在，仍多后人所能解。至兵权谋，则专论用兵之理，凡无今古之异。兵家言之可考见古代学术思想者，断推此家矣。"

兵家的实践活动与理论，影响当时及后世甚大，是我国古代宝贵的军事思想遗产。

孙子兵法

《孙子兵法》又称《孙武兵法》、《吴孙子兵法》，简称《孙子》，是春秋末期孙武所撰。该书是中国古代最伟大的兵书之一，也是现存最早的一部兵书。是宋朝宫廷颁定的"武经七书"之一。

该书由孙武草创，后经其弟子后学整理而成，约成书于春秋战国之交，原书十三篇。孙武，生卒年月不详，字长卿，约与孔子同一时期。春秋末年齐国人，他因齐国政局动荡不安，而由齐国到了吴国。经过伍子胥的引荐，以自著兵法十三篇晋见吴王阖庐，得到了吴王的重用，任为将军，帮助吴王经国治军，"西破强楚，入郢；北威齐晋，显名诸侯，孙子与有力焉"。

《孙子兵法》约五千九百字，共十三篇：第一《计篇》，主要论述研究和谋划战争的重要性，通过战略运筹和主观指导能力的分析，以求得对战争胜负的预见，提出了"五事""七计"、"兵者，诡道也"、"攻其无备，出其不意"等军事原则；第二《作战篇》，主要讨论物力、财力、人力与战争的关系，提出了"兵贵胜，不贵久"的速胜思想和"因粮于敌"的原则；第三《谋攻篇》，主要论述"上兵伐谋"的"全胜"思想，揭示了"知彼知己，百战不殆"的著名军事规律；第四《形篇》，主要论述战争必须具备客观物质力量即军事实力，中心讲"先为不可胜，以待敌之可胜"；第五《势篇》，主要论述在军事实力的基础上，如何正确实行作战指挥问题，通过灵活地变换战术和正确地使用兵力，造成锐不可当的有利态势；第六《虚实篇》，主要论述作战指挥中要"避实击虚"、"攻其必救"、"因敌而制胜"，中心讲用"示形"欺骗敌人，调动敌人而不被敌人所调动；第七《军争篇》，主要论述争取战场主动权的问题，提出了"兵以诈立，以利动，以分合为变"，"避其锐气，击其惰归"的军事原则；第八《九变篇》，主要论述根据各种战场情况灵活运用军事原则的问题，提出了"必杂于利害"、"君命有所不受"的思想；第九《行军篇》，主要论述行军、宿营和作战的组织指挥及利用地形地物、侦察判断敌情的问题；第十《地形篇》，主要论述地形的种类与作战的关系及在不同地形条件下的行动原则，还提出了"视卒如爱子"的观点；第十一《九地篇》，主要论述九种不同作战地区及其用兵原则，提出了"兵之情主速，乘人之不及，由不虞之道，攻其所不戒"的突然袭击的作战思想；第十二《火攻篇》，主要论述火攻的种类、条件和实施方法。第十三《用间篇》，从战略的高度论述了使用间谍的重要性及其各种间谍的使用方法，提出先知敌情"不可取于鬼神","必取于人"的朴素唯物主义观点。

《孙子兵法》词约意丰,内容博大精深,揭示了战争的一些一般规律。在军事哲理方面,具有朴素的唯物论和辩证法思想,它十分强调政治、经济在战争中的作用;贯穿于全书始终的"知彼知己,百战不殆"的思想,至今仍是科学真理。

《孙子兵法》在唐朝时传到日本,十八世纪传到了欧洲,相继出现了法、英、德、俄等译本,目前世界各国大都有自己的译本。《孙子兵法》被推崇为"兵学圣典"、"东方兵学的鼻祖"、"武经的冠冕",在世界军事史上占有突出的地位。

《孙子兵法》饮誉千年,传抄翻刻者历代不断,自曹操开注《孙子》先河之后,更是注家蜂起,产生了众多的版本,有抄本、印本、纸本、竹简本、白文本、注解本、单行本、丛书本、汉文本、少数民族文本(如满文本、西夏文本)等。据现存有关书目粗略统计,中国历代注解批校《孙子》者有二百一十家,各种版本近四百种。现存最早的版本是1972年山东临沂银雀山出土的汉墓竹简本。

六 韬

《六韬》又称《太公六韬》、《太公兵法》,旧题周初太公望(即吕尚、姜子牙)所著,普遍认为是后人依托,作者已不可考。

现在一般认为此书成于战国时代。全书以太公与文王、武王对话的方式编成。此书在《汉书·艺文志》诸子略兵家类中不见著录,但在"道家"列"《太公》二百三十七篇",其中《谋》八十一篇,《言》七十一篇,《兵》八十五篇;儒家类著录有《国史六》"即今之《六韬》也,盖言取天下及军旅之事。字与韬同也"。《隋书·经籍志》明确记载:"《太公六韬》五卷,周文王师姜望撰。"但从南宋开始,《六韬》一直被怀疑为伪书,特别是清代,更被确定为伪书。然而,1972年4月,在山东临沂银雀山西汉古墓中,发现了大批竹简,其中就有《六韬》的五十多枚,这就证明《六韬》至少在西汉时已广泛流传了,对它的怀疑与否定也就不攻自破了。

《六韬》一书,在军事方面,主张"伐乱禁暴","上战无与战",强调"知彼知己","密察敌人之机","形人而我无形","先见弱于敌"。要求战争指导者"行无穷之变,图不测之利"机动灵活地运用各种战略战术。它认为作战中最重要的是奇正变化,"不能分移,不可语奇"。对于攻城,它认为最好的办法是围困打援,迫敌投降。它重视地形、天候对战术的影响。总结了步、车、骑兵种各自的战法及诸兵种的协同战术。它重视部队的编制和装备,详细记述了古代指挥机关的人员组成和各自的职责,提出了因士兵之所长分别进行编队的原则。它认为"凡三军有大事,莫不习用器械",详细记述了古代武器装备的形制和战斗性能。重视军中秘密通讯,记述了古代军中秘密通信的方式方法。它还重视将帅修养和选拔,认为"社稷安危,一在将军"要求将帅不仅要谙熟战略战术、知进退攻守、出奇制胜的谋略,而且要懂得治乱兴衰之道,要能与士卒同甘苦,共安危,并提出了考察将帅的八条方法,即所谓"八徵"。在军事哲理方面,《六韬》具有朴素的唯物主义思想。它一方面反对巫祝卜筮迷信活动,把它列为必须禁止的"七害"之一,另一方面又主张用天命鬼神去迷惑敌人。它具有朴素的辩证法思想,初步认识到了矛盾的对立和转化,提出了"板反其常"的重要辩证法思想,是对古代辩证法思想的重要贡献。它的许多军事思想都是建立在这一思想基础之上的,如"夫存者非存,在于虑亡;乐者非乐,在于虑殃","大智不智,大谋不谋,大勇不勇,大利不利","太强必折,太张必缺","无取于民者,取民者也"等等。

《六韬》是一部集先秦军事思想之大成的著作,对后代的军事思想有很大的影响,被誉为是兵家权谋类的始祖。司马迁《史记·齐太公世家》称:"后世之言兵及周之阴权。皆宗太公为本谋。"北宋神宗元丰年间,《六韬》被列为《武经七书》之一,为武学必读之书。《六韬》在十六世纪传入日本,十八世纪传入欧洲,现今已翻译成日、法、朝、越、英、俄等多种文字。

《六韬》虽然从总体水平来说赶不上《孙子兵法》、《孙膑兵法》等,但也有其独特的价值。

纵横家

纵横家概说

纵横即合纵连横。是战国时以从事政治外交活动为主的一派,是诸子百家之一。《汉书·艺文志》列为"九流"之一。《韩非子》说:"纵者,合众弱以攻一强也；横者，事一强以攻众弱也。"他们朝秦暮楚，事无定主，反复无常，设第划谋多从主观的政治要求出发。合纵派的主要代表是苏秦，连横派的主要代表是张仪。苏秦为赵国相位，"合纵抗秦"，并兼六国相印，威风八面。但好景不长，其"合纵"即刻瓦解，苏秦死于齐闵王车裂极刑。张仪受苏秦"提携"，做了秦国大夫，而当苏秦死后，立刻推行他的"连横"术，使苏秦的合纵坦荡无存。也为秦国最后统一国家奠定了理论基础。

纵横家出现于战国至秦汉之际，多为策辩之士，可称为中国五千年中最早也最特殊的外交政治家。他们的出现主要是因为当时割据纷争，王权不能稳固统一，需要在国力富足的基础上利用联合、排斥、危逼、利诱或辅之以兵之法不战而胜，或以较少的损失获得最大的收益。他们的智谋、思想、手段、策略基本上是当时处理国与国之间问题的最好办法，是世界史上独一无二的历史阶段，其在历史条件下所创造的智慧是后世任何一个朝代都无法超越的。纵横家人物多出身贫贱，在最艰苦的投机倒把下是一种人类智慧的超常解放、创造和发挥，他们以布衣之身庭说诸侯，可以以三寸之舌退百万雄师，也可以以纵横之术解不测之危。苏秦佩六国相印，连六国逼秦废弃帝位；张仪雄才大略，以片言得楚六百里；唐雎机智勇敢，直斥秦王存孟尝封地；蔺相如虽非武将，但浩然正气直逼秦王，不仅完璧归赵，而且未曾使赵受辱。纵横之士智能双全，有不乏仁义之辈，其人其事若鉴于当代，亦必可使受益者非唯浅耳。

纵横家代表人物是鬼谷子，姓王名诩，战国时代卫国（今河南鹤壁市淇县）人。其长于持身养性和纵横术，精通兵法、武术、奇门八卦，著有《鬼谷子》兵书十四篇传世。民间称其为王禅老祖，是中国春秋战国史上一代显赫人物。因隐居清溪鬼谷，所以称为鬼谷子先生。

他曾授苏秦、张仪、孙膑、庞涓四大弟子，皆战国时风云人物。其后习鬼谷纵横术者甚多，著名者十余人，如苏秦、张仪、甘茂、司马错、乐毅、范雎、蔡泽、邹忌、毛遂、郦食其、蒯通、孙膑等，事皆详于《战国策》。

纵横家的主要著作今仅存《鬼谷子》十二篇、《战国策》三十三篇（非其门徒著，主要是纵横谋士之言行，也可以为纵横家实战演习）、《苏子》三十一篇、《张子》十篇。鬼谷子后附《本经阴符》七篇乃修身养性之法，本经意为基本纲领，阴符为隐秘的符言，非常神秘。

鬼谷子

《鬼谷子》，又名《捭阖策》。据传是由鬼谷先生后学者根据先生言论整理而成。该书侧重于权谋策略及言谈辩论技巧。《鬼谷子》共有十四篇,其中第十三、十四篇已失传。

鬼谷子,姓王名诩,又名王禅,春秋时卫国朝歌人。常入云梦山采药修道。因隐居周阳城清溪之鬼谷,故自称鬼谷先生。"王禅老祖"是后人对鬼谷子的称呼,是先秦诸子之一。

鬼谷子为纵横家之鼻祖,苏秦与张仪为其最杰出的两个弟子。另有孙膑与庞涓亦为其弟子之说。他通天彻地,兼顾数家学问,人不能及。一是神学:日星象纬,占卜八卦,预算世故,十分精确;二是兵学,六韬三略,变化无穷,布阵行军,鬼神莫测;三是游学,广记多闻,明理审势,出口成章,万人难当;四是出世学,修身养性,祛病延寿,学究精深。

鬼谷子先生曾任楚国宰相,后归隐卫国授徒,鬼谷位于江西省贵溪境内,因鬼谷子先生在此授徒为名。道教认为鬼谷先生为"古之真仙",曾在人间活了百余岁,而后不知去向。

《鬼谷子》一书是其后学者根据其言论整理而成,被完整地保留在道家的经典《道藏》中。内容十分丰富,涉及政治、军事、外交等领域,主要讲述有关谋略的理论。

《鬼谷子》一书,从主要内容来看,是针对谈判游说活动而言的,但是由于其中涉及到大量的谋略问题,与军事问题触类旁通,也被称为兵书。书以功利主义思想,认为一切合理手段都可以运用。它讲述了作为弱者的一无所有的纵横家们,运用谋略口才如何进行游说,进而控制作为强者,握有一国政治、经济、军事大权的诸侯国君主。

《鬼谷子》的版本,常见者有道藏本及嘉庆十年江都秦氏刊本。

《鬼谷子》是一部研究社会政治斗争谋略权术的书,因此可以说,《鬼谷子》的智慧也就是一部"治人兵法"。

纵横家所崇尚的是权谋策略及言谈辩论之技巧,其指导思想与儒家所推崇之仁义道德大相径庭。因此,历来学者对《鬼谷子》一书推崇者甚少,而讥诋者极多。

其实《鬼谷子》不是一部等闲之作,它曾对社会尤其是战国时期纵横家的理论起过重要的指导作用。外交战术之得益与否,关系国家之安危兴衰;而生意谈判与竞争之策略是否得当,则关系到经济上之成败得失。

即使在日常生活中,言谈技巧也关系到一人之处世为人之得体与否。当年苏秦凭其三寸不烂之舌，合纵六国，配六国相印，统领六国共同抗秦，显赫一时。而张仪又凭其谋略与游说技巧，将六国合纵土崩瓦解，为秦国立下不朽功劳。

所谓"智用于众人之所不能知，而能用于众人之所不能。"潜谋于无形，常胜于不争不费，此为《鬼谷子》之精髓所在。《孙子兵法》侧重于总体战略，而《鬼谷子》则专于具体技巧，两者可以说是相辅相成。

杂 家

杂家概说

杂家是战国时期百家争鸣中的一家，其内容很多与方术有关。杂家的代表是吕不韦和刘安。杂家在历史上并未如何显赫，虽然号称"兼儒墨、合名法"，"于百家之道无不贯综"，实际上流传下来的思想不多，在思想史上也没有多少痕迹。

杂家以博采各家之说见长。以"兼儒墨，合名法"为特点，"于百家之道无不贯通"。《汉书·艺文志》将其列为"九流"之一。

杂家的出现是统一的封建国家建立过程中思想文化融合的结果。杂家著作以秦代《吕氏春秋》、西汉《淮南子》为代表，分别为秦相吕不韦和汉淮南王刘安招集门客所集，对诸子百家兼收并蓄，但略嫌庞杂。又因杂家著作含有道家思想，故有人认为杂家实为新道家学派。"杂家"并不是一门有意识、有传承的学派，所以他们也并不自命为"杂家"。自从《汉书·艺文志》第一次把《吕氏春秋》归入"杂家"之后，这个学派才正式被定名。

杂家，列于诸子中，是很鲜明的一派，因为它是战国末至汉初兼采各家之学的综合学派。赵蕤著《反经》时综述杂家。

战国末期，经过激烈的社会变革，封建制国家纷纷出现，新兴地主阶级便要求在政治上、思想上的统一。在这种呼声下，学术思想上出现了把各派思想融合为一的杂家，杂家的产生，大体上反映了战国末学术文化融合的趋势。

值得一提的是，胡适先生在其《中国中古思想史长编》中认为："杂家是道家的前身，道家是杂家的新名。汉以前的道家可叫做杂家，秦以后的杂家应叫做道家。研究先秦汉之间的思想史的人，不可不认清这一件重要事实。"

杂家的特点是"采儒墨之善，撮名法之要"。杂家虽只是集合众说，兼收并蓄，然而通过采集各家言论，贯彻其政治意图和学术主张，所以也可称为一家。

春秋战国时代，百家争鸣，各家都有自己的对策与治国主张。为了打败其他流派，各学派或多或少地吸收其他流派的学说，或以攻讦对方，或以补自己学说的缺陷。然而，任何一个流派也都有其特色与长处，而"杂家"便是充分的利用这个特点，博采众议，成为一套在思想上兼容并蓄，却又切实可行的治国方针。

杂家著作现在只留下《吕氏春秋》、《淮南子》、《尸子》（原书已佚，今仅有后人辑本）三书。

吕氏春秋

《吕氏春秋》是秦国丞相吕不韦主编的一部古代类百科全书似的传世巨著，有八览、六论、十二纪，共二十多万言。《吕氏春秋》是战国末年（公元前239年前后）秦国丞相吕不韦组织属下门客们集体编撰的杂家（儒、法、道等等）著作，又名《吕览》。此书共分为十二纪、八览、六论，共十二卷，一百六十篇，二十余万字。吕不韦自己认为其中包括了天地万物古往今来的事理，所以号称《吕氏春秋》。

《吕氏春秋》在公元前239年写成，当时正是秦国统一六国前夕。吕不韦是一代名相，任职于战国末年秦国。吕不韦因散尽家财帮助在赵国为人质的秦昭王孙异人立嫡有大功劳，在异人后来继位为秦庄襄王后，被任用为丞相。

在那时，魏国有信陵君，楚国有春申君，赵国有平原君，齐国有孟尝君，他们都礼贤下士，结交宾客，并在这方面要争个高低上下。吕不韦认为秦国如此强大，若不如他们是一件令人羞愧的事，所以他也招来了文人学士，给他们优厚的待遇，门下食客多达三千人。与四公子不同的是，吕不韦招揽门客，并不甚看重勇夫猛士，却十分注重文才。因为，吕不韦素来善于谋略，瞧不起那些头脑简单的勇夫。且秦国猛将如云，军力强大，没有必要再蓄养征杀之士。还有一个原因，其时许多善辩之士纷纷著书立说，广为流传，不但天下闻名，还可传之后世，永垂青史，这一点尤其令吕不韦眼热。吕不韦本是商人出身，没有条件去著书立说，但他可以借助这些擅长舞文弄墨的门人，来实现自己的抱负和愿望。

待到一切准备就绪，吕不韦就令门下凡能撰文者，每人把自己所闻所见和感想都写出来。等到文章交上来后，五花八门，写什么的都有，古往今来、上下四方、天地万物、兴废治乱、士农工商、三教九流，全都有所论及，许多文章还有重复。吕不韦又挑选几位文章高手对这些文章进行遴选、归类、删定，综合在一起成书，取名叫《吕氏春秋》。为了慎重起见，成书后，吕不韦又让门人修改了几遍，直到确实感到满意为止。吕不韦对此书十分看重，他自己认为这部号称《吕氏春秋》的书是杰作，夸口说该书是包揽了"天地、万物、古今"的奇书。例如在相当全书总序的《序意篇》中，对十二世纪的论述也可见一斑："凡十二世纪者，所以纪治乱存亡也，所以知寿夭吉凶也，上揆之天、下验之地、中审之人，若此，则是非可不可无所遁矣。"

为了精益求精，也是为扩大影响，吕不韦还想出一个绝妙的宣传该书的办法，他请人把全书誊抄整齐，悬挂在咸阳的城门，声称如果有谁能改动一字，即赏给千金。消息传开后，人们蜂拥前去，包括诸侯各国的游士宾客在内，却没有一个人能对书上文字加以改动。当然，这不一定就证明《吕氏春秋》字字珠玑，达到了尽善尽美的程度，而很可能是因为人们都敬畏吕不韦的威势，没有人愿意出头罢了。不过，这样一搞，其轰动效应却是巨大的，《吕氏春秋》和吕不韦的大名远播东方诸国。值得一提的是，这部作于战国时期的大作，其中保存了不少古代的遗文佚事和思想观念，具有一定的参考价值。

《吕氏春秋》汇合了先秦各派学说，"兼儒墨，合名法"，故史称"杂家"。吕不韦借门客之手撰写《吕氏春秋》，虽主要靠借他人之光提高其形象，但在文化事业上确实是作了件大好事，功不可没。

淮南子

《淮南子》又名《淮南鸿烈》、《刘安子》，是我国西汉时期创作的一部论文集，由西汉皇族淮南王刘安主持撰写，故而得名。该书在继承先秦道家思想的基础上，综合了诸子百家学说中的精华部分，对后世研究秦汉时期文化起到了不可替代的作用。全书内容庞杂，它将道、阴阳、墨、法和一部分儒家思想糅合起来，但主要的宗旨倾向于道家。《汉书·艺文志》则将它列入杂家。

关于《淮南子》的作者，有比较含混和比较明确的不同说法。比较含混的说法是，《淮南子》是淮南王刘安及其宾客共同撰著的。但是史称淮南王"招致宾客方术之人数千人"，这些人不可能都是《淮南子》的作者。淮南王的门人宾客中究竟有哪些人参与了《淮南子》的撰著？于是又有一种比较明确的说法，认为是淮南王刘安"与苏飞、李尚、左吴、田由、雷被、毛被、伍被、晋昌等八人，及诸儒大山、小山之徒，共讲论道德，总统仁义，而著此书"。指出了淮南王以外的另一些作者的名字。再后来，这里出现的八个名字又被统称为"八公"，于是《淮南子》的作者就成为淮南王刘安和八公了。

此书撰著于景帝一朝的后期，而于汉武帝刘彻即位之初的建元二年进献于朝廷。

淮南王刘安是当时皇室贵族中学术修养较为深厚的人，他招致宾客方术之士数千人著书立说，"作《内篇》二十一篇，《外书》甚众，又为《中篇》八卷，言神仙黄白之术，亦二十余万言"（《汉书·淮南厉王刘长传》）。然而这部涉及范围十分广泛的文化巨著，留传下来的只有《内书》二十一篇，也就是现在我们看到的《淮南子》。

刘安有心在天下一旦发生变乱时取得政治主动，积极制作战争装备，集聚金钱，贿赂汉王朝的地方实力派。又日夜研究军事地图，暗中进行作战部署。淮南国贵族违法的事件逐渐有所败露，在朝廷予以追查时，刘安终于发起叛乱。然而叛乱迅速被汉王朝成功平定。刘安被判定"大逆不道，谋反"罪，自杀。淮南国被废除。汉武帝在淮南国旧址设立了九江郡。

《淮南子》今存内二十一篇。以道家思想为主，糅合了儒、法、阴阳等家。实际上，该书是以道家思想为指导，吸收诸子百家学说，融会贯通而成，是战国至汉初黄老之学理论体系的代表作。

《淮南子》在阐明哲理时，旁涉奇物异类、鬼神灵怪，保存了一部分神话材料，像"女娲补天"、"后羿射日"、"共工怒触不周山"、"精卫填海"等古代神话，就主要靠本书得以流传。

颜氏家训

《颜氏家训》是南北朝时期记述个人经历、思想、学识以告诫子孙的著作。共七卷，二十篇。

作者颜之推（公元531年—591年以后），字介，原籍琅邪临沂（今山东临沂北），先世随东晋渡江，寓居建康。侯景之乱，梁元帝萧绎自立于江陵，之推任散骑侍郎。承圣三年（公元554年），西魏破江陵，颜之推被俘西去。他为回江南，乘黄河水涨，从弘农（今河南三门峡西南）偷渡，经砥柱之险，先逃奔北齐。但南方陈朝代替了梁朝，颜之推南归之愿未遂，于是留居北齐，官至黄门侍郎。公元577年齐亡入周。隋代周后，又仕于隋。家训一书在隋灭陈（公元589年）以后完成。

作为中国传统社会的典范教材，《颜氏家训》直接开后世"家训"的先河，是我国古代家庭教育理论宝库中的一份珍贵遗产。颜之推并无赫赫之功，也未列显官之位，却因一部《颜氏家训》而享千秋盛名，由此可见其家训的影响深远。

《颜氏家训》是中国文化史上的一部重要典籍，这不仅表现在该书"质而明，详而要，平而不诡"的文章风格上，以及"兼论字画音训，并考正典故，品第文艺"的内容方面，而且还表现在该书"述立身治家之法，辨正时俗之谬"的现世精神上。因此，历代学者对该书推崇备至，视之为垂训子孙以及家庭教育的典范。纵观历史，颜氏子孙在操守与才学方面都有惊世表现，仅以唐朝而言，就有注解《汉书》的颜思古，书法为世楷模、光耀千年的颜真卿，凛然大节震烁千古、以身殉国的颜杲卿等人，都令人对颜家有不同凡响的深刻印象，更足证其祖所立家训之效用的彰著。即使到了宋元两朝，颜氏族人也仍然入仕不断，尤其令以后明清两代的人们钦羡不已。

从总体上看，《颜氏家训》是一部有着丰富文化内蕴的作品，不失为我国古代优秀文化的一种，它不仅在家庭伦理、道德修养方面对我们今天有着重要的借鉴作用，而且对研究古文献学，研究南北朝历史、文化有着很高的学术价值；同时，作者在特殊政治氛围（乱世）中所表现出的明哲思辨，对后人有着宝贵的认识价值。

《颜氏家训》一书不仅对当时诸如"玄风之复扇、佛教之流行、鲜卑之传播、俗文字之盛兴"等多方面作了较为翔实的纪录，为后人保留了一些很有价值的历史文献，还在它的《文章》篇中，通过论述南北朝时的作家作品，反映了当时的文学观点和他自己的文学主张。颜之推很重视文学。他批评扬雄视文学为雕虫小技的说法，并从个人立身修养的角度说明文学（包括学问、口辩、作文等文化修养）的重要性。对于文学的功用，颜之推不狭隘地仅仅把它归结为服务于政治教化和实用，而且也肯定文学具有愉悦耳目、陶冶性灵的审美功能，同时也在自己的写作实践中表现出了较强的文学审美能力。他的文章内容真实，文笔平易近人，具有一种独特的朴质风格，对后世的影响颇为深远。

颜之推以学问广博著称。《颜氏家训》中《书证》篇考据名物，讨论语词训诂，《音辞》篇辨析声韵，"斟酌古今，掎摭利病"，都颇具精义，反映出颜氏广博的学识和较深的造诣。

集 部

概 述

"集部"是我国古代图书四部分类法(经史子集)中的第四大类。"集部"收历代作家的散文、骈文、诗、词、散曲集子和文学评论、戏曲著作等。《四库全书》把"集部"细分为楚辞、别集、总集、诗文评、词曲等五类。

"集部"由于历代作家地不断更新和填充而蔚为大观,如宋人著书就有数万卷,而在江陵焚书之后天下藏书不过才两三万卷。"集部"与经学中"小学"(音韵训诂等)多有关联,如《佩文诗韵》等,其实,不通"小学",不解平仄及古音等就不能吟诗填词作赋属文,今人文章不济多半还是因为小学功底不够扎实,对汉字本身的感悟不深所致,又不能通其他几门语言与汉语对比,更显语言能力之单薄。

集部文章可作三不朽之"立言"者,也是文章的精华所在。

总集是中国古代对多人著作合集的称呼。中国最早的总集是西晋挚虞的《文章流别集》。总集保存了很多古代文献(其中不少原著已散佚),并对文学研究和校勘有重要参考价值。

总集编辑体例,可分为网罗宏富的"全集式"总集,如清代严可均编《全上古三代秦汉三国六朝文》。择优选精而辑成的"选集式"总集,如梁代萧统编的《文选》。按收录时代范围,可分为通代总集,如明代张溥编的《汉魏六朝百三名家集》。断代总集,如宋代姚铉编的《唐文粹》。按所收录作品的体裁,可分为专辑历代同一体裁作品的总集,如清代陈元龙等编的《历代赋汇》;专辑一个朝代某一种体裁作品的总集,如清代董诰等编的《全唐文》;汇集各种体裁作品的总集,如宋代李昉、徐铉等编的《文苑英华》。

别集是指个人的诗文汇编。如白居易的《白氏长庆集》和苏轼的《东坡七集》，都是别集。先秦时无别集，但诸子论文结为一集，号称《荀子》、《庄子》、《墨子》之类，与后代文集相似。到汉代，文学创作发展，西汉刘向《七略》有"诗赋略"，著有《屈原赋》二十五篇、《唐勒赋》四篇、《宋玉赋》十六篇至《左冯翊路恭赋》八篇，共六十六家，皆以作家为单位，汇集赋作，实为后代目录家别集类之始。至东汉末年后别集渐繁，汉魏六朝别集见于《隋书·经籍志》有八百八十六部。以后历代相沿不替，清人文集可考者多达三万余家，文人学者几乎人人有集。

别集的编集是有诸多讲究的。作者生前所定，基本上属于选集，就是说基本上要删汰一些作品。而后人所编，则大多属于全集，片语只字也不遗漏，这是因为编者往往是作者的子孙或学生，或者是乡后辈，或者是作者的研究者，爱好者。

有的别集单收诗，称为诗集。有的单收文，称为文集。兼收诗文的往往也被称为文集。

别集往往有附件。首先是他人所撰序跋，有当代人作的，也有后人编集或重刻时加的，有的序文甚多，连篇累牍。另一种附件是作者的传、墓碑、墓志铭、年谱，都是作者的传记资料。

别集集中保存某一作家的诗、词、曲、散文作品，这是认识和研究这位作家文学成就的主要材料，一部中国文学史，实际是作家作品及文学流派史，作家是因其作品而传的，文学流派也是同样靠同一风格或创作倾向的作品得以成立，所以别集保存作品，这是首要的文献价值。

别集因系统收集了某一作者的著作，为研究该作者的生平和创作等提供了基本材料。别集对保存历史文献具有重要作用，也是编辑总集的主要依据。

在我国传统的经史子集四部分类法之外，还有如《西厢记》、《牡丹亭》之类的作品也可归之集部，它们既是艺术门类，也是国粹内容，在国学中也占有一席之地，但已非主体脉络，今日发扬光大可以，但对于国学而言，其实已是末业闲流矣。

楚 辞

楚辞又称"楚词"，是战国时代的伟大诗人屈原创造的一种诗体。作品运用楚地（今两湖一带）的文学样式、方言声韵，叙写楚地的山川人物、历史风情，具有浓厚的地方特色。汉代时，刘向把屈原的作品及宋玉等人"承袭屈赋"的作品编辑成集，名为《楚辞》。成为继《诗经》以后，我国古代又一部具有深远影响的诗歌总集，并且是我国第一部浪漫主义诗歌总集。

楚辞，其本义是指楚地的言辞，后来逐渐固定为两种含义：一是诗歌的体裁，一是诗歌总集的名称（在一定程度上也代表了楚国文学）。从诗歌体裁来说，它是战国后期以屈原为代表的诗人，在楚国民歌基础上开创的一种新诗体。从总集名称来说，它是西汉刘向在前人基础上辑录的一部"楚辞"体的诗歌总集，收入战国楚人屈原、宋玉的作品以及汉代贾谊、淮南小山、严忌、东方朔、王褒、刘向诸人的仿骚作品。

楚辞之名首见于《史记·张汤传》。可见至迟在汉代前期已有这一名称。其本义，当是泛指楚地的歌辞，以后才成为专称，指以战国时楚国屈原的创作为代表的新诗体。这种诗体具有浓厚的地域文化色彩，如宋人黄伯思所说，"皆书楚语，作楚声，纪楚地，名楚物"（《东观余论》）。另外，由于屈原的《离骚》是楚辞的代表作，所以楚辞又被称为"骚"或"骚体"。汉代人还普遍把楚辞称为"赋"。《史记》中已说屈原"作《怀沙》之赋"，《汉书·艺文志》中也列有"屈原赋"、"宋玉赋"等名目。

楚辞是在楚国民歌的基础上经过加工、提炼而发展起来的，有着浓郁的地方特色。由于地理、语言环境的差异，楚国一带自古就有它独特的地方音乐，古称南风、南音；也有它独特的土风歌谣，如《说苑》中记载的《楚人歌》、《越人歌》、《沧浪歌》；更重要的是楚国有悠久的历史，楚地巫风盛行，楚人以歌舞娱神，使神话大量保存，诗歌音乐迅速发展，使楚地民歌中充满了原始的宗教气氛。所有这些影响使得楚辞具有楚国特有的音调音韵，同时具有深厚的浪漫主义色彩和浓厚的巫文化色彩。可以说，楚辞的产生是和楚国地方民歌以及楚地文化传统的熏陶分不开的。

同时，楚辞又是南方楚国文化和北方中原文化相结合的产物。春秋战国以后，一向被称为荆蛮的楚国日益强大。它在问鼎中原、争霸诸侯的过程中与北方各国频繁接触，促进了南北文化的广泛交流，楚国也受到北方中原文化的深刻影响。正是这种南北文化的汇合，孕育了屈原这样伟大的诗人和《楚辞》这样异彩纷呈的伟大诗篇。

《楚辞》在中国诗史上占有重要的地位。后人多将《诗经》与《楚辞》并称为风、骚。风指十五国风,代表《诗经》,充满着现实主义精神;骚指《离骚》,代表《楚辞》,充满着浪漫主义气息。风、骚成为中国古典诗歌现实主义和浪漫主义创作的两大流派。

刘向编定的《楚辞》十六卷原本已佚。注本是东汉王逸的《楚辞章句》。该书以刘向《楚辞》为底本,它除了对楚辞做了较完整的训释之外,还提供了有关原本的情况。在《楚辞章句》的基础上,南宋洪兴祖又作了《楚辞补注》。此后,南宋朱熹著有《楚辞集注》,清初王夫之撰有《楚辞通释》,清代蒋骥有《山带阁注楚辞》等。

乐府诗集

《乐府诗集》是继《诗经·风》之后,一部总括我国古代乐府歌辞的著名诗歌总集,由宋代郭茂倩所编。现存一百卷,是现存收集乐府歌辞最完备的一部。主要辑录汉魏到唐、五代的乐府歌辞兼及先秦至唐末的歌谣,共五千多首。它搜集广泛,各类有总序,每曲有题解。

郭茂倩,字德粲,生卒年不详,郓州须城(今山东东平)人。神宗元丰七年(公元1084年)时为河南府法曹参军。编有《乐府诗集》百卷传世。

"乐府",本是掌管音乐的机关名称,最早设立于汉武帝时,南北朝也有乐府机关。其具体任务是制作乐谱,收集歌辞和训练音乐人才。歌辞的来源有二:一部分是文人专门创作的;一部分是从民间收集的。后来,人们将乐府机关采集的诗篇称为乐府,或称乐府诗、乐府歌辞,于是乐府便由官府名称变成了诗体名称。

《乐府诗集》把乐府诗分为郊庙歌辞、燕射歌辞、鼓吹曲辞、横吹曲辞、相和歌辞、清商曲辞、舞曲歌辞、琴曲歌辞、杂曲歌辞、近代曲辞、杂歌谣辞和新乐府辞等十二大类;其中又分若干小类,如横吹曲辞下又分汉横吹曲、梁鼓角横吹曲等类;相和歌辞又分为相和六引、相和曲、吟叹曲、平调曲、清调曲、瑟调曲、楚调曲和大曲等类;清商曲辞中又分为吴声歌与西曲歌等类。在这些不同的乐曲中,郊庙歌辞和燕射歌辞属于朝廷所用的乐章,思想内容和艺术技巧都较少可取成分。鼓吹曲辞和舞曲歌辞中也有一部分作品艺术价值较差。但总的来说,它所收诗歌,多数是优秀的民歌和文人用乐府旧题所作的诗歌。在现存的诗歌总集中，《乐府诗集》是成书较早，收集历代各种乐府诗最为完备的一部重要书籍。

《乐府诗集》的重要贡献是把历代歌曲按其曲调收集分类，使许多作品得以汇编成书。这对乐府诗歌的整理和研究提供了很大的方便。例如汉代一些优秀民歌《陌上桑》、《东门行》等见于《宋书·乐志》。《孔雀东南飞》见于《玉台新咏》，还有一些则散见于《艺文类聚》等类书及其他典籍中，经编者收集加以著录，得以广泛流传。《木兰诗》和《孔雀东南飞》被合称为"乐府双璧"。

《乐府诗集》以音乐曲调分类著录诗歌，对一些古辞业已亡佚，而其曲调对后人有过影响的乐曲，都作了说明。如"汉横吹曲"中的《梅花落》，"杂曲歌辞"中的《行路难》，都只有鲍照的拟作为最早，但编者仍把《梅花落》归入"汉横吹曲"，并在《行路难》的说明中引证了《陈武别传》，指出这个曲调在魏晋以前，就在北方牧民中流行，说明它早在汉代可能已经产生。它反映了民歌对文人诗的影响，以及音乐和诗歌的关系，对各种乐曲的相同题目，它指出了前代乐曲与后代乐曲的继承关系。如"梁鼓角横吹曲"中的《黄淡思》，编者就引用陈释智匠的《古今乐录》，认为即"汉横吹曲"的《黄覃子》。

《乐府诗集》也存在较多的缺点。例如清代纪昀在《四库全书总目》中，就曾指出本书把某些文人诗列入乐府题目之中不太恰当。此外，由于它重在曲调，致使所录歌辞往往与关于曲调的叙述不太一致，如近代曲辞中的《水调歌》，编者认为是隋炀帝游江都时制，而书中所录"唐曲"，并未注明作者。其实这些曲辞，恐怕是杂取唐人作品而成，如其中"入破"第二首，显然是杜甫的诗。

《乐府诗集》的版本，有明末汲古阁刊本，清翻刻本和《四部丛刊》影印本。

昭明文选

中国现存最早的诗文总集。南朝梁萧统编著。

萧统（公元501年—531年），字德施。梁武帝萧衍长子。天监元年（公元502年）立为皇太子，未及即位而卒。谥号昭明。故后人也习称《文选》为《昭明文选》。

由魏、晋到齐、梁,是中国文学史上各种文学形式发展并趋于定型成熟的时期,作家和作品数量之多远远超过前代。与之相适应的是文艺理论中对文学概念的探讨和文学体制的辨析日益精密。宋文帝刘义隆立儒、玄、文、史四馆,宋明帝刘彧分儒、道、文、史、阴阳五科,都可以标志文学已经取得了正式的独立地位。

文学作品的数量众多,对它们进行品鉴别裁、芟繁剪芜,就成为广大阅读者的需要,选录优秀作品的文学总集乃应运而生。据《隋书·经籍志》记载,自晋代以迄陈、隋,总集共有二百四十九部,五千二百二十四卷,其中著名的有晋代挚虞的《文章流别集》、李充的《翰林论》、宋代刘义庆的《集林》,但都已亡佚。今天所能见到的最早的也是影响最大的总集,就是《文选》。

南朝的统治阶级上层,大多爱好文学,并以此作为门第和身份的一种标志,因而奖励提倡,颇多建树。萧统就是其中代表人物之一。据《梁书·昭明太子传》记载,他的门下有许多文人,经常和他们在一起讨论篇籍,商榷古今,并从事文章著述。当时东宫有书近三万卷,"名才并集,文学之盛,晋宋以来未之有也"。"所著文集二十卷,又撰古今典诰文言为《正序》十卷,五言诗之善者为《文章英华》二十卷,《文选》三十卷"。

根据封建社会的一般情况,达官贵人主编的书籍多出于门下文人之手或至少有门下文人的参预。萧统以太子之尊,引纳文士,当时负有重名的刘孝绰、王筠、殷芸、陆倕、到洽以及《文心雕龙》的作者刘勰,都曾做过东宫的属官或为萧统所赏接,这些文士中极可能有人参加过《文选》的编定。

《文选》三十卷,共收录作家一百三十家,上起子夏、屈原,下迄当时,唯不录生人。书中所收的作家,最晚的陆倕卒于普通七年(公元526年),而萧统卒于中大通三年(公元531年),所以《文选》的编成当在普通七年以后的几年间。全书收录作品五百一十四题。编排的标准是"凡次文之体,各以汇聚。诗赋体既不一,又以类分。类分之中,各以时代相次"。

从分类的实际情况来看,大致划分为赋、诗、杂文三大类,又分列赋、诗、骚、七、诏、册、令、教等三十八小类。赋、诗所占比重最多,又按内容把赋分为京都、郊祀、耕籍等十五门,把诗分为补亡、述德、劝励等二十三门,这样的分类体现了萧统对古代文学发展、尤其是对文体分类及源流的理论观点,反映了文体辨析在当时已经进入了非常细致的阶段。但由于分类过于碎杂,因而也遭到后世一些学者如章学诚、俞樾等人的批评。

集 部
Jibu

《文选》的选录标准,以词人才子的名篇为主,以"文为本"。因此,凡"姬公之籍,孔父之书","老庄之作,管孟之流","谋夫之话,辩士之端","记事之史,系年之书",这几类后来习称为经、史、子的著作一律不选。但是史传中的赞论序述部分却可以收录,因为"赞论之综辑辞采,序述之错比文华,事出于沈思,义归乎翰藻",合乎"能文"的选录标准。这一标准的着重点显然不在思想内容而在于讲究辞藻华美、声律和谐以及对偶、用事切当这样的艺术形式,但它为文学划定了范畴,是文学发展到一定阶段的结果,对文学的独立发展有促进作用。

《文选》仅仅用三十卷的篇幅,就大体上包罗了先秦至梁代初叶的重要作品,反映了各种文体发展的轮廓,为后人研究这七八百年的文学史保存了重要的资料。

从选录的技术角度来说,《文选》也存在缺陷。书中入选了一些伪作,例如李陵的《答苏武书》和苏、李的赠答诗,南朝宋人颜延之已经怀疑,刘知几、苏轼决其为赝品,至近代而成定论。

由于《文选》本身所具有的优点,比起同类型的其他诗文总集来,其影响远为深广。唐代以诗赋取士,唐代文学又和六朝文学具有密切的继承关系,因而《文选》就成为人们学习诗赋的一种最适当的范本,甚至与经传并列。宋初承唐代制度,亦以诗赋取士,《文选》仍然是士人的必读书,甚至有"《文选》烂,秀才半"的谚语(陆游《老学庵笔记》)。王安石当国,以新经学取士,此后《文选》才不再成为士人的课本。然而作为一部文学作品的精粹选本,其历史价值和资料价值则依然不废。

隋、唐以来,学者文人对《文选》从各种角度作了研究,据不完全统计,今天还可以见到的专著即有九十种左右,其他散见的有关考据、训诂、评论更难数计。研治《文选》成为一种专门的学问,以致从唐初开始就有了"文选学"这一名称。

宋代的"文选学"渐趋衰微,有关的专著大都是摘录排比辞语典故。明代文选学成就无多,张凤翼《文选纂注》杂采前人众说,稍有可取。清代朴学大兴,学者在专攻经、史、子部之外,发其余力于《文选》,不论校勘、音韵、训诂、考订各方面,都取得了空前的成绩。

今天所见的《文选》版本,除唐写本《文选集注》外,尚有唐写本《文选》白文、《文选》李善注、《文选音》,均敦煌残卷,有一部分曾收入《鸣沙石室古籍丛残》和《敦煌秘籍留真新编》，影印行世。

刻本最早的为北宋明道本，已残。传世宋刻的影印本，有商务印书馆《四部丛刊》所收影宋刻六臣注本和中华书局影印淳熙八年（公元1181年）尤袤刻李善注本。通行本为清代胡克家翻刻尤本，中华书局在1977年曾把胡刻本缩印，并附《文选考异》于卷末。

玉台新咏

《玉台新咏》是继《诗经》、《楚辞》之后中国古代的又一部诗歌总集。除第九卷中的《越人歌》相传作于春秋战国之间外，其余所收录的作品上至西汉、下迄南朝梁代。全书收录汉魏六朝一百余位作家共七百六十九篇作品，分为十卷：第一卷为乐府诗，第二卷至第八卷为五言诗，第九卷为七言、杂言诗，第十卷为绝句。

作者是南朝陈代时的徐陵（公元507年—583年）。此书在流传过程中，曾经一些人窜乱，所以有人怀疑此书非徐陵所编，而出于稍后的人之手。

此书最早著录于《隋书·经籍志》，题徐陵撰。但是《陈书·徐陵传》却未著录此书。加之现存诸版本所收徐陵诗，作者均题作"徐孝穆"，徐陵，字孝穆。如果《玉台新咏》确系徐陵所编，似不应称字。因此有人怀疑《玉台新咏》非徐陵所著。但是，《艺文类聚》卷五十五也题此书为徐陵所撰。故此说尚不足以成为定论。

据徐陵《玉台新咏序》说，本书编纂的宗旨是"选录艳歌"，即主要收男女闺情之作。从内容的广泛性看，它不如成书略早的《文选》。但它和"以文为本"作为收录标准的《文选》比较，也有其特色。如它不如《文选》那样选录歌功颂德的庙堂诗。入选各篇，皆取语言明白，而弃深奥典重者，所录汉时童谣歌，晋惠帝时童谣等，都属这一类。

《玉台新咏》还比较重视民间文学，如中国古代长篇叙事诗《孔雀东南飞》就首见于此书。它重视南朝时兴起的五言四句的短歌句，收录达一卷之多，对于唐代五言绝句这一诗体的发展有一定的推动作用。它不如《文选》那样不录在世人物的作品，选录了梁中叶以后不少诗人的作品。这些诗作比"永明体"更讲究声律和对仗，可以较清楚地看出"近体诗"的成熟过程。书中收录了沈约

《八咏》一类的杂言诗,也可以据此了解南朝末年诗和赋的融合以及隋唐歌行体的形成。《玉台新咏》所选诗篇又有可资考证、补阙佚的,如所收曹植的《弃妇诗》,庾信的《七夕诗》,为他们的集子所阙如,班婕妤、鲍令晖、刘令娴等女作家的作品,也赖此书得以保存和流传。

《玉台新咏》虽有一些情调不大健康的作品,但是表现出真挚爱情和妇女痛苦的作品也不少。如《上山采蘼芜》、《陌上桑》、《羽林郎》等作品,都反映了一定的社会现实。《孔雀东南飞》详尽地写出一个封建家庭悲剧的全部过程。这都说明《玉台新咏》所录诗作并非全是艳情诗。

现存的版本以明无锡孙氏活字本为早,《四部丛刊》有影印本。

文心雕龙

《文心雕龙》为古代文学理论著作。成书于南朝齐和帝中兴元、二年(公元501年—502年)间。它是中国文学理论批评史上第一部有严密体系的,"体大而虑周"的文学理论专著。魏晋时期,中国的文学理论有了很大的发展。到南北朝,逐渐形成繁荣的局面。文学创作和文学理论批评在其历史发展中所积累起来的丰富经验,既为《文心雕龙》的出现准备了条件,也在《文心雕龙》中得到了反映。

作者刘勰(约公元465年—520年),字彦和,生活于南北朝时期,是中国历史上著名的文学理论家。祖籍山东莒县。刘勰早年家境贫寒,笃志好学,终生未娶,曾寄居江苏镇江,在钟山的南定林寺里,跟随僧佑研读佛书及儒家经典,三十二岁时开始写作《文心雕龙》,历时五年,终于完成这部我国最早的文学评论巨著,奠定了他在中国文学史上和文学批评史上不可或缺的地位。

《文心雕龙》共十卷,五十篇。原分上、下部,各二十五篇。全书包括四个重要方面。上部,从《原道》至《辨骚》的五篇,是全书的纲领,而其核心则是《原道》、《征圣》、《宗经》三篇,要求一切要本之于道,稽诸于圣,宗之于经。从《明诗》到《书记》的二十篇,以"论文序笔"为中心,对各种文体源流及作家、作品逐一进行研究和评价。以有韵文为对象的"论文"部分中,以《明诗》、《乐府》、《诠赋》等篇较重要;以无韵文为对象的"序笔"部分中,则以《史传》、《诸子》、《论说》等篇意义较大。下部,从《神思》到《物色》

的二十篇，以"剖情析采"为中心，重点研究有关创作过程中各个方面的问题，是创作论。《时序》、《才略》、《知音》、《程器》等四篇，则主要是文学史论和批评鉴赏论。下部的这两个部分，是全书最主要的精华所在。以上四个方面共四十九篇，加上最后叙述作者写作此书的动机、态度、原则，共五十篇。

儒家中庸原则是贯穿《文心雕龙》全书的基调。刘勰提出的主要的美学范畴都是成对的，矛盾的双方虽有一方为主导，但他强调两面，而不偏执一端。文中提出"擘肌分理，唯务折衷"，在对道与文、情与采、真与奇、华与实、情与志、风与骨、隐与秀的论述中，无不遵守这一准则，体现了把各种艺术因素和谐统一起来的古典美学理想。刘勰特别强调同儒家思想相联系的阳刚之美，表现出企图对齐、梁柔靡文风进行矫正的倾向。他关于"风骨"的论述集中地体现了这一点，对后世发生了重要影响。

《文心雕龙》是部"体大思精"、"深得文理"的文章写作理论巨著。全书内容丰富，见解卓越，皆"言为文之用心"，全面而系统地论述了写作上的各种问题。尤为难得的是对应用写作也多有论评。粗略统计，全书论及的文体计有五十九种，而其中属于应用文范畴的文体竟达四十四种，占文体总数的四分之三。

《文心雕龙》虽然有不可避免的历史局限性，特别是"宗经"、"徵圣"等儒家思想对于他的文学理论有不少消极影响；但是，这并不妨碍它成为中国文学理论批评史上一部名副其实的"体大而虑周"、"笼罩群言"、富有卓识的专著，是中国文学理论批评史上的一份十分宝贵的遗产，受到了世界上许多国家的理论工作者越来越多的注意和重视。

在中国，对《文心雕龙》的研究、注释、翻译著述颇多。现存最早写本为唐写本残卷（藏北京图书馆）。上海古籍出版社影元至正本为最早版本，并有《四部丛刊》影印明嘉靖本。通行本有清人黄叔琳本，今人范文澜《文心雕龙注》，杨明照《文心雕龙校注》及《文心雕龙校注拾遗》、周振甫《文心雕龙注释》、王利器《文心雕龙校证》等。

文 赋

《文赋》是中国最早系统地探讨文学创作问题的论著。全文以赋的形式写成。作者是西晋著名文学家陆机。

集 部

陆机（公元261年—303年）字士衡，吴郡华亭人（今上海松江），西晋文学家、书法家，与其弟陆云合称"二陆"。曾历任平原内史、祭酒、著作郎等职，世称"陆平原"。后死于"八王之乱"，被夷三族。他"少有奇才，文章冠世"，与弟陆云俱为我国西晋时期著名文学家。

两汉以来，由于汉武帝对儒家文艺思想的"专尊"，使得儒家思想在整个社会中占主导地位。儒家学派论诗，十分讲究、重视诗的教化作用，他们着重指出"诗可以兴，可以观，可以群，可以怨"。《毛诗序》说："故正得失，动天地，感鬼神，莫近于诗。先王以是经夫妇，成孝敬，厚人伦，美教化，移风俗。"曹丕也在《典论》中把文章看作"经国之大业"。

这些文艺思想都有一个明显的特点，就是过多地强调了文艺的社会作用，相对地忽视了文艺的艺术特点。魏晋时期这种情况有了很大的改变，使得文学走进自觉地时代。随着儒家思想的衰微，人的思想的解放，人道价值重新得到肯定，文学的地位日益提高，在文学理论上也一扫两汉沉闷凝滞的气氛。对文学的本质特征的认识更加深入，对文学艺术规律的研究全面展开。

《文赋》的出现，正是文学摆脱经学附庸地位而得到独立发展之后，在大量创作实践的基础上产生的理论结晶。《文赋》首次把创作过程、写作方法、修辞技巧等问题提上文学批评的议程。陆机写《文赋》的宗旨是为了解决创作中"意不称物，文不逮意"的矛盾，所以以创作构思为中心，主要论述"作文利害之所由"，即文章写作的方法技巧和艺术性的问题。自然，这样做难免会从中流露出"形式主义"的痕迹，但是这显然不能影响陆机在《文赋》中的贡献。

陆机在《文赋》中用他的文学实践的亲身体会，生动地描述和分析了创作的心理特征和过程，表达了他的美学美育思想。主要包括：（1）"情因物感，文以情生"。《文赋》认为，情感是文学创作冲动的来由和起点。在艺术想象过程中，许多心理活动交织在一起，情、理、物象，文辞纷至沓来，所要创造的艺术形象也愈加清晰鲜明。在这过程中，作者的情感起着重要的作用，正所谓"思涉乐其必笑，方言哀而已叹"。（2）"笼天地于形内，挫万物于笔端"。《文赋》充分肯定了艺术想象的作用，认为在构思阶段，则"收视反听，耽思傍讯，情骛八极，公游成仞"，"观古今于须臾，扶四海于一瞬"，"笼天地于形内，挫万物于笔端"表明作者在创作过程中完全沉入艺术想象过程中。（3）"应感之会，通塞之纪"。《文赋》强调灵感在文学创作中的作用，指出艺术创作成就的取得同"应感之会，通塞之纪"即灵感问题有密切关系。认为灵感具有"来不可遏，去不可止"，"或竭情而多悔，或率意而寡尤"的特征。(4)"其会意也尚巧，其遣言也贵妍"。《文赋》在艺术风格上，崇尚华丽之美，强调"丽辞"。这反映了六朝时期讲求形式美的新时尚。(5)《文赋》将文体区分为十种，简明概述了各体的特征。可以说，《文赋》在一定程度上概括了整个艺术创作思维的规律。

《文赋》是我国古代研究文学创作特点的最早的一篇专论，在美学史上有重要的意义和价值。

诗 品

《诗品》是在刘勰《文心雕龙》以后出现的一部品评诗歌的文学批评名著。

钟嵘，生卒年不详，字仲伟，颍川长社（今河南长葛）人。他在齐梁时代曾作过参军、记室一类的小官。他的《诗品》是公元513年（梁武帝天监十二年）以后于今南京写成的。

钟嵘的时代，诗风的衰落已经相当严重。据《诗品序》描写，当时士族社会已经形成一种以写诗为时髦的风气，甚至那些"才能胜衣，甫就小学"的士族子弟也都在忙着写诗，因而造成了"庸音杂体，人各为容"的诗坛混乱情况。王公搢绅之士谈论诗歌，更是"随其嗜欲，商榷不同。淄渑并泛，朱紫相夺。喧议并起，准的无依"。所以钟嵘就仿汉代"九品论人，七略裁士"的著作先例写成这部品评诗人的著作，想借此纠正当时诗坛的混乱局面。

《诗品》所论的范围主要是五言诗。全书共品评了两汉至梁代的诗人一百二十二人，计上品十一人，中品三十九人，下品七十二人。在《诗品序》里，他谈到自己对诗的一般看法："故诗有三义焉，一曰兴，二曰比，三曰赋。文已尽而意有余，兴也；因物喻志，比也；直书其事，寓言写物，赋也。宏斯三义，酌而用之，干之以风力，润之以丹采，使味之者无极，闻之者动心，是诗之至也。若专用比兴，患在意深，意深则词踬。若但用赋体，患在意浮，意浮则文散，嬉成流移，文无止泊，有芜漫之累矣。"从这一段话来看，他对诗的看法一是强调赋和比、兴的相济为用，一是强调内在的风力与外在的丹采应同等重视。这和刘勰的看法大体接近，仅仅在对比、兴的解释和重视程度上略有不同。

钟嵘论诗有一个重大特色，这就是他善于概括诗人独特的艺术风格。他概括诗歌风格主要是从以下几方面着眼：一是论赋、比、兴，例如说阮籍的诗"言在耳目之内，情寄八荒之表"；说左思诗"得讽喻之致"；说张华诗"兴托不奇"，都是着眼于比、兴寄托的。二是论风骨和词采，例如说曹植诗"骨气奇高，词采华茂"；说刘桢诗"真骨凌霜，高风跨俗，但气过其文，雕润恨少"；说张协诗"雄于潘岳，靡于太冲"，"词采葱倩，音韵铿锵"，都是风骨和词采相提并论。三是重视诗味，在序里他已经说五言诗"是众作之有滋味者也"，又说诗应该使人"味之者无极，闻之者动心"，反对东晋玄言诗的"淡乎寡味"。论诗人的时候，他又说张协诗"使人味之亹亹不倦"；应璩诗"华靡可味"。四是注意摘引和称道诗中佳句，在序里他曾经摘引"思君如流水"，"高台多悲风"等名句，称为"胜语"；论谢灵运诗，称其"名章迥句，处处间起"；论谢朓诗，称其"奇章秀句，往往警遒"；论曹操诗也说他"甚有悲凉之句"，都是注意奇警秀拔的诗句的例子。除以上四点以外，他还善于运用形容比喻的词语来描绘诗歌的风格特征，例如评范云、丘迟诗说："范诗清便宛转，如流风回雪；丘诗点缀映媚，如落花依草。"用语非常新鲜贴切。

钟嵘《诗品》是第一部论诗的著作，对后代诗歌的批评有很大的影响。唐代司空图，宋代严羽、敖陶孙，明代胡应麟，清代王士禛、袁枚、洪亮吉等人论诗，都在观点上、方法上或词句形式上受到他不同程度的启发和影响。

太平广记

《太平广记》是宋代人编的一部大书。全书五百卷，目录十卷，取材于汉代至宋初的野史小说及释藏、道经等和以小说家为主的杂著，属于类书。宋代李昉、扈蒙、李穆、徐铉、赵邻几、王克贞、宋白、吕文仲等十二人奉宋太宗之命编纂。开始于太平兴国二年（公元977年），次年完成。因成书于宋太平兴国年间，和《太平御览》同时编纂，所以叫做《太平广记》。

全书按题材分为九十二类，又分一百五十余细目。神怪故事所占比重最大，如神仙五十五卷，女仙十五卷，报应三十三卷，神二十五卷，鬼四十卷，可见其取材重点所在。此书基本上是一部按类编纂的古代小说总集。许多已失传的书，仅在本书内存有佚文，有些六朝志怪、唐代传奇作品，全赖此书而得以流传。书中最值得重视的是杂传记九卷，《李娃传》、《柳氏传》、《无双传》、《霍小玉传》、《莺莺传》等传奇名篇，多数仅见于本书。还有收入器玩类的《古镜记》，收入鬼类的《李章武传》，收入神魂类的《离魂记》，收入龙类的《柳毅传》，收入狐类的《任氏传》，收入昆虫类的《南柯太守传》等，也都是现存最早的本子。

《太平广记》的分类，的确便于检查，也很有研究的价值。书中神怪故事占的比重最大，如神仙五十五卷，女仙十五卷，神二十五卷，鬼四十卷，再加上道术、方士、异人、异僧、释证和草木鸟兽的精怪等等，基本上都属于志怪性质的故事，代表了中国文言小说的主流。直到清代《聊斋志异》系列的拟古派小说，都跳不出这个范围。书中神仙加上女仙的故事，共计七十卷，又排在全书的开头，可以看出唐五代小说题材的重点所在，也可以看出宋初文化学术的一种倾向。唐代道教和佛教竞争很激烈，道教虽然不占上风，然而由道士和信奉道教的文人编造出来的神仙故事却影响很大，产生了不少优美动人的小说。例如写方士上天入地寻找杨贵妃的《长恨歌传》就是一篇代表作。唐代小说中的名篇如《柳毅传》、《无双传》、《虬髯客传》以及《杜子春》、《张老》、《裴航》等，也都和道教有关。晚唐五代神仙家的思想更是弥漫一时，杜光庭就是一个神仙传记的大作家，《太平广记》里收了不少他的著作。宋初的小说还保留着这种风气。但是《太平广记》的分类标准并不统一，如讲精怪的《东阳夜怪录》、讲龙女的《灵应传》，都收在杂传记类，按类别就一时不容易找到。从这里可以了解到宋初人把一部分唐代传奇称作"杂传记"，还没有用"传奇"这一名称。

《太平广记》引书较广，有些篇幅较小的书几乎全部收录，失传的书可据以辑集，有传本的书也可据其异文互校。书中引文比较完整，不像其他类书引文多加删节。分类较细，也便于按题材索检资料，因而对校辑、研究古代小说极有价值。鲁迅曾指出："我以为《太平广记》的好处有二，一是从六朝到宋初的小说几乎全收在内，倘若大略的研究，即可以不必别买许多书。二是精怪，鬼神，和尚，道士，一类一类的分得很清楚，聚得很多，可以使我们看到厌而又厌，对于现在谈狐鬼的《太平广记》的子孙，再没有拜读的勇气。"他辑录《古小说钩沉》、《唐宋传奇集》，也充分利用了此书。

《太平广记》对于后世文学的影响很大。宋代以后，唐人小说单行本已逐渐散佚，话本、杂剧、诸宫调等多从《太平广记》一书中选取题材、转引故事，加以敷演；说话人至以"幼习《太平广记》"为标榜（《醉翁谈录·小说开辟》）。宋人蔡蕃曾节取书中的资料，编为《鹿革事类》、《鹿革文类》各三十卷。明人冯梦龙又据本书改编为《太平广记钞》八十卷。明清人编的《古今说海》、

《五朝小说》、《说郛》（陶珽重编本）、《唐人说荟》等书，则往往转引《太平广记》而改题篇目，假托作者，研究者亦可据此书加以考订。

《太平广记》明代以前很少刻本流传，原书已有缺佚舛误。明嘉靖四十五年（公元 1566 年），谈恺据传钞本加以校补，刻板重印，成为现存最早的版本，以后的几种刻本多从谈刻本出。另有沈与文野竹斋钞本和陈鳣校宋本。通行的版本是经过汪绍楹校点的排印本，1959 年由人民文学出版社出版，1961 年中华书局重印新一版。

李太白集

李白（公元 701 年—762 年），字太白，号青莲居士，中国唐代伟大的浪漫主义诗人，被后人尊称为"诗仙"。他的诗大多以描写山水和抒发内心的情感为主。与杜甫并称为"李杜"。李白出生于安西都护府碎叶城，幼年迁居四川绵州昌隆县。二十岁时只身出川，开始了广泛漫游，南到洞庭湘江，东至吴、越，寓居在安陆、应山。他到处游历，希望结交朋友，拜谒社会名流，从而得到引荐，一举登上高位，去实现政治理想和抱负。可是，十年漫游，却一事无成。他又继续北上太原、长安，东到齐、鲁各地，并寓居山东任城。这时他已结交

李　白

了不少名流，创作了大量优秀诗篇。李白不愿应试做官，希望依靠自身才华，通过他人举荐走向仕途，但一直未得人赏识。他曾给当朝名士韩荆州写过一篇《与韩荆州书》，以此自荐，但未得回复。直到天宝元年（公元 742 年），因道士吴筠的推荐，李白被召至长安，供奉翰林，文章风采，名震天下。李白初因才气为玄宗所赏识，后因不能见容于权贵，在京仅三年，就弃官而去，仍然继续他那飘

荡四方的流浪生活。安史之乱发生的第二年（公元756年），他感愤时艰，投入永王李璘的幕府。不幸，永王与肃宗发生了争夺帝位的斗争，兵败之后，李白受牵累，流放夜郎，途中遇赦。晚年漂泊东南一带，依当涂县令李阳冰，不久即病卒。李白的诗风格豪放飘逸洒脱，想象丰富，语言流转自然，音律和谐多变。被韩愈称赞为："李杜文章在，光焰万丈长。"

李白一生创作了大量的诗歌作品，流传至今的有九百多首，主要有《蜀道难》、《行路难》、《将进酒》、《静夜思》等，有《李太白集》。他的诗歌创作涉及的中国古典诗歌的题材非常广泛，而且在不少题材上都有名作出现。他所钟好的体裁主要是古体诗，包括古风和乐府诗，但他在近体诗体裁如律诗、绝句中往往也有绝唱留存。在唐代尚未普及的词，有两首被认为是李白的作品，即被南宋人黄升称为"百代词曲之祖"的《菩萨蛮》与《忆秦娥》。也有少数人怀疑它们不是李白所作。

李白为盛唐浪漫诗派的代表，把中国诗歌的浪漫主义推向高峰。正是如此，才取得了"诗仙"的美誉。

李白的诗歌作品无论在内容或形式上都有创作性的发展。他的作品内涵丰富，想象超绝而且取材宏富。李白曾批评诗歌："自从建安来，绮丽不足珍。"因此，他的作品明朗自然，一扫六朝以来的浮靡诗风。

李白的思想和诗歌具有典型的盛唐时代的特征，即昂扬奋发的进取精神和追求自由理想的思想意识。李白广泛吸取了历史文化遗产，融合百家之说，形成了他复杂独特的思想面貌。儒家仁民爱物的思想，使他的诗歌充满了热爱人民关心百姓的高尚情感。如《丁都护歌》、《秋浦歌》等。道家的批判意识和变化观，使他透过社会繁盛的外表看出了大唐盛世由盛变衰的种种迹象和隐藏的弊病。在长安的一系列诗歌都体现了他的这种忧虑。墨家任侠的博爱精神，使他仗义疏财，乐于助人，他的《侠客行》、《少年行》就是李白自己任侠精神的写照。

杜甫对李白的评价甚高，称赞他的诗"惊风雨"、"泣鬼神"，而且无敌于世、卓然不群。

杜工部集

《杜工部集》是我国古代最伟大的现实主义诗人杜甫的诗文集，现存诗一千

集 部
Jibu

四百余首,文三十余篇,在世界文学史上也占有重要地位。杜甫与李白齐名,并称为"李杜"。他的诗歌立足于忠厚,其风格雄浑高古,自成一家,被尊称为"诗圣"。他的诗标志着中国古典诗歌现实主义的最高峰。

杜甫(公元712年—770年),字子美,又自称少陵野老,故世亦称杜少陵,他曾任检校工部员外郎,故又称杜工部。杜甫的祖籍是襄阳,生于河南巩县。杜甫出身于为官世家,其先祖杜预是晋代名将、大儒。祖父杜审言曾任修文馆直学士,为当时的"文章四友"之一,是初唐的著名诗人。父亲杜闲曾任兖州司马、奉天县令。杜甫的青少年时代正逢唐代的开元盛世,社会安定,文化繁荣。由于家学渊源,杜甫在少年时代就对诗歌有浓厚的兴趣,经常吟诗作赋,交游于文人雅士之间。

杜甫在二十岁时,走向社会,开始到各地漫游。他首先来到吴越等地,到过金陵、苏州、杭州和浙东一带,江南

杜 甫

的山光水色,名胜古迹,给他留下了深刻印象,扩大了他的视野。唐玄宗天宝五年(公元746年),杜甫三十五岁,他怀着"致君尧舜上,再使风俗淳"的政治理想来到长安。次年,又一次参加进士考试,但又失败了。

天宝十四年,杜甫四十四岁时被初次任命为河西县尉的小官,但是他没有赴任。同年十一月又任命他为右卫率府胄曹参军,这是一个看守兵器、管理门禁的微末官职。杜甫迫于生计,接受了。这期间,写出了震撼千古的长篇杰作《自京赴奉先县咏怀五百字》。这篇长诗既是当时社会生活的缩影,也是杜甫走上现实主义创作道路的标志。

安史之乱发生后,杜甫逃出长安奔往凤翔,得以谒见肃宗,被授任左拾遗。这是在皇帝身边供职的人,是从八品的谏官。他就任后不久,因营救房琯。而忤怒肃宗。皇帝为疏远他,批准他回鄜州探亲。杜甫在回家路上亲眼看见了村镇遭受战争破坏的惨状,他写了著名的《北征》、《羌村三首》等诗篇。

杜甫从四十八到成都，中间几度迁移，到五十七岁离开夔州，期间的十年中是杜甫创作精力最旺盛的时期，他现存的一千四百多首诗中大部分写于此时，其中有很多是流传千古的名篇。这些诗，有的反映了现实生活，有的抒发感怀，有的咏叹古迹，有的怀念故人……内容丰富，艺术上乘，如著名的诗篇《剑门》、《蜀相》、《茅屋为秋风所破歌》、《戏为六绝句》、《春夜喜雨》、《闻官军收河南河北》、《登高》等等。

唐代宗大历五年（公元770年），杜甫在奔波于湘江的客舟中，贫病而死，终年五十九岁。继李白之后，中国文学史上又一颗灿烂的巨星陨落了，而他诗歌的光辉却永远地照耀着中国和世界的诗坛。

杜甫是中国文学史上的伟大诗人。一千多年以来，无数诗人继承他的传统，学习他的作品，从中汲取营养，不断丰富着中国文学史上的新篇章。杜甫的《杜工部集》，注本有清人仇兆鳌《杜诗详注》、钱谦益《杜工部集笺注》、杨伦《杜诗镜铨》等。

全唐诗

《全唐诗》是清朝初年编修的汇集唐一代诗歌的总集，是清曹寅、彭定求等奉敕编纂。共收录唐代诗人二千五百二十九人的诗作四万二千八百六三首，共计九百卷。

康熙四十二年（公元1703年），清帝玄烨即考虑编纂此书，至四十四年（公元1705年）三月，他第五次南巡至苏州时，将主持修书的任务交给江宁织造曹寅，并将内府所藏季振宜的《唐诗》一部发下，作为校刊底本。同年五月，由曹寅主持，在扬州开局修书，参加校刊编修的有赋闲江南的在籍翰林官彭定求、沈三曾、杨中讷、潘从律、汪士鋐、徐树本、车鼎晋、汪绎、查嗣瑮、俞梅等十人。至次年十月，全书即编成奏上。

这部卷帙浩繁的大书，能在短短一年多的时间内编成，主要是充分利用了季振宜编的《唐诗》和胡震亨编的《唐音统签》。在充分利用季胡二书的基础上，编修诸臣作了以下几方面的校订补遗工作。一、增补诗什，《全唐诗》卷八八二以下补遗七卷，系据季胡二人未用的《唐百家诗选》、《分门纂类唐歌诗》残本、《古今岁时杂咏》等书及石刻资料编成，正编各家诗亦有少量增补。二、考订辨误，包括六朝人误作唐人如陈昭、卫敬瑜妻等；六朝诗误归唐人，如吴均、刘孝胜诗误归曹邺；误将诗题中人名视作撰者，如上官仪《高密公主挽词》作高密诗，皆一一作了订正。三、据所见善本唐人诗集，增加了部分校语。季胡二书校记皆注明出处，诸臣将出处全部抹去，仅注为"一作某"。四、重新调整了小传。删繁就简，并将二书所附作者生平资料删去。五、删去胡书末之"道家章咒、释氏偈颂二十八卷"。六、重新安排全书序次，"首诸帝，次后妃，次宗室诸王，次公主，……次臣工，次闺秀，次释道"，末附神仙、鬼怪、嘲谑、歌谣谚语、词等类作品。

《全唐诗》将有唐一代的诗歌汇为一帙，为研究者提供了莫大的方便。但由于成书仓促，存在问题也很多。其主要有如下数端：一、未及广检群书，故缺漏甚多；二、考订粗疏，多有误收，今人考订其误收他朝诗即达数百首之多，唐人张冠李戴、重收复出之作亦不少；三、小传较疏舛，作者先后次第亦多混乱；四、诸诗皆不注出处，征引者难以覆按；五、校勘不精，诗题及诗句错误较多。

玄烨为《全唐诗》所作序中，谓全书共"得诗四万八千九百余首，凡二千二百余人"，后人多从其说。其实，玄烨所举数并不精确，近年有学者将《全唐诗》所收作家、作品逐一编号作了统计，结论是：该书共收诗四万九千四百零三首，句一千五百五十五条，作者共二千八百七十三人。这个数字比较可靠。

该书编成的次年，即由内府精刻行世，后又有扬州诗局本，二本皆为一百二十册，分装十函。光绪十三年（公元 1887 年）上海同文书局石印本，归并成三十二卷。1960 年，中华书局据扬州诗局本断句排印，并改正了一些明显的错误。今人张忱石编有《全唐诗作者索引》，由中华书局出版，对读者很是方便。

唐诗别裁集

《唐诗别裁集》是唐诗选集，清代沈德潜编选，共二十卷，选有作家二百七十余人，诗作一千九百余首，分体编排。因杜甫《戏为六绝句》中有"别裁伪体亲风雅"语，故名"别裁"。

沈德潜（公元 1673 年—1769 年），字确士，号归愚，长洲（今江苏苏州）人，清代诗人。乾隆元年（公元 1736 年）荐举博学鸿词科，乾隆四年（公元 1739 年）成进士，曾任内阁学士兼礼部侍郎。为叶燮门人，论诗主格调，提倡温柔敦厚的诗教。其诗多歌功颂德之作,少数篇章对民间疾苦有所反映。所著有《沈归愚诗文全集》,又选有《古诗源》、《唐诗别裁》、《明诗别裁》、《清诗别裁》等,流传颇广。

此书为旧时较有影响的唐诗选本。清代王士禛倡导神韵说,所选《唐贤三昧集》排斥那些雄奇壮阔之作,沈德潜编选此书为"使人知唐诗中有'鲸鱼碧海'、'巨刃摩天'之观",并在凡例中说明"是集以李、杜为宗"。他主张"备一代之诗,取其宏博",在重点选录王维、李白、杜甫、岑参、韦应物、韩愈、白居易、李商隐等大家名家的诗外,也选录不少小家的作品。由于门庭比较宽广,能注重到不同时期、不同流派和不同体裁的作品,入选的题材和风格较为丰富多彩,大致反映了唐代诗歌创作的基本面貌。

书中还附有简要的评注,有助于理解诗意。但是,由于沈氏信奉儒家"温柔敦厚"的诗教,不敢多选那些大胆抨击时政、揭露封建社会矛盾的作品,并还选录了一定数量为封建帝王歌功颂德的应制诗和试帖诗。

《唐诗别裁集》初刻于康熙五十六年(公元1717年),增补重刻于乾隆二十八年(公元1763年)。有乾隆间刻本和扫叶山房石印本、商务印书馆排印本等。上海古籍出版社据重刻本加以校勘标点的排印本,较为通行。清人俞汝昌曾撰《唐诗别裁集引典备注》二十卷,有道光间刻本。

全宋词

《全宋词》是宋词的总集。

宋人词集的编纂,在宋代本朝就开始了。在北宋,词虽然已经形成了一种独立的文体,但似乎还没有被普遍承认为"正统"文学,所以北宋人的词一般不收入文集。宋人词集丛刻,宋代有长沙书坊的《百家词》(今佚)、闽刻《琴趣外编》(今存五种)、《六十家词》(今佚)等。

明末毛晋汲古阁刊《宋名家词》六集六十一家,为宋以后大规模刊刻词集之始,其书流传最广。其后,清代侯文灿刻有《十名家词集》,秦恩复刻有《词学丛书》。

晚清刊刻词集之风更盛,规模也更大。王鹏运刻有《四印斋所刻词》及《宋元三十一家词》,江标刻有《宋元名家词》,吴重熹刻有《山左人词》,吴昌绶刻有《双照楼景刊宋元本词》，朱祖谋刻有《彊村丛书》，陶湘刻有《续刊景宋金元明本词》。1931年，赵万里又补诸家丛刻之遗，编成《校辑宋金元人词》七十三卷，搜采校订，水平超过前人。嗣后周泳先有《唐宋金元词钩沉》，较之赵辑，又多出不少新的资料。但诸家所刻，于孤篇断句概置不录，不足以探求一代词作的全貌。

今人唐圭璋在综合诸家辑刻的基础上，广泛搜采，凡宋人文集中所附、宋人词选中所选、宋人笔记中所载词作，俱一并采录，更旁求类书、方志、金石、题跋、花木谱等诸书中所载之词，统汇于一处，编为《全宋词》。1940年由商务印书馆在长沙出版线装本。中华人民共和国成立后，编者对此书进行重编，并经王仲闻订补加工，1965年由中华书局重印出版。

新版《全宋词》在材料和体例方面较旧版均有很大提高：以善本代替从前的底本，增补词人二百四十余家，词作一千四百余首；删去可以考得的唐五代、金元明词人词作；重新考订词人行实和改写小传；在体例上调整旧版以"帝王"、"宗室"等分类的编排方式，改为按词人年代先后排列。全书共计辑两宋词人一千三百三十余家，词作约两万首，引用书目达五百三十余种。近年来，编者又续作修订补正，写成《订补续记》，附于1979年重印本卷末。

此书收录齐备，考订也比较精审，改正了不少前人的承谬踵误之处，为研究宋词的重要参考书。

此书新版问世后，今人孔凡礼又从明抄本《诗渊》及其他书中辑录遗佚，编为《全宋词补辑》，收录作家一百四十余人（其中四十一人，已见《全宋词》），词作四百三十余首，1981年由中华书局出版。

六一诗话

《六一诗话》原题《诗话》，后人改称《六一诗话》，是最早用"诗话"为书名的著作，主要评论北宋及唐人的诗作。

作者欧阳修（公元1007年—1073年），字永叔，号醉翁，又号六一居士，吉安永丰（今属江西）人。谥号文忠，世称欧阳文忠公，北宋卓越的文学家、史学家。

《六一诗话》是中国第一部以"诗话"为名的著作，开创后代诗歌理论著作的新体裁。原书只称《诗话》，因欧阳修晚年自号"六一居士"，后人称引时名之为《六一诗话》、《六一居士诗话》、《欧公诗话》、《欧阳永叔诗话》、《欧阳文忠公诗话》等。

全书共二十八条，各则诗话条目之间的排列并没有逻辑联系，以漫谈随笔形式评论诗歌，记录轶闻趣事和瞬间感想所得，篇幅虽小，内容颇丰，有对诗歌规律、特性的探求，有佳句赏析，有掌故轶事介绍、谬说更正等等。

书中提出的"诗穷而后工"、"意新语工"等论点，体现出欧阳修追求冲淡雅正、天然和平之美的美学思想。

在内容上，欧阳修主张应当事理真实，即所谓"事信"，艺术的真实应当与生活的真实相一致，反对只求好句而不顾事理是否真实可信。如谓："诗人贪求好句而理有不通，亦语病也。如'袖中谏草朝天去，头上宫花侍宴归'，诚佳句也，但进谏必以章疏，无直用稿草之理。唐人有诗云：'姑苏城下寒山寺，夜半钟声到客船'，说者亦云句则佳矣，其如三更不是打钟时。如贾岛《哭僧》云：'写留行道影，焚却坐禅身'，时谓烧杀活和尚，此尤可笑也。若'步随青山影，坐学白骨塔'，'独行潭底影，数息树边身'，皆岛诗，何精粗顿异也？"作者连举数例，说明诗句虽佳，但理有不通；更以贾岛优劣诗句正反对比，说明事理通达与否正是诗之精粗的一条重要标准。本此观点，欧阳修于《诗话》中第一则便辨析李方"奠玉五回朝上帝，御楼三度纳降王"一联是否符合客观事实。又于第三则讨论"卖花担上看桃李，拍酒楼头听管弦"及"正梦寐中行十里，不言语处吃三杯"两联，认为"其语虽浅近，皆两京之实事也"，故有其可取之处。而作为欣赏者，要真正弄懂诗歌所表达的生活真实，也必须弄清诗句中每一词的具体含义。所以他考证了李白《戏杜甫》中"借问别来太瘦生"之"太瘦生"一词为语助；而对陶谷"尖檐帽子卑凡厮，短幼靴儿末厥兵"中之"末厥"一词，王建《霓裳词》中"听风听水作霓裳"之"听风听水"一语，以不得其解而深感遗憾，并录之以俟后来能知者。《六一诗话》的考证字句，实是为了求得事理之通"信"。

欧阳修曾为北宋诗坛盟主，也是唐宋八大家之一，对创作甘苦有深切体会，其《诗话》多能点到艺术奥妙之处，其中对人物典故的记叙，为珍贵之史料；对诗人的品评，大多准确中肯，足资借鉴。

此书在北宋已广为流传，主要版本有《历代诗话》本，人民文学出版社《六一诗话》、《白石诗说》、《滹南诗话》合订本。

集 部
Jibu

东坡七集

《东坡七集》是苏东坡的诗文集,共一百一十卷。包括《东坡集》四十卷,《东坡后集》二十卷,《东坡奏议》十五卷,《东坡外制集》三卷附乐语,《东坡内制集》十卷,《东坡应诏集》十卷,《东坡续集》十二卷附校记。

从文学的角度看,价值较高的在前、后续三集,基本上包括了他的诗、词、散文、书简、序论等。前后两集编定时间较早,比较可靠。今存较早的七集本,是明成化四年(公元1468年)江西吉安府程宗刻本,清光绪年间,有缪荃孙校刊本,民国年间有《四部备要》本。

苏轼(公元1037年—1101年),字子瞻,又名苏东坡,又字和仲,号"东坡居士"。北宋著名文学家、书画家、文家、诗人、词人,豪放派词人代表,唐宋八大家之一。他与他的父亲苏洵(公元1009年—1066年)、弟弟苏辙(公元1039年—1112年)皆以文学名

苏东坡

世,世称"三苏"。苏轼曾上书力言王安石新法之弊,后因作诗刺新法下御史狱,遭贬,卒后追谥文忠。其文纵横恣肆,其诗题材广阔,清新豪健,善用夸张、比喻,独具风格。词开豪放一派,与辛弃疾并称"苏辛",有《东坡全集》、《东坡乐府》。

苏轼文集在宋代有所谓"七集"之编,由于宋刻无全本传世,其内容只有通过目录考知。晁公武《郡斋读书志》卷十九:"苏子瞻《东坡集》四十卷、《后集》二十卷、《奏议》十五卷、《内制》十卷、《外制》三卷、《和陶诗》四卷、《应诏集》十卷。"共一百二卷。此本亦为七集,为成化年间江西吉州府知府程宗所刊,与《读书志》所录略同,惟《内制集》附《乐语》,无《和陶

159

诗》，而有《续集》十二卷。书前有《宋赠苏文公太师制》、成化四年春二月李绍《重刊苏文忠公全集序》、《宋孝宗御制文忠苏轼文集赞并序》、《宋史》本传、王宗稷《东坡先生年谱》、苏辙《东坡先生墓志铭》等。据李绍序：明仁宗洪熙时，尝命令刊刻欧阳修、苏轼文集，欧集刻成以赐二三大臣，苏集则刻未毕工而仁宗崩，故在明代欲寻苏集已是不易。及至成化四年，程宗自刑部侍郎守吉州，"谓欧吉人，吉学古文者以之为宗师也，尝求欧公大全集刻之郡黉，以幸教吉之人矣。既以文忠苏公学於欧者，又其全集世所未有，复遍求之，得宋时曹训所刻旧本及仁庙所刻未完新本，重加校阅。仍依旧本卷帙。旧本无而新本有者，则为《续集》并刻之，以与欧集并传於世。"是亦"七集"。皆各自立目，单独成书，共一百一十卷。无宋本所谓《和陶诗》四卷，而于《续集》卷三收录《和陶诗》一百二十首。

此本曾经缪荃孙收藏，缪氏曾用嘉靖本校勘，后有校记一卷。文内有异同即作眉批，卷末间注校阅时间。傅增湘亦有收藏，其《藏园群书经眼录》卷十三有此版著录，谓"此书镌梓精良，字体古逸，宛有松雪之风，肆估多撤去李绍序，以冒元刊。"傅氏先时所藏即无李序。后得此缪氏藏本，始获全帙。然说"此七集之名所由始也"，则殊非事实。盖"七集"之编自宋已有，此集特易其《和陶诗》为《续集》耳。然"七集"之完整传世者，以此为早，不得宋本，得此明刻亦可矣。

苏东坡一生著作甚丰，他著作集子的情况比较复杂。早在苏东坡生前就有《东坡集》四十卷、《后集》二十卷、《内制集》十卷、《外制集》三卷、《奏议》十五卷、《和陶集》四卷等六种集子刊行，其中《东坡集》是作者亲自编定。这些集子在宋徽宗崇宁二年下诏禁毁。另有《应诏集》十卷，在当时是否刊行，不得而知。至宣和五年，人们以为崇宁时的禁书令已经时过境迁，不再生效了，于是福建重新印行苏轼的著作集，宋徽宗再次下诏禁毁。这次刊行的集子略有不同，是将苏轼的著作全部汇总、分类，取消《东坡集》、《后集》等名称，而将这些集子中的同类作品编在一起。属于这个系统的苏轼著作集子有《东坡大全集》、《东坡备成集》等，所收作品比上述六种集子再加《应诏集》的总和还多，但也有伪作羼入。至于宣和五年刊行而被禁的，到底是《大全集》或是《备成集》，现无从查考。《备成集》今已亡佚。

集 部
Jibu

梦溪笔谈

《梦溪笔谈》是北宋的沈括所著的笔记体著作,大约成书于公元1086年—1093年,收录了沈括一生的所见所闻和见解。被西方学者称为中国古代的百科全书,已有多种外语译本。

沈括(公元1031年—1095年),字存中,杭州钱塘(今浙江杭州)人,北宋科学家、政治家。一岁时南迁至福建的武夷山、建阳一带,后隐居于福建的尤溪一带。仁宗嘉祐八年(公元1063年)进士。神宗时参与王安石变法运动。熙宁五年(公元1072年)提举司天监,次年赴两浙考察水利、差役。熙宁八年(公元1075年)出使辽国,驳斥辽的争地要求。次年任翰林学士,权三司使,整顿陕西盐政。后知延州(今陕西延安),加强对西夏的防御。元丰五年(公元1082年)以宋军于永乐城之战中为西夏所败,连累被贬。晚年以平生见闻,在镇江梦溪园撰写了《梦溪笔谈》。

《梦溪笔谈》包括《笔谈》、《补笔谈》、《续笔谈》三部分。《笔谈》二十六卷,分为十七门,依次为"故事、辩证、乐律、象数、人事、官政、机智、艺文、书画、技艺、器用、神奇、异事、谬误、讥谑、杂志、药议"。《补笔谈》三卷,包括上述内容中十一门。《续笔谈》一卷,不分门。全书共六百零九条(不同版本稍有出入),内容涉及天文、历法、气象、地质、地理、物理、化学、生物、农业、水利、建筑、医药、历史、文学、艺术、人事、军事、法律等诸多领域。

就性质而言,《梦溪笔谈》属于笔记类。从内容上说,它以多于三分之一的篇幅记述并阐发自然科学知识,这在笔记类著述中是少见的。因为沈括本人具有很高的科学素养,他所记述的科技知识,也就具有极高价值,基本上反映了北宋的科学发展水平和他自己的研究心得,因而被现代人誉为"中国科学史上的坐标"。

《梦溪笔谈》问世后,受到学界重视,不久即被刊刻印行。《梦溪笔谈》最初刻的三十卷本,内容比今本要多,但早已散佚,仅二十六卷本经宋元明清刊刻,流传下来。宋代有扬州刻本,乾道二年又曾重刻行世,惜宋刻今皆不存,所以目前最古的版本就是现国家图书馆收藏的元代大德九年(公元1305年)陈仁子东山书院刻本。1956年，上海出版公司出版了胡道静的《梦溪笔谈校证》，考据精详。1957年，中华书局又出版了胡道静的《新校正梦溪笔谈》，很便于阅读。

《梦溪笔谈》在国外也很有影响，早在十九世纪，它就因为其活字印刷术的记载而闻名于世。本世纪以来，法、德、英、美、意等国都有人对《梦溪笔谈》进行系统而又深入的研究，并向社会公众加以介绍。

容斋随笔

《容斋随笔》是南宋洪迈著的史料笔记，被历史学家公认为研究宋代历史必读之书。该书与沈括的《梦溪笔谈》、王应麟的《困学纪闻》，是南宋三大最有学术价值的笔记。洪迈在《容斋随笔》卷首说明道："余老去习懒，读书不多，意之所之，随即纪录，因其先后，无复全次，故目之曰随笔。"

洪迈（公元1123年—1202年），南宋饶州鄱阳（今江西省上饶市鄱阳县）人，字景卢，号容斋，洪皓第三子。南宋著名的文学家。洪迈学识渊博，著书极多，文集《野处类稿》、志怪笔记小说《夷坚志》、编纂的《万首唐人绝句》、笔记《容斋随笔》等等，都是流传至今的名作。

作为一个勤奋博学的士大夫，洪迈一生涉猎了大量的书籍，并养成了做笔记的习惯。读书之际，每有心得，便随手记下来，集四十余年的成果，形成了《容斋随笔》五集，共七十四卷。

《容斋随笔》内容丰富包罗万象，大致包括下列几个方面：历史事件评论、历史人物评论、史料、典章、物产考察、宋代专著评介、天文、历算、星相等。

《容斋随笔》是全书的总名，分为《随笔》、《续笔》、《三笔》、《四笔》、《五笔》。《随笔》先后用了十八年的精力，《续笔》用了十三年，《三笔》五年，《四笔》不到一年；洪迈没有说《五笔》写了多少年，因为还没有按原计划写完十六卷，只写到十卷便去世了。他为《四笔》写序时，是宋宁宗庆元三年（公元1197年）九月，那么，自此以后至嘉泰二年（公元1202年）洪迈去世，期间的五年左右时间，应当就是他写作《五笔》的时间。

《容斋随笔》内容繁富，议论精当。有对宋代典章制度、官场见闻、社会风尚的记述；有对宋以前王朝废兴、人物轶事、制度沿革的记述；还有去伪存真的考订，人情人理的分析。其中对一些历史经验的总结颇有见地，许多资料为官方史志所不载，是我国古代笔记小说中不可多得的珍品。该书一经问世，在朝野引起强烈反响。明人李翰说："洪迈聚天下之书而遍阅之，搜悉异闻，考核经史，捃拾典故，值言之最者必札之，遇事之奇者必摘之，虽诗词、文翰、历谶、卜医，钩纂不遗，从而评之。"《四库全书总目提要》评价《容斋随笔》："南宋说部当以此为首。"《容斋随笔》中有关诗歌部分，后人曾辑为《容斋诗话》。

读这部书，就像是在书林中穿行，在文海中畅游，在史坛上俯瞰，在政界中视察。明代河南巡抚、监察御史李瀚在弘治十一年（公元1498年）十月十六日对此书评价说："此书可以劝人为善，可以戒人为恶；可使人欣喜，可使人惊愕；可以增广见闻，可以澄清谬误；可以消除怀疑，明确事理；对于世俗教化颇有裨益！"

沧浪诗话

《沧浪诗话》是宋代最负盛名、对后世影响最大的一部诗话，也是中国著名的诗歌理论著作。全书系统性、理论性较强，对诗歌的形象思维特征和艺术性方面的探讨，对中国古代诗歌的发展有很大贡献。

作者严羽（公元1198年—1241年），字仪卿，一字丹邱，号"沧浪逋客"，福建邵武人。因为他居于邵武樵川莒溪，与沧浪水合流处，所以自称"沧浪逋客"。据学者推断，他常有忧时念国之思，因当时政治环境的不兼容，他才走上隐居不仕之路。

严羽的作品有一百四十六首诗，而词只有两首。在这些作品中，既有忧国伤时的作品，也有描述隐逸生活以及赠答的作品。他的诗作及文评作品被收辑录为《沧浪吟卷》三篇。

《沧浪诗话》是严羽所著关于诗的理论批评著作，约写成于南宋理宗绍定、淳化间。它的系统性、理论性较强，是宋代最负盛名、对后世影响最大的一部诗话。全书分为《诗辨》、《诗体》、《诗法》、《诗评》和《考证》五篇，末附《答出继叔临安吴景仙书》。其中"诗辨"是全书的总纲，是严羽对诗歌的基本见解与理论。"诗体"是记述历代诗体，并按体裁、时代和风气对诗体作出分类。"诗法"是讲述诗歌的创作方法。"诗评"是对古今诗歌和诗人的评论。"考证"

是对诗歌的文字与作者的辨析。《答出继叔临安吴景仙书》是写给吴陵的回信，信中对《沧浪诗话》的理论、写作背景，作出说明和补充，并就吴陵给他的意见作出响应。

该书中的"诗辨"部分最为重要，"诗评"、"诗法"和"考证"亦多有可取之处。全书主旨是为了反对宋代存在的违背艺术规律的诗风，反对"以文字为诗，以才学为诗，以议论为诗"，强调诗与议论、说理文字的区别，即诗不同于理性思维的审美特征。作者对此书甚为自负，认为是"自家实证实悟"之作，"乃断千百年公案，诚惊世绝俗之谈，至当归一之论"。

《诗辨》一门是全书总纲，鲜明地提出了论诗宗旨，大要在一"识"字。因为"诗有别材，非关书也；诗有别趣，非关理也"，所以"学诗者以识为主"。"识"的内涵，即是当时人常用的"禅"、"悟"。由有识而得妙悟，又有妙悟而通于禅道。具体说来，便是以汉魏盛唐为第一义的效法对象，加以深刻透彻的领悟，才能达到"不涉理路，不落言筌"、"羚羊挂角，无迹可求"、"言有尽而意无穷"的最高艺术境界。从中可以明显看出，严羽论诗的基本方法是借禅理以喻诗、说诗。

《沧浪诗话》阐述了诗歌的学习门径、写作方法、创作要求及各种体制特点，并依此对诗歌作出评论与考证，使整部作品成为一个完整的诗歌理论体系。这在古代的诗歌理论作品中是少见的。

总之，《沧浪诗话》的影响很大：一方面，它推动了后世特别是明代诗歌的发展，明胡应麟认为明诗能"上追汉唐"，就是靠严羽的提倡；另一方面，它又造成了以后特别是明代"七子"和竟陵派以及清初王士祯的诗论脱离现实的不良风气。

永乐大典

《永乐大典》编撰于明永乐年间，初名《文献大成》，是中国的百科全书式的文献集，全书目录六十卷，正文两万两千八百七十七卷，装成一万一千零九十五册，约三亿七千万字，这一古代文化宝库汇集了古今图书七八千种。《永乐大典》常遭浩劫，大多亡于战火，今存不到八百卷。

《永乐大典》是中国最著名的一部大型古代典籍，它的规模远远超过了前代编纂的所有类书,为后世留下许多丰富的故事和难解之谜。《永乐大典》编纂于明朝永乐年间,保存了十四世纪以前中国历史地理、文学艺术、哲学宗教和百科文献。

说到《永乐大典》,不能不提到主持编纂这部典籍的两大功臣:解缙和姚广孝。解缙生于明洪武二年(公元1369年),正是明太祖朱元璋刚刚推翻元朝统治,建立明王朝的时候。明成祖朱棣很赏识他的才华,任用他主持过《太祖实录》和《列女传》的编纂。不过最让他名垂青史的,还是他主持编纂《永乐大典》的经历。姚广孝生于元元统三年(公元1335年),苏州长洲人,比谢缙年长三十四岁。姚广孝十四岁就出家当了和尚,法名道衍。姚广孝被明成祖朱棣请出来主持纂修《永乐大典》一则是因为解缙编纂的《文献大成》(《永乐大典》的前身)还是遵循儒家正统,没有兼收佛道之书;另一则是朱棣听说建文帝隐姓埋名在佛寺中,要通过姚广孝主持《永乐大典》编纂的机会,拉拢佛道信徒,以找到建文帝,根绝后患。解缙等人在明成祖的全力支援下,果然不负嘱托,成功编纂出了《永乐大典》。

《永乐大典》前后编纂过两次,第一次编纂开始于明成祖永乐元年(公元1403年),由解缙、胡广、胡俨、杨士奇等人负责,召集了一百四十七人,于次年完成了编纂工作。

永乐三年(公元1405年),明成祖再命姚广孝、解缙等人重纂,这次因为采选的书籍众多,参与的朝臣文士、宿学老儒达到两千一百六十九人。

《永乐大典》完成后,明廷又在各地征召了大批缮书人进行描栏、清抄、绘图和圈点工作,人员数量现在已经无法统计了。

参与编修《永乐大典》的人员生活条件优裕,他们居住在离皇家藏书处文渊阁不远的崇里坊等地,由光禄寺早晚供给酒肴、茗果,还发给膏火费,官员参与编修的可以免朝,待遇十分优厚。当时有人就以"天下文艺之英,济济乎咸集于京师"来形容《永乐大典》编纂的盛况。

《永乐大典》是一部类书,它编纂于明朝永乐年间,历时六年(公元1403年—1408年)编修完成。它保存了十四世纪以前中国历史地理、文学艺术、哲学宗教和其他百科文献,与法国狄德罗编纂的百科全书和英国的《大英百科全书》相比,都要早三百多年,堪称世界文化遗产的珍品,也是中国最著名的一部大型古代典籍。

《永乐大典》的规模远远超过了前代编纂的所有类书,即使是清代编纂的规模最大的类书《古今图书集成》也只有一万卷、一亿六千万字，不到《永乐大典》的一半。《永乐大典》的规模更是西方同时代的典籍所望尘莫及的。

据粗略统计，《永乐大典》采择和保存的古代典籍有七八千种之多，数量是前代《艺文类聚》、《太平御览》、《册府元龟》等书的五、六倍，就是清代编纂的大型丛书《四库全书》，收书也不过三千多种。

呻吟语

《呻吟语》是明朝晚期著名思想家、哲学家吕坤所著的探讨人生哲理的一部著作。作者针对明朝后期由盛转衰出现的各种社会弊病，提出了兴利除弊、励精图治的种种主张，并阐述了自己对修身养性、人情世故等方面的心得体会和见解，对当今世人颇有借鉴意义。

吕坤（公元1536年—1618年），字叔简、卑心吾、新吴，自号抱独居士，商丘宁陵县人。明万历二年（公元1574年）进士，历官右佥都御史，巡抚山西。因不满朝政，遂称疾乞休，家居凡二十年，以著述、讲学为务。他指斥言行不一，空谈天道性命之道学家为"伪"，为"腐"，提倡"于国家之存亡，万姓之生死，身心之邪正"有用之实学。时人称其著述"多出新意"，其精华在于博宗百家，通其大意，穷其旨趣，而自得为宗，除诸家之"偏见"，而达于"一中"。自称"不儒不道不禅，亦儒亦道亦禅"。著述甚多，有《去伪斋集》、《呻吟语》、《阴符经注》、《四礼疑》、《四礼翼》、《实政录》等。

《呻吟语》全书共六卷，前三卷为内篇，后三卷为外篇，分为性命、存心、伦理、谈道、修身、问学、应务、养生、天地、世运、圣贤、品藻、治道、人情、物理、广喻、词章等十七篇。涉猎广泛，体悟性强。反映出他对社会、政治、世情的体验，对真理的不懈求索。其中闪烁着哲理的火花和对当时衰落的政治、社会风气的痛恶。表现出其权变、实用、融通诸家的思想。

《呻吟语》是吕坤积三十年心血写成的著述，他在原序中称："呻吟，病声也，呻吟语，病时疾痛语也。""三十年来，所志《呻吟语》凡若干卷，携以自药。""择其狂而未甚者存之。"全书于明万历癸巳（万历二十一年，公元1593年）才完成。

集 部
Jibu

小窗幽记

《小窗幽记》，一名《醉古堂剑扫》，十二卷，格言警句类小品文。一说是明人陈继儒撰。陈继儒（公元1558年—1639年），字仲醇，号眉公，又号麋公，松江华亭人。诸生，隐居昆山之阳，后筑室东佘山，杜门著述。工诗能文，书法苏米，兼能绘事，名重一时。屡奉诏征用，皆以疾辞。其所作"或刺取琐言僻事，诠次成书，远近竞相购写"。今存著，除《小窗幽记》外，尚有《见闻录》、《六合同春》、《陈眉公诗余》、《虎荟》、《眉公杂著》等。另一说是明代陆绍珩所著（约1624年前后在世），生平不详。明天启年间曾流寓北京，编撰有《醉古堂剑扫》。

全书始于"醒"，终于"倩"，虽混迹尘中，却高视物外；在对浇漓世风的批判中，透露出哲人式的冷隽，其格言玲珑剔透，短小精美，促人警省，益人心智。它自问世以来，不胫而走，一再为读者所关注，其蕴藏的文化魅力，正越来越为广大读者所认识。

《小窗幽记》分为醒、情、峭、灵、素、景、韵、奇、绮、豪、法、倩十二集，内容主要阐明涵养心性及处世之首，表现了隐逸文人淡泊名利，乐处山林的陶然超脱之情，文字清雅，格调超拔，论事析理，独中肯綮，为明代清言的代表作之一。作者工书善画，与董其昌齐名，其文今日读来，颇有风致，清赏美文外，于处世修身，砥砺操守或有启发。

此书与《菜根谭》、《围炉夜话》并称为修身养性的三大奇书，从问世以来一直备受推崇，对于读者感悟中国文化、修养心性都有不小助益。

围炉夜话

《围炉夜话》，是明清时期著名的文学品评著作，对于当时以及以前的文坛掌故，人、事、文章等分段作评价议论。

这本书是作者王永彬"于清咸丰甲寅二月，于桥西馆"的一经堂完成的。作者虚拟了一个冬日拥着火炉，至交好友畅谈文艺的情境，使本书语言亲切、自然、易读，并由于其独到见解在文学史上占有重要地位。

中国传统文人是快乐超俗,亦或痛苦压抑,现在难以说得清楚。那代文人即使在生活安逸、仕途得意时,心中也常存为天地立心、为万民请命的忧患意识,而在陡遭不测、倾家荡产时,又能常常保持一份无怨无悔的淡然心态。这就是中国传统文化的底蕴,因其博大,受其滋润的中国文人的心胸也是宽广大度的,其精神世界更是丰富多彩。

《围炉夜话》分为二百二十一则,以"安身立业"为总话题,分别从道德、修身、读书、安贫乐道、教子、忠孝、勤俭等十个方面,揭示了"立德、立功、立言"皆以"立业"为本的深刻含义。

与《菜根谭》、《小窗幽记》并称处世三大奇书。

菜根谭

《菜根谭》是明代还初道人洪应明收集编著的一部论述修养、人生、处世、出世的语录世集。具有三教真理的结晶,和万古不易的教人传世之道,为旷古稀世的奇珍宝训。

《菜根谭》对于人的正心修身,养性育德,有不可思议的潜移默化的力量。其文字简炼明隽,兼采雅俗。似语录,而有语录所没有的趣味;似随笔,而有随笔所不易及的整饬;似训诫,而有训诫所缺乏的亲切醒豁;且有雨余山色,夜静钟声,点染其间,其所言清霏有味,风月无边。

《菜根谭》是以处世思想为主的格言式小品文集,采用语录体,揉合了儒家的中庸思想,道家的无为思想和释家的出世思想的人生处世哲学的表白。

《菜根谭》文辞优美,对仗工整,含义深邃,耐人寻味。是一部有益于人们陶冶情操、磨炼意志、奋发向上的通俗读物。作者以"菜根"为本书命名,意谓"人的才智和修养只有经过艰苦磨炼才能获得"。正所谓"咬得菜根,百事可做"。

《菜根谭》现存有大体两种不同的版本——清刻版与明刻版,明刻版来自三峰主人于孔兼的题词,系日本内阁文库昌平坂学问所的藏本,据说当初刊载于明代高濂编辑的《雅尚斋遵生八笺》中。书分前后两集,前集二百二十五条,后集一百三十五条,共三百六十条。清刻版,有光绪丁亥年扬州藏经院木刻本。

集部
Jibu

曾国藩家书

《曾国藩家书》是曾国藩的书信集，成书于清咸丰年间。记录了曾国藩在清道光三十年至同治十年前后达三十年的翰苑和从武生涯，近一千五百封。所涉及的内容极为广泛，是曾国藩一生的主要活动和其治政、治家、治学之道的生动反映。曾氏家书行文从容镇定，形式自由，随想而到，挥笔自如，在平淡家常中蕴育真知良言，具有极强的说服力和感召力。尽管曾氏留传下来的著作太少，但仅就一部家书中可以体现他的学识造诣和道德修养，从而赢得了"道德文章冠冕一代"的称誉，并成为中国封建社会最后一尊精神偶像。

曾国藩（公元1811年—1872年），初名子城，字伯涵，号涤生，谥文正，湖南省长沙府湘乡县人。晚清重臣，湘军的创立者和统帅者。清朝军事家、理学家、政治家、书法家、文学家，晚清散文"湘乡派"创立人。官至两江总督、直隶总督、武英殿大学士，封一等毅勇侯。

曾国藩的家书，上自祖父母至父辈，中对诸弟，下及儿辈。他一生强调立志，常说："志不立，天下无可成之事。"他为自己写下座右铭道："不为圣贤，便为禽兽；不问收获，但问耕耘。"在其家书家教中，立志之论甚多。立志之后，据此求过，自律自勉。他说："余身旁须有一胸襟恬淡者，时时伺吾之短，以相箴规，庶不使'矜心'生于不自觉。"曾国藩原先嗜好吸水烟，后来他要戒绝，但也不太容易，他对其弟说："自戒潮烟以来，心神彷徨几若无主。遏欲之难，类如此矣！不挟破釜沉舟之势，讵有济哉？"曾国藩硬是凭律己的毅力将烟戒绝。

在为人处世上，曾国藩终生以"拙诚"、"坚忍"行事。他在致其弟信中说："吾自信亦笃实人，只为阅历世途，饱更事变，略参些机权作用，便把自家学坏了！……贤弟此刻在外，亦急需将笃实复还，万不可走入机巧一路，日趋日下也。"至于坚忍功夫，曾国藩可算修炼到了极点。他说："困心横虑，正是磨练英雄，玉汝于成。李申夫尝谓余怄气从不说出，一味忍耐，徐图自强。因引谚曰：'好汉打脱牙和血吞。'此二语，是余生平咬牙立志之诀。余庚戌辛亥间，为京师权贵所唾骂；癸丑甲寅，为长沙所唾骂；乙卯丙辰为江西所唾骂；以及岳州之败，靖港之败，湖口之败，盖打脱牙之时多矣，无一次不和血吞之。"曾国藩崇尚坚忍实干，不仅在得意时埋头苦干，尤其是在失意时绝不灰心，他在安慰其弟曾国荃连吃两次败仗的信中说:"另起炉灶,重开世界,安知此两番之大败,非天之磨炼英雄,使弟大有长进乎?谚云:'吃一堑,长一智。'吾生平长进,全在受挫辱之时。务须咬牙励志,费其气而长其智,切不可徒然自馁也。"

在持家教子方面,曾国藩主张勤俭持家,努力治学,睦邻友好,读书明理。他在家书中写道:"余教儿女辈惟以勤俭谦三字为主。……弟每用一钱,均须三思,诸弟在家,宜教子侄守勤敬。吾在外既有权势,则家中子弟最易流于骄,流于佚,二字皆败家之道也。"他希望后代兢兢业业,努力治学。他常对子女说,只要有学问,就不怕没饭吃。他还说,门第太盛则会出事端,主张不把财产留给子孙,子孙不肖留亦无用,子孙图强,也不愁没饭吃,这就是他所谓的盈虚消长的道理。

曾国藩一生经历了中国衰朽的过程。就其本人而言,早年专精学问,学做圣贤,着实取得不小成绩,后从戎理政,也大有所成。他的门人李鸿章曾感叹地说:"吾师道德功业,固不待言,即文章学问,亦卓绝一世。"曾国藩关于治学修身齐家和立志立功立德的论述,对后人仍有研究和弘扬的价值。

四库全书

《四库全书》是乾隆皇帝亲自组织的中国历史上一部规模最大的丛书。1772年开始,经十年编成。丛书分经、史、子、集四部,故名四库。据文津阁藏本,该书共收录古籍三千五百零三种、七万九千三百三十七卷、装订成三万六千余册,保存了丰富的文献资料。"四库"之名,源于初唐,初唐官方藏书分为经、史、子、集四个书库,号称"四部库书",或"四库之书"。经、史、子、集四分法是古代图书分类的主要方法,它基本上囊括了古代所有的图书,故称"全书"。

《四库全书》的内容是十分丰富的。按照内容分类,包括四部四十四类六十六属。分经、史、子、集四部,故名四库。经部包括易类、书类、诗类、礼类、春秋类、孝经类、五经总义类、四书类、乐类、小学类等十个大类,其中礼类又分周礼、仪礼、礼记、三礼总义、通礼、杂礼书六属,小学类又分训诂、字书、韵书三属;史部包括正史类、编年类、纪事本末类、杂史类、别史类、诏令奏议类、传记类、史钞类、载记类、时令类、地理类、职官类、政书类、目录类、史评类等十五个大类,其中诏令奏议类又分诏令、奏议二属,传记类又分圣贤、名

集 部
Jibu

人、总录、杂录、别录五属,地理类又分宫殿疏、总志、都会郡县、河渠、边防、山川、古迹、杂记、游记、外记十属,职官类又分官制、官箴二属,政书类又分通制、典礼、邦计、军政、法令、考工六属,目录类又分经籍、金石二属;子部包括儒家类、兵家类、法家类、农家类、医家类、天文算法类、术数类、艺术类、谱录类、杂家类、类书类、小说家类、释家类、道家类等十四大类,其中天文算法类又分推步、算书二属,术数类又分数学、占侯、相宅相墓、占卜、命书相书、阴阳五行、杂技术七属,艺术类又分书画、琴谱、篆刻、杂技四属,谱录类又分器物、食谱、草木鸟兽虫鱼三属,杂家类又分杂学、杂考、杂说、杂品、杂纂、杂编六属,小说家类又分杂事、异闻、琐语三属;集部包括楚辞、别集、总集、诗文评、词曲等五个大类,其中词曲类又分词集、词选、词话、词谱词韵、南北曲五属。除了章回小说、戏剧著作之外,以上门类基本上包括了社会上流布的各种图书。

编纂《四库全书》的过程,也就是寓禁于征的过程,也就是大兴文字狱的过程。据统计,在长达十余年的修书过程中,禁毁图书三千一百多种、十五万部以上。在收入《四库全书》的图书中,也有不少删节或挖改。在编纂《四库全书》的过程中,还编了《四库全书荟要》、《四库全书总目》、《四库全书简明目录》、《四库全书考证》、《武英殿聚珍版丛书》等。这几种书可以看作编纂《四库全书》的副产品。《四库全书荟要》是《四库全书》的精华,收书四百七十三种、一万九千九百三十一卷。开本大小和装帧形式与《四库全书》相同。乾隆四十三年(公元1778年)共抄两部:一部放在宫中御花园的摛藻堂,一部放在圆明园东墙外长春园内的味腴书屋。《四库全书总目》二百卷是《四库全书》收录书和存目书的总目录。该目录前有"凡例",经、史、子、集四部之首冠以总序,大类之前又有小序,每书之下都有著者介绍、内容提要、版本源流等考证文字。由于这些考证文字出于纪昀、戴震、姚鼐、邵晋涵等著名学者之手,因而具有重要的学术价值。《四库全书简明目录》二十卷是《四库全书总目》的简编本,它不列存目书,只列《四库全书》收录的图书,每种书的提要也写得比较简单。《四库全书考证》一百卷是四库馆臣对应抄,应刻各书校勘字句的记录汇编,该书对于校订古籍有较高的参考价值。《武英殿聚珍版丛书》是用木活字印成的。它包括《四库全书》中一百三十八种"应刻"之书。该丛书在刻印四种之后,主持人金简通过比较,认为木活字花钱少,实用价值高,改为木活字印刷出版。金简把木活字印刷过程写成《钦定武英殿聚珍版程式》一书,并收入

《四库全书》，它是古代印刷史上的重要文献，已被译成德文、英文等流传世界。

《四库全书》是我国现存最大的一部官修丛书，是清乾隆皇帝诏谕编修的我国乃至世界最大的文化工程。全书分经、史、子、集四部，约十亿字。相当于同时期法国狄德罗主编《百科全书》的四十四倍。清乾隆以前的中国重要典籍，许多都收载其中。由于编纂人员都是当时的著名学者，因而代表了当时学术的最高水平。客观上整理、保存了一大批重要典籍，开创了中国书目学，确立了汉学在社会文化中的主导地位，具有无与伦比的文献价值、史料价值、文物价值与版本价值。

古文观止

《古文观止》是自清代以来最为流行的古代散文选本之一。是清人吴楚材、吴调侯于康熙三十三年（公元1694年）选定的。

《古文观止》的编选者吴楚材（名乘权）、吴调侯（名大职）为叔侄二人，生于浙江山阴（今绍兴市）。清吴兴祚在《古文观止序》中说："会稽章子、习子，以古文课余子于三山之凌云处；维时从子楚材实左右之。楚材天性孝友，潜心力学，工举业，尤好读经史，于寻常讲贯之外，别有会心。与从孙调侯，日以古学相砥砺。调侯奇伟倜傥，敦尚气谊。本其家学，每思继序前人而光大之。二子才器过人，下笔洒洒数千言无懈漫，盖其得力于古者深矣。"二人的情况现在只能于此序中窥见一斑。"观止"二字，出自《左传·襄公十九年》：吴季札在鲁国赏周乐，至《韶》舞，赞叹"德至矣哉！大矣"，认为无美不具，于是说："观止矣。"书名为观止，意在力图选编达到尽善尽美，无以超越。

《古文观止》全书一共有十二卷，收入上起周代下讫明末的历代文章二百二十二篇，论说抒情，写景状物，众体兼备。书中西汉以前的文章以左丘明的《左传》为突出点，选录三十四篇，占全书的六分之一以上；《国语》、《战国策》、《公羊传》、《谷梁传》、《礼记》的文章选录有三十六篇，两者汇总计七十篇，占《古文观止》全书的三分之一。编者有意强化汉代以前文章的份量，是为了使读者更清晰、更全面、更深入地了解中国古代散文的源本，以便打好根基。对两汉的文章，编者比较重视司马迁的《史记》，汉文三十一篇，《史记》有十四篇。唐代文章以"唐宋八大家"中的韩愈、柳宗元为主，分别选入二十四篇和十一篇；宋文以欧阳修、苏轼为侧重点，分别选入十三篇和十二篇。秦文仅选李斯一篇，六朝文章选六篇，元代一篇未选，明代选入十八篇。编者在文章的选择上轻重得宜，取舍有据，集中反映了汉文及唐宋八大家文，有轻有重，便于阅读。

《古文观止》篇幅适当，所选的文章以汉唐二代为多，以散文为主，兼顾骈韵二体，既有长篇大论，又有精短美文，反映出编者眼光的细致和周到。它本身的鲜明特点与突出优势使它在问世后的三百多年里，成为最流行、最通俗、最广为人知、最有影响的初学古文选本，常作为私塾及学堂的启蒙读本，几乎家家备一本，海内风行。那么，它最突出的特点和优势是什么呢？《古文观止》之前的古文选本，大多依据昭明太子萧统《文选》的体例，分类繁琐，常以条目为主线，阅读使用时都很不简便。《古文观止》则以时代为纲，作者为目，将作者的各类文体的作品集粹于一处，阅读方便，查看快捷，使读者对清代之前的散文史认识清楚，印象深刻。所以，《古文观止》的流行性与通俗性、权威性至今难以动摇，仍影响巨大，是青年首选的普及性古文选本，一版再版，依旧常售不衰。

西厢记

《西厢记》全名为《崔莺莺待月西厢记》。它的曲词华艳优美，富于诗的意境，可以说每支曲子都是一首美妙的抒情诗。是我国古典戏剧的现实主义杰作，对后来以爱情为题材的小说、戏剧创作影响很大。

作者王实甫，元代著名杂剧作家，今保定定兴县人。他一生写作了十四种剧本，《西厢记》大约写于元贞、大德年间（公元1295年—1307年），是他的代表作。这个剧一上舞台就惊倒四座，博得男女青年的喜爱，被誉为"西厢记天下夺魁"。

历史上，"愿普天下有情人都成眷属"这一美好的愿望，不知成为多少文学作品的主题，《西厢记》便是描绘这一主题的最成功的戏剧。

故事的原型与唐朝大诗人元稹有关。据说唐朝晚期的大诗人元稹出生在河内县清化镇的赵后村，赵后村的邻村是崔庄村，崔庄里有一女崔小迎，两人从小一起玩耍，青梅竹马，两小无猜。元稹八岁时父亲逝世，小迎一家更把他当亲人看待。小迎十岁那年，父亲去烟粉作坊做工，举家搬迁。于是元稹便跟随小迎的父亲一起前往。两人经常在斑竹林里逗耍，过家家，拜天地，称公道婆，并在沁园内结识了很多文人过客，如著名的文学家令狐楚，韩愈，白居易，李绛等。受其熏陶，学习诗文，十五岁就以明两经擢第。小迎也长得如出水芙蓉，美丽超群，两人私定终生。元贞十七年春，元稹赴考从政，后深受当时太子少保韦夏卿赏识，权势之下与韦夏卿之女韦丛婚配，从此一生再也未见小迎一面。其妻早逝后，曾多次回家寻找小迎，却杳无音讯。小迎的聪慧美丽，清纯质朴的音容笑貌，缠绕了他一生的梦魂，于是写《会真记》以表衷情，文中将自己化做张生，把小迎化为莺莺。"曾经沧海难为水，除却巫山不是云"，是元稹把对小迎的感情升华到了最高点。然而元稹在《会真记》中的结尾却是悲剧的，剧中的张生"始乱终弃"，最终抛弃了莺莺。

唐代以后，这个爱情故事的结局，令许多人感到遗憾和不满，斥责张生为"薄情年少如飞絮"，逐渐在民间流传并将结局改变。宋代以后，由于北方游牧民族不断入侵并和汉族同化，封建礼法观念在普通人民的中间逐渐淡化，金代出现了董良（一说为董琅）所写的诸宫词《西厢记》。诸宫词是当时的一种说唱艺术，类似现代的评弹，用琵琶和筝伴奏，边说边唱。这本《西厢记》将内容大为增加，加入许多人物和场景，最后结局改为张生和莺莺不顾老夫人之命，双双出走投奔白马将军，由其做主完婚。

元代时，王实甫基本根据这部诸宫调将《西厢记》改编成多人演出的戏剧剧本，使故事情节更加紧凑，融合了古典诗词，文学性大大提高，但将结尾改成老夫人妥协，答应其婚事，大团圆结局。

对于这部剧本的作者说法不一，出现过一些争议，如有人说是关汉卿所作，也有人说是关作王续，或王作关续，但认为是王实甫所作的说法比较为世人所公认。

《西厢记》最突出的成就是从根本上改变了《会真记》的主题思想和莺莺的悲剧结局，把男女主人公塑造成在爱情上坚贞不渝，敢于冲破封建礼教的束缚，并经过不懈的努力，终于得到美满结果的一对青年。这一改动，使剧本反封建倾向更鲜明，突出了"愿普天下有情人都成眷属"的主题思想。在艺术上，剧本通过错综复杂的戏剧冲突，来完成莺莺、张珙、红娘等艺术形象的塑造，使人物的性格特征生动鲜明，加强了作品的戏剧性。

《西厢记》是我国古典戏剧的现实主义杰作，对后来以爱情为题材的小说和戏剧创作的影响很大，《牡丹亭》、《红楼梦》等作品都曾从它那里不同程度地吸取了反封建的民主精神。

集 部
Jibu

六朝文絜

《六朝文絜》，清代许梿编选。

许梿，生卒不详，字叔夏，号珊林，浙江海宁人，清道光进士，于道光五年编成《六朝文絜》一书。

《六朝文絜》为六朝骈文选集。文絜，取自刘勰"析词尚絜"之说。

骈体文素以句式严整、词藻华丽著称，句式严正，多用排比对偶。全书选入上起晋宋，下讫陈隋骈文七十二篇，合为赋、铭、诏、策、令等十八类，收入作家三十六人。名为六朝，实际晋代仅选陆机一人一篇，其余都是南北朝作家。以全篇构思精练和修辞简洁为选文标准，所选文章多篇幅短小，文笔优美，写景抒情的骈文，也有部分梁元帝等人轻巧靡艳的作品，作为骈文读本，此集基本上能体现各家特点和六朝骈文发展的面貌。许梿的评语颇能穷源竟委，抉发精华，因此很受读者欢迎。

骈体文选以《文选》和李兆洛《骈体文钞》最著名，而《六朝文絜》则以短小精悍得行于世。

六朝在文人心目中是烟波浩淼而又华丽奢靡、余香缭绕的时代，"江山三秋后，风月六朝余"，风月的六朝一直生活在诗人的梦中，直至近代诗僧曼殊，仍在延续这样的梦："谁知词客蓬山里，烟雨楼台梦六朝。"

实际上，六朝可谓"乱世"，朝荣夕败，命不在我，生亦何艰！正是在这样的环境下，使人开始更加关注自己的内心，关注文字本身给自己带来的审美享受，文学开始走上自觉，出现了中国文学"缘情而绮靡"的代表——骈体文的高峰时期。"黯然销魂者"，不仅仅是离别，还有在《六朝文絜》中寻绎遥远的、活色声香的六朝。

清代有黎经诰的《六朝文絜笺注》，其注征引详赡，还作了精密的校雠工作，1962年中华书局据此排印出书。

浮生六记

《浮生六记》是清朝长洲人沈复著于嘉庆十三年（公元1808年）的自传体散文。

沈复（公元1763年—1825年），字三白，号梅逸，长洲（现在江苏苏州）人，清代文学家，工诗画、散文。至今未发现有关他生平的文字记载。据其所著的《浮生六记》来看，他出身于幕僚家庭，没有参加过科举考试，曾以卖画维持生计。妻死后，他去四川充幕僚，此后情况不明。

清朝王韬的妻兄杨引传在苏州的旧书摊上发现《浮生六记》的残稿，只有四卷，交给当时在上海主持申报闻尊阁的王韬，以活字板刊行于1877年。"浮生"二字典出李白诗《春夜宴从弟桃李园序》中"夫天地者，万物之逆旅也；光阴者，百代之过客也。而浮生若梦，为欢几何？"。

《浮生六记》以作者夫妇的生活为主线，叙述了平凡而又充满情趣的居家生活的浪游各地的所见所闻。作品描述了作者和妻子陈芸情投意合，想要过一种布衣蔬食而从事艺术的生活，由于封建礼教的压迫与贫困生活的煎熬，终至理想破灭。本书文字清新真率，无雕琢藻饰痕迹，情节则伉俪情深，至死不渝。

闻尊阁版《浮生六记》是最早的铅印版，有杨引传序和"尊闻阁王"（王韬）跋。杨引传序言中说"六记已缺其二"。王韬曾说少时（公元1847年前）曾读过这本书，可惜没有抄写副本，流亡香港时，常常怀念它。王韬在1877年为尊闻阁版所写的的跋中没有说少时曾见过全本。

1936年林语堂将《浮生六记》这前四篇翻译成英文，分期连载于《天下》月刊。后来又出版汉英对照单行本，并作长序言。林语堂在序言中写道"芸，我想，是中国文学上一个最可爱的女人"。还猜想"在苏州家藏或旧书铺一定还有一本全本"。

过后不久苏州旧书摊上便出现了"全抄本"，其中就有卷五、卷六，其实是后人的伪作。

《浮生六记》是一部水平极高影响颇大的自传体随笔，在清代笔记体文学中占有相当重要的位置。

该书的特点在于真纯率真，独抒性灵，不拘格套，富有创造性。这种创造性，首先体现在其题材和描写对象上。在书中，作者以深情直率的笔调描述了夫妻闺房之乐，写出了夫妻间至诚至爱的真情。在中国文学史上，描写情爱的诗文很多，但大多或写宫廷艳史，或写权势礼法淫威下的爱情悲剧，或写风尘知己及少男少女之间的缠绵，很少涉及夫妻之情。

别具慧眼的陈寅恪指出："吾国文学，自来以礼法顾忌之故，不敢多言男女间关系，而于正式男女关系如夫妇者，尤少涉及。盖闺房燕昵之情意，家庭米盐之琐屑，大抵不列于篇章，唯以笼统之词，概括言之而已。此后来沈三白《浮生六记》之《闺房记乐》，所以为例外创作。"

人间词话

《人间词话》是著名国学大师王国维所著的一部文学批评著作。作于公元1908年—1910年。此书是作者接受了西洋美学思想之洗礼后，以崭新的眼光对中国旧文学所作的评论。表面上看，《人间词话》与中国相袭已久之诗话、词话一类作品之体例、格式，并无显著的差别，实际上，它已初具理论体系，在旧日诗词论著中，称得上一部不可多得的作品。

在以往词论界里，许多人把它奉为圭臬，把它的论点作为词学、美学的根据，影响的确很是深远。可以这样说，王国维的《人间词话》是晚清以来最有影响的著作之一。

王国维（公元1877年—1927年），字伯隅、静安，号观堂、永观，汉族，浙江海宁盐官镇人。清末秀才。是我国近现代在文学、美学、史学、哲学、古文字、考古学等各方面成就卓著的学术巨子，国学大师。

《人间词话》不同于当时有影响的词话，它提出了"境界"说。"境界"说是《人间词话》的核心，统领其他论点，又是全书的脉络，沟通全部主张。

王国维不仅把它视为创作原则，也把它当做批评标准，论断诗词的演变，评价词人的得失，作品的优劣，词品的高低，均从"境界"出发。因此，"境界"说既是王国维文艺批评的出发点，又是其文艺思想的总归宿。

清朝词派，主要有浙派和常州派。浙派词致力于纠正明词末流迂缓淫曼的毛病，崇尚清灵，学习南宋姜夔、张炎的词，不愿迫近北宋词人，不师秦观、

王国维

黄庭坚，只学张炎，其流蔽在于主清空而流于浮薄，主柔婉而流于纤巧。于是常州派词起而纠正浙派的流弊，提倡深美闳约，沉着醇厚，以立意为本，发挥意内言外之旨，主张应有寄托，推崇周邦彦而轻薄姜夔、张炎。这的确使词论前进了一大步。而王国维的《人间词话》更是突破浙派、常州派的樊篱，克服两者之弊，有了更进一步的发展。

浙派词主清空柔婉，结果导致浮薄纤巧，不真切，王国维的"境界"说提倡不隔，以纠正浙派词的流弊。他强调写真景物，真感情，要写得真切不隔。这确实击中了浙派词的要害。

对于常州派，他反对所有词都必须有寄托的说法，认为并不是有寄托的词才是好词。他指出："若屯田之《八声甘州》，东坡之《水调歌头》，则伫兴之作，格高千古，不能以常调论也。"并引牛峤等词，称为"专作情语而绝妙者"。他认为，伫兴之作，写情语，写景物，只要真切不隔，有境界，便是好词。这种观点有利于纠正常州派词偏于追求寄托的狭隘见解。

王国维是中国近代最后一位重要的美学和文学思想家。他第一个试图把西方美学，文学理论融于中国传统美学和文学理论中，构成新的美学和文学理论体系。从某种意义上说，他既集中国古典美学和文学理论之大成，又开中国现代美学和文学理论之先河。在中国美学和文学思想史上，他是从古代向现代过渡的桥梁，起到了承上启下，继往开来的作用。

蒙 学

概 述

所谓蒙学就是中国传统的启蒙教育。中国古代以蒙书进行启蒙教育,上至周秦两汉,下讫民国初年,其间长达数千年之久。在这古道漫长的数千年间,蒙学相传相袭,其书逐渐增多,内容亦不断总结完善,至汉唐基本趋于成熟。蒙养教育开始多推行于官廷内部和显贵缙绅之家,宋、元之后广泛发展,庶民子弟也多可受其教化,从此启蒙教育普及于社会,并成为中华民族千百年来吸取知识营养、增长聪明智慧、规范道德行为、取得文明进步、屹立于世界民族之林的重要思想基础。

中国古代蒙学蒙书,是中华民族悠久灿烂文化的重要组成部分,它在中国思想文化的发展史中占有重要地位。古代蒙学教育的基本目标是对儿童传授文化知识,进行思想品德教育,即所谓"蒙以养正",使儿童树立一种符合社会要求的道德规范,从而维护封建统治和封建宗法制度。蒙学蒙书伴随着社会进步与发展,不断批判扬弃,总结提高,已成为人类文化宝库中的珍贵财富。其中有不少蒙书包含博大精深的历史知识和思想内容,已远远超出了童蒙教育的樊篱,因此说古代蒙书不仅是儿童的教科书、是促进儿童成长与进步的一块知识田园,也是更多人丰富知识、修身励志、完善自我的重要传统读物。中华蒙书之所以能源远流长、历久不衰,其根本原因就是它的本身具有强大雄勃的生命力,它独具特色的优秀精华部分已被大多数人所接受、所受益,并孕育和熏陶了一代又一代的华夏儿女。再就是它具有较高的艺术成就和学术研究价值,其中有不少蕴含灵光、精彩动人的蒙书篇章,可谓是句句精当、字字珠玑,令人惊叹不已。可以说,中华蒙书在文学、史学、哲学、语言学、教育学等方面,为整个人类的文明进步作出了不可磨灭的贡献!

中国古代的蒙学课本是从字书发轫的。早在周代就有了供学童识字、习字用的字书。《汉书·艺文志》载:"《史籀篇》者,周时史官教学童书也。"《史籀篇》是著录于史册的最早的蒙学课本。

秦代为统一文字,曾由李斯、赵高、胡毋敬分别用小篆编写了字书《苍颉》七章、《爰历》六章、《博学》七章,"文字多取《史籀篇》"。汉兴,闾里书师合《苍颉》、《爰历》、《博学》三篇为一本,统称《苍颉篇》。1977年安徽阜阳出土的汉简中,有《苍颉篇》五百四十一个字,这是《苍颉篇》亡佚近千年后最大的一次发现。残简《苍颉篇》用隶书,为四言韵语,常将同义、近义或反义词编排一起,如"黯黝、赫赧、赤白黄"。这种"以类相从"的编法,对后代蒙学字书的编纂很有启发。

两汉魏晋南北朝时也编过不少蒙学字书,《汉书·艺文志》小学类著录的即有十家三十五篇,内有司马相如的《凡将篇》,史游的《急就篇》,李长的《元尚篇》,扬雄的《训纂篇》。《隋书·经籍志》著录的还有贾鲂的《滂喜篇》,张揖的《埤苍》,蔡邕的《劝学》、《圣皇篇》、《黄初篇》、《女史篇》,班固的《太甲篇》、《在昔篇》,崔瑗的《飞龙篇》,朱育的《幼学》,樊恭的《广苍》,陆机的《吴章》,周兴嗣的《千字文》,束皙的《发蒙记》,顾恺之《启蒙记》等,其中《滂喜》与《苍颉》、《训纂》合称"三苍"。但这些蒙书多已亡佚,完整保存下来的只有《急就篇》和《千字文》。

唐宋以后,随着蒙学教育的发展和印刷术的发明,出现了分门别类的蒙学专书,逐渐形成包括识字教育、封建道德教育和知识教育的比较完整的体系。体裁上,不仅有韵语读本,还有看图识字、散文故事和诗歌集。

有以识字教育为主的综合性识字课本,这类课本主要有《开蒙要训》、《百家姓》、《三字经》、《对相识字》、《文字蒙求》和"杂字"书。

有以封建道德教育为主的蒙学伦理课本,《太公家教》是现存的最早的这一类课本,撰者佚名,多用韵语杂述封建社会日常生活的道德要求和待人处世的格言。唐中叶至北宋初年颇流行。后来《三字经》、《百家姓》出现,中原地区渐少流传,而北方及东北地区少数民族则转多采用,曾先后译成女真文和满文。

宋代朱熹编的《小学》是最受理学家推崇的一本蒙学伦理书。明代吕得胜、吕坤父子分别编写的《小儿语》、《续小儿语》,是明清时期广泛流行的蒙学伦理课本。以社会、自然常识教育为主的知识性课本滥觞于唐代的《兔园册》,创始于李翰的《蒙求》,最后发展为明清时期广泛流传的《幼学琼林》。

还有以提高阅读能力为主要目的的故事读本,宋代胡继宗编的《书言故事》是此类课本较早的一本,以介绍常用的典故、成语的出处为主。元代虞韶编,经后人多次修订的《日记故事》,则是以介绍历史人物故事为主的课本。书中有不少以儿童为主人公的小故事,如"称象"、"司马光破瓮救小儿"以及"灌水浮球"等,颇能启发儿童智慧。

明代萧良友编的《蒙养故事》是用韵语编撰的故事书,经杨臣诤增订改名为《龙文鞭影》,分上、下两卷。"龙文,良马也,见鞭则疾驰,不俟驱策",喻此书能使儿童自觉学习,迅速掌握知识。清代李晖吉、徐曾续编《龙文鞭影二集》。

明代陶赞廷编用白话解说的《蒙养图说》,清代丁有美编的《童蒙观鉴》,清代刊本《二十四孝图说》等,则是以封建伦常故事为主的蒙学故事读本。

此外还有用以陶冶儿童性情的诗歌读本,古代蒙学教育十分重视用咏歌古诗"以养其性情"。唐宋以后,诗歌成了蒙学教学中固定的教学内容。唐胡曾的《咏史诗》是较早为学童编写的诗歌集,包括一百余首以历史为题材的七言绝句,流传于五代至宋后与《千字文》、《蒙求》合注刻印,称《释文三注》,并传至日本,复刊称《明本排字增广附音释文三注》。

宋以后在蒙学中流传较广的是《神童诗》、《千家诗》和《唐诗三百首》。

长时间的历史发展中,蒙学读本随着时代历史条件的演变而不断变化,但在其基本内容、形式和风格上保持了以一贯之的连续性和稳定性,这就必然有助于建立起人们对读本的信任感,从而更进一步加强了它的影响。

三字经

《三字经》是中国古代历史文化的宝贵遗产,是学习中华传统文化不可多得的儿童启蒙读物。它短小精悍、琅琅上口,千百年来,家喻户晓。其内容涵盖了历史、天文、地理、道德以及一些民间传说,所以说熟读《三字经》可知天下事。基于历史原因,《三字经》不可避免的含有糟粕,但其独特的思想价值和文化魅力为人们所公认,被历代人们奉为经典而不断流传。

关于《三字经》的作者主要有四种说法：一、宋末区适子撰；二、明代黎贞撰；三、区适子撰，黎贞增广之；四、南宋王应麟撰。

《三字经》自南宋以来，已有七百多年历史，共一千多字，可谓家喻户晓，脍炙人口。三字一句的韵文极易成诵，内容包括了中国传统的教育、历史、天文、地理、伦理和道德以及一些民间传说，广泛生动而又言简意赅。

已经有一千多年历史的《三字经》依然有着巨大的生命力。在过去，包括章太炎在内的有识见的学者，多有致力于《三字经》的注释和续补者。模拟《三字经》形式的读物，如《女三字经》、《地理三字经》、《医学三字经》、《西学三字经》、《工农三字经》、《军人三字经》、《佛教三字经》、《道教三字经》层出不穷，风靡天下。

百家姓

《百家姓》是中国流行最长，流传最广的一种蒙学教材。它的成书和普及要早于《三字经》。该书是一本关于中文姓氏的书，成书于北宋初。原收集姓氏四百一十一个，后增补到五百零四个，其中单姓四百四十四个，复姓六十个。《百家姓》的次序不是依各姓氏人口实际排列，而是因为读来顺口，易学好记。《百家姓》与《三字经》、《千字文》并称"三百千"，是中国古代幼儿的启蒙读物。

据南宋学者王明清考证，《百家姓》是宋朝初年钱塘的一个老儒编的。宋朝的皇帝姓赵，赵便为国姓。钱塘属浙江，当时占据江浙一带的是吴王钱俶，孙是他正妃的姓。李是南唐李后主的姓。于是"赵钱孙李"便成为了开头的一句。他判断《百家姓》"似是两浙钱氏有国时小民所著"。所谓"有国"，据史书记载，吴越在宋太祖开国后，还存在一段时间，至宋太宗兴国二年才率土归降。可见这本书是北宋初年问世的。

《百家姓》采用四言体例，句句押韵，虽然它的内容没有文理，但读来顺口，易学好记，与《三字经》、《千字文》相配合，成为中国古代蒙学中的固定教材，该书颇具实用性，熟悉它，于古于今都是有裨益的。

《百家姓》是中国独有的文化现象，流传至今，影响极深。它所辑录的五百多个姓氏，体现了中国人对宗脉与血缘的强烈认同感。

姓氏或谱牒文化，是中国文化的重要组成部分。中国人是世界上"寻根意识"最重的族群。《百家姓》在历史的衍化中，为人们寻找宗脉源流，建立血亲意义上的归属感，帮助人们认识传统的血亲情结，提供了重要的文本依据。它是中国人认识自我与家族来龙去脉不可缺少的文化文献基础蓝本。

有些专家、学者认为，中国的百家姓，有些是由图腾演变而来的，如：熊、马、牛、羊、龙、凤、山、水、花、叶等。但可惜这只是一些推测。由于年代久远，史前无据可考，到底哪些姓氏源于图腾崇拜，已不得而知。因为当今的"熊"、"马"、"牛"、"龙"、"花"等姓氏，于史书及传说中均可查出源出，但并不与图腾有什么联系。

目前发现的最早的印刷体《百家姓》是在元朝（公元十四世纪初）出版的，它根据汉字和蒙古字的语音、笔画对应而成。但是元朝的版本并不完整，流传已久的《百家姓》直到明朝才算收录完整。

现存的清朝版本的百家姓既有文字又有图画，每页上方除了记录历史名人的名字和其所属家族外，旁边还有他的图像；每页下半部是由四个字或姓氏组成的短句，读起来很像古时的四句诗词。

千字文

《千字文》是我国早期的蒙学课本，相传为南朝人周兴嗣所作。它是四言长文，句句押韵，文笔优美，辞藻华丽，朗朗上口，涵盖了天文、地理、自然、社会、历史等多方面的知识。

《千字文》在中国古代的童蒙读物中，是一篇承上启下的作品，它不仅是启蒙和教育儿童的最佳读物，更是一部生动优秀的小百科。

《千字文》的作者，相传是梁武帝时代官拜散骑员外郎的周兴嗣。周兴嗣（公元？—521年），字思纂，南朝"齐"属的"陈郡项人"，是西汉太子太傅周堪的后代，曾祖父周凝，曾任西晋征西府参军、宜都太守。

据《梁史》记载："上以王羲之书千字，使兴嗣韵为文。奏之，称善，加赐金帛。"唐代的《尚书故实》对此事进行了艺术加工，该书说：梁武帝萧衍为了教诸王书法，让殷铁石从王羲之的作品中拓出了一千个不同的字，每个字一张纸。然后把这些无次序的拓片交给周兴嗣，让他编成有内容的韵文。周兴嗣用了一夜的时间将其编完，累得须发皆白。这件事在唐宋两代多有记载，如《刘公嘉话录》、《太平广记》等书都曾加以记录，其内容与《尚书故实》基本相同。

《尚书故实》并非正史，只是唐人笔记小说，文中难免有神异虚诞之处，而《刘公嘉话录》、《太平广记》也只是唐宋文人消遣之作，因此周兴嗣"一夜成文"、"须发皆白"之说，并不可信。

《千字文》问世一千四百多年来的流传表明，它既是一部流传广泛的童蒙读物，也是中国传统文化的一个组成部分。它那优美的文笔，华丽的辞藻，使得众多童蒙读物都无法望其项背。

除周兴嗣版《千字文》之外，另有《续千字文》、《新千字文》等不同版本的《千字文》传世，但都无法取代周版《千字文》的地位。

弟子规

《弟子规》是儒家的基础，人性的基础。

《弟子规》原名《训蒙文》，原作者李毓秀（公元1662年—1722年）是清朝康熙年间的秀才。以《论语》"学而篇"弟子入则孝，出则弟，谨而信，泛爱众，而亲仁，余力学文为中心。分为五个部分，具体列述弟子在家、出外、待人、接物与学习上应该恪守的守则规范。后来清朝贾存仁修订改编《训蒙文》，并改名《弟子规》，是启蒙养正，教育子弟敦伦尽份防邪存诚，养成忠厚家风的最佳读物。

祖宗虽远，祭祀不可不诚。子孙虽愚，经书不可不读。废经废伦，治安败坏根由。贪瞋痴慢，人心堕落原因，欲致天下太平，须从根本着手。图挽犯罪狂澜，唯有明伦教孝。误根本为枝末，认枝末为根本。为求解决问题，反倒制造问题。君子唯有务本，本务邦国自宁。

俗云："教儿初孩，教妇初来。"儿童天性未染污前，善言易入；先入为主，及其长而不易变；故人之善心、信心，须在幼小时培养；凡为人父母者，在其子女幼小时，即当教以读诵经典，以培养其根本智慧及定力；更晓以因果报应之理，敦伦尽分之道；若幼小时不教，待其长大，则习性已成，无能为力矣！

三字经曰,"养不教,父之过;教不严,师之惰";"教之道,贵以专",而非博与杂;故一部经典,宜读诵百至千遍,苏东坡云"旧书不厌百回读,熟读深思子自知"。现在教学,坏在博与杂,且不重因果道德及学生读经、定力之培养,至有今日之苦果。企盼贤明父母师长,深体斯旨;此乃中华文化之命脉所系,中华子孙能否长享太平之关键,有慧眼者,当见于此。

几百年来,我们中华民族的祖先,一直坚信这样一个简单的道理:小孩子在他年少时(0—13岁),记忆力非常好,应该把前辈的人生经验、生活智慧记忆下来,牢牢地背记,并烂熟于心中。尽管此时他还不理解其深刻含义,但是先记住,好比牛先把草吃下去,有时机再反刍一样,孩子随着年龄的增长,理解能力也在成长,到了一定年龄自然酝酿发酵,必然有更深的理解和领悟。如果在孩子该记忆、记忆力强的时候,不给他一些经典的东西储存到脑子里,没有"厚积",怎么能"薄发"呢?怎么能融会贯通、触类旁通呢?

《弟子规》这本书,影响之大,读诵之广,仅次于《三字经》。"弟子"是指一切圣贤人的弟子,"规""夫见"意思是大丈夫的见解。所以是每个人,每一个学习圣贤经典,效仿圣贤的人都应该学的。

假如《弟子规》上所讲的没有做到,学习别的经典就很难得到真智慧。《弟子规》共三百六十句,一千零八十字,概述简介,以精练的语言对儿童进行早期启蒙教育,灌输儒家文化的精髓。

《弟子规》是人们的生活规范,依据至圣先师孔子的教诲编写而成,教导学生为人处世的规范,做到与经典同行为友。

朱子家训

《朱子家训》又名《朱子治家格言》或者《朱柏庐治家格言》,是以家庭道德为主的启蒙教材。

《朱子家训》只有五百二十二字,精辟地阐明了修身治家之道,是一篇家教名著。其中,许多内容继承了中国传统文化的优秀特点,比如尊敬师长、勤俭持家、邻里和睦等,直到今天仍然有其现实意义。

作者朱用纯(公元1617年—1688年),字致一,自号柏庐,江苏省昆山县人,生于明万历四十五年(公元1617年)。其父朱集璜是明末的学者。朱柏庐自幼致力读书，曾考取秀才。清入关明亡，遂不再求取功名，居乡教授学生并潜心程朱理学，主张知行并进，一时颇负盛名。康熙年间有人要推荐他参加朝廷博学鸿词科的考试，固辞乃免。著有《删补易经蒙引》、《四书讲义》、《劝言》、《耻耕堂诗文集》和《愧讷集》。其中以《朱子家训》最有影响，三百年来脍炙人口，家喻户晓。

《朱子家训》以"修身"、"齐家"为宗旨，集儒家做人处世方法之大成，思想植根深厚，含义博大精深。通篇意在劝人要勤俭持家安分守己。讲述中国几千年形成的道德教育思想，以名言警句的形式表达出来，文字通俗易懂，内容简明赅备，对仗工整，朗朗上口，问世以来，不胫而走，成为有清一代家喻户晓、脍炙人口的教子治家的经典家训。其中一些警句，如"一粥一饭，当思来处不易；半丝半缕，恒念物力维艰"、"宜未雨而绸缪，毋临渴而掘井"等，在今天仍然具有教育意义。这些内容既可以口头传训，也可以写成对联条幅挂在大门、厅堂和居室，作为治理家庭和教育子女的座右铭，因此，很为官宦、士绅和书香门第乐道，自问世以来流传甚广，被历代士大夫尊为"治家之经"，清至民国年间一度成为童蒙必读课本之一。

需要注意的是，此《朱子家训》实际应为《朱子治家格言》，与宋朝朱熹的《朱子家训》是不同的，应该分清楚。

龙文鞭影

《龙文鞭影》原名《蒙养故事》，是中国古代非常有名的儿童启蒙读物，最初由明人萧良有编撰，后来杨臣诤进行了增补修订，并更名为《龙文鞭影》。所谓"龙文"，是说古代有一种千里马叫作"龙文"，它只要看见鞭子的影子就会奔跑驰骋。作者的寓意是，今天看了这本《龙文鞭影》的青少年，明天就有可能成为"千里马"。

萧良有，字以占，号汉冲，汉阳人。自幼聪颖异常，有神童之誉。明万历八年（公元1508年）会试第一，进修撰，任国子监祭酒，在当时声望极高。

该书内容主要来自二十四史中的人物典故，同时又从《庄子》和古代神话、小说、笔记如《搜神记》、《列仙传》、《世说新语》等书中广泛收集故事。辑录了历史上许多著名人物如孔子、诸葛亮、司马迁、李白、杜甫、朱熹等人的轶闻趣事。全书共收辑了包括孟母断机、毛遂自荐、荆轲刺秦、鹬蚌相争、董永卖身、红叶题诗等两千多个典故，文字简练扼要，而能阐明故事梗概，可称之为一本典故大全。

该书全文都用四言，成一短句，上下两句对偶，各讲一个典故。逐联押韵，全书按韵编排，是一本重要的蒙学读物。

《龙文鞭影》成书的年代较《三字经》等要晚，是在明朝万历年间才出现的。李氏《蒙求》以掌故内容开其先河，以后陆续出现了一大批掌故、知识蒙书，《龙文鞭影》就是在这种影响下产生的比较完善的一部蒙学书。

到了清末，丹徒人李恩绶认为这本书虽风行已久，但有谬误之处，于是又经过了一番校对增删，于光绪年间付梓刊行。

后来又有清人李晖吉、徐瓒，仿照《龙文鞭影》的体例，合编了一部《龙文鞭影二集》。我们现在所看到的《龙文鞭影》多半是经过了上述一些人的不断增补、订正、充实后的本子，应该说是比萧的原作要更完美。

《龙文鞭影》在传统蒙学中起着承前启后、由浅入深的作用，在完成了集中识字两千来个之后，为进一步读"四书"、"五经"和作文打下基础。它和初读的《三字经》、《百家姓》、《千字文》等几种蒙书比较起来，有个显著的特点，这就是它广泛地汲取了前人的若干蒙书的材料，溶入了二十四史的不少人物典故和神话、小说、笔记，是一部集自然知识、历史掌故于一体的骈文读物。这对后来的《幼学琼林》起了催生作用。

幼学琼林

《幼学琼林》是中国古代儿童的启蒙读物。该书最初叫《幼学须知》，又称《成语考》、《故事寻源》。是我国明清以来广泛流传的蒙学读物，在明清两代的乡塾蒙学教育中起到积极作用。

一般认为，最初的编著者是明末的西昌人程登吉（字允升），也有的意见认为是明景泰年间的进士邱睿。在清朝的嘉靖年间由邹圣脉作了一些补充，并且更名为《幼学故事琼林》。后来民国时人费有容、叶浦荪和蔡东藩等又进行了增补。全书共分四卷。

《幼学琼林》是骈体文写成的，全书全部用对偶句写成，容易诵读，便于记忆。全书内容广博、包罗万象，被称为中国古代的百科全书。人称"读了《增广》会说话，读了《幼学》走天下"。

书中对许多的成语出处作了介绍，读者可借此书掌握不少的成语典故，此外还可以了解中国古代的著名人物、天文地理、典章制度、风俗礼仪、生老病死、婚丧嫁娶、鸟兽花木、朝廷文武、饮食器用、宫室珍宝、文事科第、释道鬼神等诸多方面的内容。

书中的许多警句、格言，到现在仍然传诵不绝。但是书中也有一些属于封建时代的观点，对于现代人来说难以认同。

《幼学求源》在旧时的乡塾中颇为流行，究其原因主要有两点：首先，内容上材料丰富，知识面广，诸如天文地理、人情世故、婚姻家庭、生老病死、衣食住行、制作技艺、鸟兽花木、神话传说等等，无所不包，几乎囊括了过去人们日常生活中较常用的知识与词汇，像一部微型百科辞书。其次，形式上采用对偶句式，句子有四言、五言、七言等，一般都文字简炼，对仗工整，读起来琅琅上口，易学易懂易记。

本书在过去颇为流行，很多著名人物都是通过阅读《幼学琼林》，而掌握大量的历史故事和成语典故的。

增广贤文

《增广贤文》又名《昔时贤文》、《古今贤文》，是著名的中国古代儿童启蒙读物。书名最早见之于明代万历年间的戏曲《牡丹亭》，据此可推知此书最迟写成于万历年间。后来，经过明、清两代文人的不断增补，才改成现在这个模样，称《增广昔时贤文》，通称《增广贤文》。

该书的作者一直未见任何书载，只知道清代同治年间的儒生周希陶曾对其进行过重订，由此推断，该书很可能是民间创作的结晶。

《增广贤文》的内容大致有这样几个方面，一是谈人及人际关系，二是谈命运，三是谈如何处世，四是表达对读书的看法。在《增广贤文》描述的世界里，人是虚伪的，人们为了一己之私变化无常，嫌贫爱富，趋炎附势，从而使世界布满了陷阱和危机。文中有很多强调命运和报应的内容，认为人的一切都是命运安排的，人应行善，才会有好的际遇。这些内容有其消极的一面，但它倡导行善做好事，则是值得肯定的。《增广贤文》里有大量篇幅叙述如何待人接物，这部分内容是全文的核心。文中对忍让多有描述，认为忍让是消除烦恼祸患的方法。在主张自我保护、谨慎忍让的同时，也强调人的主观能动性，认为这是做事的原则。

《增广贤文》从表面上看似乎杂乱无章，但只要认真通读全书，不难发现有其内在的逻辑。该书对人性的认识以"性本恶"为前提，以冷峻的目光洞察社会人生，认为亲情被金钱污染，"贫居闹世无人问，富在深山有远亲"；友情只是一句谎言，"有酒有肉多兄弟，急难何曾见一人"；尊卑由金钱来决定，"不信但看筵中酒，杯杯先敬有钱人"；法律和正义为金钱所操纵，"衙门八字开，有理无钱莫进来"；人性被利益扭曲，"山中有直树，世上无直人"；世故导致人心叵测，"画虎画皮难画骨，知人知面不知心"；人言善恶难辩，"入山不怕伤人虎，只怕人情两面刀"，等等。

《增广贤文》把社会诸多方面的阴暗现象高度概括，冷冰冰地陈列在读者面前。《增广贤文》中的绝大多数句子都来自经史子集，诗词曲赋、戏剧小说以及文人杂记，其思想观念都直接或间接地来自儒释道各家的经典，从广义上来说，它是雅俗共赏的"经"的普及本。

《增广贤文》虽以道家思想为主，但对儒家的说教并不排斥。文中强调了读书的重要、孝义的可贵。这些观点体现了正统的儒家精神，与全书所弥漫的道家思想有所不合。但也正是由于这种庞杂，不同思想的人都可以从中看到自己认可的格言，使之具有了广泛的代表性。

千家诗

《千家诗》一般认为是由宋代谢枋得的《重定千家诗》（皆七言律诗）和明代王相所选的《五言千家诗》合并而成的。

康熙四十五年，曹雪芹的祖父曹寅刊行的《楝亭十二种》中收有《分门纂类唐宋时贤千家诗选》，署作"后村先生编集"。"后村先生"即南宋刘克庄，字潜夫，自称后村居士。不过也有人认为诗集为坊间选家假名而作。

后来坊间又出现了两种千家诗，即署作宋谢枋得选、明王相注的《重定千家诗》（皆七言律诗）和王相选注的《新镌五言千家诗》。于是书坊将两者合刊，即现在通行版本的《千家诗》了。

《千家诗》是我国旧时带有启蒙性质的格律诗选本。因为它所选的诗歌大多是唐宋时期的名家名篇，易学好懂，题材多样：山水田园、赠友送别、思乡怀人、吊古伤今、咏物题画、侍宴应制，较为广泛地反映了唐宋时代的社会现实，所以在民间流传广泛，影响极其深远。

《千家诗》虽然号称千家，但实际上只录有一百二十二家。按朝代分：唐代六十五家，宋代五十二家，五代一家，明代二家，无从查考年代的无名氏作者二家。其中选诗最多的是杜甫，共二十五首，其次是李白，共八首；女诗人只选了宋代朱淑真的两首七绝。

《千家诗》从一开始就受到广大读者的青睐，而"千家诗"这个书名更是广被采用，例如清代有《国朝千家诗》、《续千家诗》，民国年间有《醒世千家诗》，当代又出现了《官厅湖畔千家诗》、《岭南千家诗》、《当代江苏千家诗》、《五朝千家诗》、《少儿现代千家诗》、《中国现代千家诗》、《中日友好千家诗》、《外国千家诗》等，不一而足，蔚为大观，足见《千家诗》的影响之大。

神童诗

《神童诗》一卷，旧传是宋代的汪洙所撰。

汪洙，字德温，鄞县人。元符三年（公元1100年）进士，官至观文殿大学士。其幼颖异，九岁能诗，号称汪神童。

后人以汪洙的部分诗为基础，再加进其他人的诗，而编成《神童诗》。

全书辑诗三十四首，皆为五言绝句，可分为三部分。第一部分为前十四首，都是劝学诗，极力宣扬读书可以做官；第二部分为从《状元》到《四喜》五首，表现科举及第的得意；第三部分为从《早春》到《除夜》，通过四时景致的描写，表达读书人的喜悦心情。

学习和读书无论是古是今，都是应大力提倡的。但书中标榜的"万般皆下品，唯有读书高"的思想，在今天显然已经不合时宜，而诗中所洋溢出的春风得意自以为是的思想，则是为今天所不取的。

唐诗三百首

《唐诗三百首》是一部流传很广的唐诗选集。唐朝（公元618年—907年）二百九十年间，是中国诗歌发展的黄金时代，可谓云蒸霞蔚，名家辈出。保存下来的唐诗的数量更是多达五万余首。正如孙琴安在《唐诗选本六百种提要·自序》中指出的那样："唐诗选本经大量散佚，至今尚存三百余种。当中最流行而家传户晓的，要算《唐诗三百首》。"

《唐诗三百首》的编选者蘅塘退士（公元1711年—1778年），原名孙洙，字临西，江苏无锡人。他自幼家贫，性敏好学，乾隆九年（公元1745年）他考中顺天举人，授景山官学教习，出任上元县教谕。乾隆十六年（公元1752年）他得中进士，历任卢龙、大城知县。后遭人诬陷罢官，平复后任山东邹平知县。乾隆二十五年（公元1761年）、二十七年（公元1763年）两次主持乡试，推掖名士。他为官清廉如水，爱民如子，又勤勉好学，书似欧阳询，诗宗杜工部，著有《蘅塘漫稿》。

乾隆二十八年（公元1764年）春，孙洙与他的继室夫人徐兰英相互商榷，开始编选《唐诗三百首》。编选这本书是有感于《千家诗》的选诗标准不严，体裁不备，体例不一，希望以新的选本取而代之，成为合适的、流传不废的家塾课本。

他们的选诗标准是"因专就唐诗中脍炙人口之作，择其尤要者"。既好又易诵，以体裁为经，以时间为纬。《唐诗三百首》于清乾隆二十九年（公元1765年）编辑完成，书的题目有的说脱胎于民谚"熟读唐诗三百首，不会做诗也会吟"，有的说取自"诗三百"，说法各不相同。

今天，《唐诗三百首》已经被公认为中国流传最广的诗词选集。

《唐诗三百首》共选入唐代诗人七十七位，计三百一十首诗，其中五言古诗三十三首，乐府四十六首，七言古诗二十八首，七言律诗五十首，五言绝句二十九首，七言绝句五十一首，诸诗配有注释和评点。

五言古诗简称五古，是唐代诗坛较为流行的体裁。唐人五古笔力豪纵，气象万千，直接用于叙事、抒情、议论、写景，使其功能得到了空前的发挥，其代表作家有李白、杜甫、王维、孟浩然、韦应物等。七言古诗简称七古，起源于战国时期，甚至更早。现在公认最早的、最完整的七古是曹丕的《燕歌行》。南北朝时期，鲍照致力于七古创作，将之衍变成一种充满活力的诗体。唐代七古显示出大唐宏放的气象，手法多样，深沉开阔，代表诗人有李白、杜甫、韩愈。五言律诗简称五律，是律诗的一种。五律源于五言古体，风格峻整，音律雄浑，含蓄深厚，成为唐人应制、应试以及日常生活中普遍采用的诗歌题材。唐代五律名家数不胜数，以王昌龄、王维、孟浩然、李白、杜甫、刘长卿成就为大。七言律诗简称七律，是近体诗的一种，格律要求与五律相同。七律源于七言古体，在初唐时期渐成规模，至杜甫臻至炉火纯青。有唐一代，七律圣手有王维、杜甫、李商隐、杜牧、罗隐等，风华绝代，辉映古今。五言、七言绝句简称五绝和七绝，都是古典诗体中绝句的一种。五绝起源于汉，七绝起源于六朝，两者都在齐梁时期成型，初唐阶段成熟。唐代绝句气象高远，率真自然，达到了吟诵自由化的最高峰，名家有李白、王维、王昌龄、韦应物、杜牧、刘禹锡等人。

中国是诗的国度，唐朝是中国诗歌的巅峰，巅峰时期的那个黄金时代令人神往。诗歌是当时文学的最高代表，成为中国传统文学坚实的重要组成部分，也是中华文明靓丽的风景线。唐诗与宋词、元曲并称，题材宽泛，众体兼备，格调高雅，是中国诗歌发展史上的奇迹。唐诗对中国文学的影响极为深远。历朝历代的文人视唐诗为圭臬，奉唐人为典范。公元七世纪，孙季良开始编纂唐诗选本，至辛亥革命前，一千二百余年间，每两年即有一本唐诗选本问世。众多选本中以《唐诗三百首》流传最广、影响最大，风行海内，老幼皆宜，雅俗共赏，成为屡印不止的最经典的选本之一。

《唐诗三百首》以成功务实的编法、简易适中的篇幅、通俗大众的观点、入选的精美诗歌打动着读者，成为儿童最成功的启蒙教材、了解中国文化的模范读本，对中国诗歌选编学、中国人的心理构成都有很大的影响。

笠翁对韵

《笠翁对韵》的作者李渔号笠翁，他仿照《声律启蒙》写作了这本旨在作诗的韵书，因此叫《笠翁对韵》。

李渔（公元1611年—1680年），原名仙侣，字谪凡，号天徒。中年改名李渔，字笠鸿，号笠翁。江苏如皋人，明末清初著名的文学家、戏曲家。著有《凰求凤》、《玉搔头》等戏剧，《肉蒲团》、《觉世名言十二楼》、《无声戏》、《连城壁》等小说，与《闲情偶寄》等书。

李渔祖籍浙江兰溪。李渔出生时，由于其祖辈在如皋创业已久，此时"家素饶，其园亭罗绮甲邑内"，故他一出生就享受了富足生活。其后由于在科举中失利，使肩负以仕途腾达为家庭光耀门户重任的李渔放弃了这一追求，毅然改走"人间大隐"之道。康熙五年（公元1666年）和康熙六年（公元1667年）先后获得乔复生、王再来二姬，李渔在对其进行细心调教后组建了以二姬为台柱的家庭戏班，常年巡回于各地，为达官贵人作娱情之乐，收入颇丰，这也是李渔一生中生活得最得意的一个阶段，同时也是李渔文学创作中最丰产的一个时期，《闲情偶寄》一书就是在这一段内完成并付梓的。公元1672年、公元1673年，随着乔、王二姬的先后离世，支撑李渔富足生活的家庭戏班也土崩瓦解了，李渔的生活从此转入了捉襟见肘的困顿之中，经常靠举贷度日，公元1680年，古稀之年的李渔于贫病交加中泯然于世。

李渔曾经居住于南京，把居所命名为"芥子园"，并开设书铺，编刻图籍，广交达官贵人、文坛名流。

李渔编写《笠翁对韵》的目的是训练儿童应对，掌握声韵格律。该书从单字对到双字对，三字对、五字对、七字对到十一字对，声韵协调，琅琅上口，从中可以得到语音、词汇、修辞的训练。

《笠翁对韵》是人们学习写作近体诗、词，用来熟悉对仗、用韵、组织词语的启蒙读物。该书以平水韵的三十个韵部为目，把常见的字都组织进了韵语，这些韵语又都是富有文采的符合格律的对子。

该书的特点是词藻丰富、优美，典故众多。熟读《笠翁对韵》对遣词造句、作诗、对对子都有很大的帮助。

小　说

概　述

我国古代的小说萌芽于先秦，发展于两汉魏晋南北朝，当时被称为笔记小说，主要有志人小说和志怪小说两种。唐代是小说的成熟期，当时的小说被称作传奇，宋金时期流行话本小说。元末与明清时期小说的发展达到高峰，出现了长篇白话小说。

"小说"一词最早见于《庄子·外物》篇中："夫揭竿累，趣灌渎，守鲵鲋，其于得大鱼难矣；饰小说以干县令，其于大达亦远矣。""县"乃古"悬"字，高也；"令"，美也；"干"，追求。是说举着细小的钓竿钓绳，奔走于灌溉用的沟渠之间，只能钓到泥鳅之类的小鱼，而想获得大鱼可就难了。靠修饰琐屑的言论以求高名美誉，那和玄妙的大道相比，可就差得远了。

春秋战国时，学派林立，百家争鸣，许多学人策士为说服王侯接受其思想学说，往往设譬取喻，征引史事，巧借神话，多用寓言，以便修饰言说以增强文章效果。庄子认为此皆微不足道，故谓之"小说"，即"琐屑之言，非道术所在""浅识小道"，也就是琐屑浅薄的言论与小道理之意，正是小说之为小说的本来含义。

东汉桓谭在其所著的《新论》中，对小说这样评价说："若其小说家，合丛残小语，近取譬论，以作短书，治身理家，有可观之辞。"认为小说仍然是"治身理家"的短书，而不是为政化民的"大道"。

东汉班固编著了我国第一部纪传体断代史《汉书》，在《汉书·艺文志》中写道："小说家者流，盖出于稗官。街谈巷语，道听途说者之所造也。孔子曰：'虽小道，必有可观者焉，致远恐泥，是以君子弗为也。'然亦弗灭也。闾里小知者之所及，亦使缀而不忘。如或一言可采，此亦刍荛狂夫之议也。"这是史家和目录学家对小说所作的具有权威性的解释和评价。班固认为小说是"街谈巷语、道听涂（同'途'）说者之所造也"，虽然认为小说仍然是小知、小道，但从另一角度触及小说讲求虚构，植根于生活的特点。

清末民初，维新派巨子梁启超等大力倡导"小说界革命"，小说理论面目一新。小说地位空前提高，乃至被奉为"国民之魂"、"正史之根"、"文学之最上乘"，再不是无足轻重的"街谈巷语"、"琐屑之言"了。

我国的小说到现在已经是非常的辉煌灿烂，如果试着去寻找中国小说的根源和发展过程，则会发现中国的小说有很多起源。中国最初的著作是：寓言、史传、诸子散文等，我们从中就可以看出，我国的很多小说就是从神化传说开始的，神话就是把神人化，传说就是把人神化，但这两者之间的界限很难区分和划分。到了魏晋南北朝出现了志怪、志人小说，然而不论是志怪或是志人，都是用史记的方式流传下来的。比如《穆天字传》就是个神话，可史书却把他归为帝王起居一类；《山海经》也是神话传说，《汉书》却把它归为"地理志"。但不管如何，它们却是中国小说的最初形式。

到了后来，慢慢出现了诗、文、赋。我国的文化出现了很多新的东西，如陈鸿写的《长恨歌传》和白行简写的《李娃传》，它们的出现意味着中国的小说不再是历史性的东西了，慢慢地一些传奇开始出现了，传奇最盛行的是唐朝，但唐朝却不是小说发展的顶峰。

到了宋朝，传奇就没落了，宋以后，随之而来的是根据传奇改写的话本，但话本只是过渡，在这个话本的过渡下出现了类似近代小说的小说，如《三国演义》、《水浒传》、《西游记》，它们都是文人根据民间的话本改写的，都是经过说书艺人的千锤百炼后才生产出来的。

从这里再发展，文人们再也拿不出民间的东西来加工了，从而出现了《金瓶梅》，它是第一部写民间人物生活的书，在小说的发展史上它起着决定性的作用。在《金瓶梅》开辟的道路上很快就达到了中国小说的最顶峰——《红楼梦》出现了，它意味着中国的小说走向了成熟。

搜神记

《搜神记》是一部记录古代民间传说中神奇怪异故事的小说集，作者是东晋的史学家干宝。其中的大部分故事带有迷信成分，但在一定程度上反映了古代人民的思想感情。它是集我国古代神话传说之大成的著作，搜集了古代的神异故事共四百一十多篇，开创了我国古代神话小说的先河。

干宝（公元？—336年），字令升，祖籍河南新蔡。据史料记载，自西晋永嘉元年（公元307年），干宝初仕盐官州别驾（刺史的从吏官），后因刘聪、石勒之乱，西晋亡，东晋立，南北对峙，干宝举家迁至灵泉乡（今海宁黄湾五丰村与海盐澉浦六忠村的交界处）。永嘉四年（公元310年），父卒，葬澉浦青山之阳，干宝为父守孝。至三世时，迁至梅园（今海盐通元），自此，海盐成为干氏子孙繁衍的居住地。

《搜神记》全书共二十卷，共有大小故事四百五十四个。作者在《自序》中称，"及其著述，亦足以发明神道之不诬也"。就是想通过搜集前人著述及传说故事，证明鬼神的确实存在。所以《搜神记》所叙多为神灵怪异之事，也有不少民间传说和神话故事，主角有鬼，也有妖怪和神仙，杂糅佛道。文章设想奇幻，极富浪漫主义色彩。

"鬼神信仰"在中国有悠久的传统，它与山川祭祀、祖先祭祀并列。自商周以来，历代帝王无不亲登祭坛祭祀，而记载神鬼传说的典籍，除《楚辞》、《淮南子》外，《搜神记》称得上其中的集大成者。从这个意义上来说。本书为我们保留了不少珍贵的材料，是后人研究中国古代民间传说及神话不可多得的收藏珍本。

《搜神记》内容十分丰富，有神仙术士的变幻，有精灵物怪的神异，有妖祥卜梦的感应，有佛道信仰的因果报应，还有人神、人鬼的交通恋爱，等等。其中保留了相当一部分西汉传下来的历史神话传说和魏晋时期的民间故事，优美动人，深受人们喜爱。神话，如卷十四的"盘瓠神话"，是关于古时蛮族始祖起源的猜测；"蚕马神话"是有关蚕丝生产的神话。历史传说，如卷十一"干将莫邪"讲述的复仇故事；卷十六紫玉传说，讲吴王小女的生死爱情。民间故事，如卷十一"东海孝妇"，讲孝妇周青蒙冤的故事；韩凭夫妇的传说则歌颂了忠贞不渝的爱情；卷一仙女下嫁董永的故事也是如此。这些故事是《搜神记》的精华所在，历代长传而不衰。

《搜神记》不但内容丰富，而且语言也雅致清峻、曲尽幽情，确是"直而能婉"的典范。其艺术成就在两晋志怪中独占鳌头，对后世影响极大。它不但成为了后世志怪小说的模物，又是后人取材之渊薮，传奇、话本、戏曲、通俗小说每每从中选材；至于其中故事被用为典故者，更是不可胜计。

《搜神记》原本已散，今本系后人缀辑增益而成。后有托名陶潜的《搜神后记》十卷和宋代章炳文的《搜神秘览》上下卷，都是《搜神记》的仿制品。

西京杂记

《西京杂记》是中国古代笔记小说集，其中的"西京"指的是西汉的首都长安。该书写的是西汉的杂史，既有历史也有许多遗闻轶事。

关于本书的作者，《隋书·经济志》未曾著录，而新旧唐书均著录为东晋葛洪著。这是因为六卷本末有葛洪跋文一篇。跋文言"洪家世有刘子骏《汉书》一百卷，无首尾题目，但以甲乙丙丁纪其卷数。先父传之。歆欲撰《汉书》编录汉事，未得缔构而亡，故书无宗本，止杂记而已，失前后之次，无事类之辨。后好事者以意次第之，始甲终癸为十帙，帙十卷，合为百卷。洪家具有其书，试以此记考校班固所作，殆是全取刘书，小有异同耳。并固所不取，不过二万许言。今抄出为二卷，名曰《西京杂记》，以裨《汉书》之阙。"按照葛洪的说法，这部书的作者是刘歆，他不过将班固写《汉书》不用的二万余言抄录出来，给它起个名字而已。后人对葛洪的跋语并不相信，以为这是他"依托古人以取自重耳"。其实《西京杂记》就是出自葛洪之手，但书中故事也并非全是葛洪杜撰，有些条目可能是他从当时所存典籍中摘取来的。

葛洪（公元284年—364年），字稚川，号抱朴子，东晋丹阳句容人，道教理论家，其著作还有《抱朴子》、《神仙传》等。

此书，历代指为伪书，但从语气及内容看，当是杂抄汉魏六朝佚史而成。所述西汉之事，怪诞不经，多不足信。但有关南越王赵佗献宝于汉朝、昭君出塞前后汉宫画师事迹、刘邦筑新丰以迎太公、汉俗五月五日生子不举、邓通得蜀山以铸铜钱、茂陵富人袁广汉庄园之奇、司马迁有怨言下狱死、刘子骏作《汉书》诸事，均可开阔思路，有裨研史。

《西京杂记》举凡帝后公卿的奢侈好尚、宫殿苑林、珍玩异物以及舆服典章、文人佚事、民风民俗等都多有记述。人们喜闻乐道、传为佳话的"昭君出塞"、"卓文君私奔司马相如"等许多妙趣横生的故事皆首出此书。还有一句成语"凿壁借光",也是从该书匡衡的故事中流传出来的。总之,该书中的不少传说故事被后人引为典实,对诗词、戏曲、小说的创作都产生过一定的影响。

唐宋传奇集

唐宋传奇小说选集。鲁迅先生编选,共八卷,选录单篇作品四十五篇。前五卷为唐人作品,第六卷的作者和年代有疑问,末两卷为宋人作品。

唐代传奇标志着中国小说发展的新阶段,其中有不少情节曲折、文笔精美的文言小说;宋人继有所作,但故事平实、缺乏文采,成就较差。明人编刻的《古今说海》、《古今逸史》、《五朝小说》等书收录这些小说,"往往妄制篇目,改题撰人",造成了混乱。

鲁迅先生"发意匡正"(《唐宋传奇集》序列),重新编辑一部可以凭信的唐宋传奇集,因据《文苑英华》、《太平广记》、《青琐高议》等著作,选录单篇传奇《古镜记》、《补江总白猿传》、《离魂记》等四十五篇,编成此集。

集中绝大多数是脍炙人口的名篇,都选用可靠的版本,经过仔细校订。书末附有《稗边小缀》一卷,对各篇的作者和版本作了考证说明。

三国演义

《三国演义》,全名《三国志通俗演义》,作者罗贯中,为中国四大名著之一,是历史演义小说的经典之作。

罗贯中,明(约公元1330年—约1400年),名本,字贯中,号湖海散人,山西太原府人,一说山西省祁县或清徐县人,又说钱塘(今浙江杭州)或庐陵(今江西吉安)人。是元末明初著名的小说家、戏曲家,是中国章回小说的鼻祖。

小说
Xiaoshuo

罗贯中的一生著作颇丰，主要作品有剧本《赵太祖龙虎风云会》、《忠正孝子连环谏》、《三平章死哭蜚虎子》，小说《隋唐两朝志传》、《残唐五代史演义》、《三遂平妖传》、《粉妆楼》等。据说和施耐庵合著过《水浒传》。

罗贯中生于元末明初的封建王朝时代。作为与"倡优"、"妓艺"为伍的戏曲平话作家，当时被视为勾栏瓦舍的下九流，正史不可能为他写经作传。唯一可看到的是一位明代贾仲明编著的一本小册子《录鬼簿续编》，上写："罗贯中，太原人，号湖海散人。与人寡合，乐府隐语，极为清新。与余为忘年交，遭时多故，天各一方。至正甲辰复会，别来又六十余年，竟不知其所终。"

但从罗贯中的传世之作《三国演义》中，体现出罗贯中的博大精深之才，经天纬地之气。他有超人的智慧，执著的追求，主张国家统一，痛恨奸诈邪恶。在《残唐五代史演义》中，我们还看到了罗贯中依恋故土、缅怀英雄、忧国忧民的高尚情操。

《三国演义》描写了东汉末年和整个三国时代以及西晋初期以曹操、刘备、孙权为首的魏、蜀、吴三个政治、军事集团之间的矛盾和斗争。在广阔的社会历史背景上，展示出那个时代尖锐复杂又极具特色的军事政治冲突，在军事政治谋略方面，对后世产生了深远的影响。

《三国演义》是中国第一部长篇章回体小说。三国故事在我国古代民间颇为流行，宋元时代即被搬上舞台，金元演出的三国剧目达三十多种。元代即出现了新安虞氏所刊的《全相三国志平话》。元末明初罗贯中综合民间传说和戏曲、话本，结合陈寿《三国志》和裴松之注的史料，根据他个人对社会人生的体悟，创作了该书。

现存最早的刊本是明朝嘉靖年间刊刻的，俗称"嘉靖本"。清康熙年间，毛纶、毛宗岗父子辨正史事、增删文字，修改成今日通行的一百二十回本《三国演义》。

《三国演义》开创了历史小说的先河，代表了历史小说的最高成就。自此以后，文人纷纷效仿。在中国文学史上，历史小说便蔚然成为一大潮流。直到今天，中华几千年的历史，都被写成了各种各样的历史小说，罗贯中实有首倡之功。

水浒传

《水浒传》又名《忠义水浒传》，一般简称《水浒》，作于元末明初，是中国历史上第一部用白话文写成的章回小说，是中国四大名著之一。

《水浒传》的作者历来有争议，一般人认为是施耐庵和罗贯中所写的。郎瑛的《七修类稿》中曾经说过："《三国》、《宋江》二书，乃杭人罗贯中所编。予意旧必有本，故曰编。《宋江》又曰钱塘施耐庵的本。"高儒《百川书志》记载："《忠义水浒传》一百卷。钱塘施耐庵的本，罗贯中编次。"李贽《忠义水浒传叙》中提到作者时，说是"施、罗二公"。

现在学术界大都认为是施耐庵所作。

施耐庵（约公元1296年—1371年），字肇瑞，号子安，别号耐庵，兴化白驹场（今属江苏）人，元末明初的小说家。他根据民间流传的宋江起义故事，写了长篇古典小说《水浒传》。

《水浒传》是一部以传奇的笔法描写一批当时处于社会边缘的人物为了有尊严地生存而不断奋斗、成功与失败的生存史和反抗史。歌颂的是那些敢于造反、敢于追逐自己利益、敢于到处杀人放火的处于社会边缘的"造反英雄"，歌颂了那些处于主流社会边缘地位的流民阶级的"忠"、"义"品德。

《水浒传》的成书，取材于北宋末年宋江起义的故事。据《东都事略侯蒙传》："江以三十六人横行河朔，京东官军数万无敢抗者。"又据《宋史徽宗本纪》："淮南盗宋江等犯淮阳军，遣将讨捕，又犯京东、河北，入楚、海州界，命知州张叔夜招降之。"《宋史·张叔夜传》："宋江起河朔，转略十郡，官军莫敢撄其锋。声言将至，叔夜使间者觇所向，贼径趋海濒，劫钜舟十余，载掳获。于是募死士得千人，设伏近城，而出轻兵距海诱之战，先匿壮卒海旁，伺兵合，举火焚其舟，贼闻之皆无斗志，伏兵乘之，擒其副贼，江乃降。"此外，《十朝纲要》、《九朝编年备要》、《三朝北盟会编》等书中也都有类似的记载。还有的记载说宋江投降后曾参加过征方腊之役。从这些记载里，可以知道这支起义军，人数不多，但战斗力很强，在群众中甚有影响，曾经给宋王朝造成一定的威胁。宋江等起义的年代大约在宣和元年（公元1119年）至宣和三年（公元1121年），前后三年多。

宋代说书艺术兴盛,民间流传的宋江等三十六人故事,很快就被说书人采来作为创作话本的素材。现在看到的最早写水浒故事的作品,是《大宋宣和遗事》,它或出于元人,或为宋人旧本而元时又有增益。有的研究者认为它是说书艺人的底本。它所记水浒故事梗概,从杨志卖刀杀人起,经智取生辰纲、宋江杀阎婆惜、九天玄女授天书,直到受招安平方腊止,顺序和现在的《水浒传》基本一致。

施耐庵在流传故事的基础上,汇集、选择、加工、再创作,才写成这部优秀的古典名著《水浒传》。

《水浒传》最主要的艺术成就表现在英雄人物的塑造上。全书巨大的历史主题,主要是通过对起义英雄的歌颂和对他们斗争的描绘中具体表现出来的。因而英雄形象塑造的成功,是作品具有光辉艺术生命的重要因素。在《水浒传》中,至少出现了一二十个个性鲜明的典型形象,这些形象有血有肉,栩栩如生,跃然纸上。

《水浒传》在文学成就上受到后世不少文学评论家的赞许,金圣叹将《水浒传》与《离骚》、《庄子》、《史记》、《杜诗》、《西厢记》合称为"六才子书"。冯梦龙将《水浒传》与《三国演义》、《西游记》、《金瓶梅》定为"四大奇书"。与《三国演义》、《西游记》、《红楼梦》并列为"中国古典四大名著"。

西游记

《西游记》是一部优秀的神魔小说,是中国古典四大名著之一,也是一部规模宏伟、结构完整、用幻想形式来反映社会矛盾的巨著。一般认为是明朝的吴承恩所著。

吴承恩(约公元1501年—约1582年),字汝忠,号射阳山人,淮安府山阳县(今江苏省淮安市楚州区)人,明代小说家。吴承恩大约在四十岁时才补得一个岁贡生,到北京等待分配官职,没有被选上,由于母老家贫,去做了长兴县丞,终因受人诬告,两年后"拂袖而归"。晚年以卖文为生,大约活了八十二岁。

吴承恩自幼喜欢读野言稗史,熟悉古代神话和民间传说。科场的失意,生活的困顿,使他加深了对封建科举制度、黑暗社会的认识,促使他运用志怪小说的形式来表达内心的不满和愤懑。他自言："虽然吾书名为志怪，盖不专明鬼，实记人间变异，亦微有鉴戒寓焉。"

唐僧取经是历史上一件真实的事。在唐太宗贞观三年（公元629年），年仅二十九岁的青年和尚玄奘离开京城长安，到天竺（印度）游学。他从长安出发后，途经中亚、阿富汗、巴基斯坦。过高昌国时，那里的居民非常推崇佛教，国王见他们是从大唐来的和尚，非常高兴，愿封他为护国法师，加上黄金百两、骏马千匹。玄奘偷偷溜了出来向西逃去。不料被高昌国士兵截住。没想到他们是前来护送玄奘西去取经的。士兵送给玄奘一匹白马和一些文书，玄奘感激不已。他向王宫方向拜了几拜，就骑马西去了。

玄奘历尽艰难险阻，最后到达了印度。他在那里学习，并在一次大型佛教经学辩论会任主讲，受到了赞誉。贞观二十年（公元646年），四十六岁的玄奘回到了长安，带回了佛经六百五十七部。以此为背景，吴承恩在民间传说的基础上创作了《西游记》。

《西游记》以整整七回的"大闹天宫"故事开始，把孙悟空的形象提到全书首要的地位。第八至十二回写如来说法，观音访僧，魏征斩龙，唐僧出世等故事，交待取经的缘起。从十三回到全书结束，讲述了五百年后，观音向孙悟空道出自救的方法：他须随唐三藏到西方取经，作其徒弟，修成正果之日便得救。孙悟空遂紧随唐三藏上路，途中屡遇妖魔鬼怪，二人与猪八戒、沙僧等合力对付，展开一段艰辛的取西经之旅。

作品写于明朝中期，当时社会经济虽繁荣，但政治日渐败坏，百姓生活困苦。作者对此不合理的现象，通过故事提出批评。此作品共一百回，六十余万字。分回标目，每一回目以整齐对偶展现。故事叙述唐三藏与徒弟孙悟空、猪八戒、沙僧、白龙马经过九九八十一次磨难，到西天取经的过程。

《西游记》成书于十六世纪的明朝中叶，自问世以来在中国及世界各地广为流传，并被翻译成多种语言。

金瓶梅

《金瓶梅》是我国明代长篇世情小说。成书约在隆庆至万历年间。作者署名为兰陵笑笑生。

小 说
Xiaoshuo

兰陵笑笑生为作者笔名，兰陵即今山东省苍山县兰陵镇，原作者有多种说法。

《金瓶梅》共一百回，其版本有三：一是万历词话本，即万历四十五年（公元1617年）东吴弄珠客作序的《金瓶梅词话》；二是崇祯本，即明崇祯年间刻的《新刻绣像批评金瓶梅》；三是张竹坡评本，即《张竹坡评第一奇书金瓶梅》。后两种版本内容基本相同，后来的刻本，基本上属于崇祯本系统。

《金瓶梅》借《水浒传》中武松杀嫂一段故事为引子，通过对兼有官僚、恶霸、富商三种身份的封建时代市侩势力的代表人物西门庆及其家庭罪恶生活的描述，暴露了明代中叶社会的黑暗和腐败，具有较深刻的认识价值。

《金瓶梅》描绘了一个上至朝廷内擅权专政的太师，下至地方官僚恶霸乃至市井间的地痞、流氓、帮闲所构成的鬼蜮世界。西门庆原是个破落财主、生药铺老板。他善于夤缘钻营，巴结权贵，在县里包揽讼事，交通官吏，知县知府都和他往来。他不择手段地巧取豪夺，聚敛财富，荒淫好色，无恶不作。他抢夺寡妇财产，诱骗结义兄弟的妻子，霸占民间少女，谋杀姘妇的丈夫。为了满足贪得无厌的享乐欲望，他干尽伤天害理的事情。但由于有官府做靠山，特别是攀结上了当朝宰相蔡京并拜其为义父，他不仅没有遭到应有的惩罚，反而左右逢源，步步高升。这些描写，反映了明代中叶以后，朝廷权贵与地方上的豪绅官商相勾结，压榨人民、聚敛钱财的种种黑幕。

《金瓶梅》的书名从小说中西门庆的三个妾——潘金莲、李瓶儿、庞春梅的名字中各取一字而成。

《金瓶梅》是中国文学史上第一部由文人独立创作的长篇小说。从此，文人创作成为小说创作的主流。《金瓶梅》之前的长篇小说，莫不取材于历史故事或神话、传说。《金瓶梅》摆脱了这一传统，以现实社会中的人物和家庭日常生活为题材，使中国小说现实主义创作方法日臻成熟，为其后《红楼梦》的出现做了必不可少的探索和准备。

《金瓶梅》的诞生，标志着诸如《三国演义》、《水浒传》、《西游记》等几部小说取材于历史故事与神话传说而集体整理加工式小说创作模式的终结，开启了文人直接取材于现实社会生活而进行独立创作长篇小说的先河。

作为一部具有近代意味的现实主义文学巨著，《金瓶梅》是中国古代小说发展的里程碑。它突破了中国长篇小说的传统模式，在艺术上较之此前的长篇小说有了多方面的开拓和创新，为中国古代小说的演进作出了历史性的贡献。

红楼梦

《红楼梦》是我国古代四大名著之一,属章回体长篇小说,成书于清乾隆四十九年(公元1784年)。它原名《石头记》、《情僧录》、《风月宝鉴》、《金陵十二钗》等,梦觉主人序本正式题名为《红楼梦》。一般认为作者是曹雪芹。原书未写完,现在的通行本是由高鹗续写的,全书一百二十回。

曹雪芹(约公元1724年—1763年),名霑,字梦阮,号雪芹,又号芹圃、芹溪,河北唐山(一说辽宁铁岭,一说辽宁辽阳)人,中国清代伟大的文学家。曹雪芹在富贵荣华中长大,其先世原是汉族,后为满洲正白旗包衣(家奴)。曹雪芹的高祖因随清兵入关有功得受官职。曹雪芹的曾祖父曹玺,祖父曹寅,父辈的曹颙和曹頫相继担任江宁织造达六十余年之久,颇受康熙帝宠信。曹家也因此成为当时财势熏天的"百年望族"。康熙六次南巡,其中四次由曹寅接驾,并以织造府为行宫。雍正初年,由于统治阶级内部斗争的牵连,曹家遭受多次打击,曹頫被革职入狱,家产抄没,举家迁回北京,家道从此日渐衰微。这一转折,使曹雪芹深感世态炎凉,更清醒地认识了社会制度的实质。从此他生活一贫如洗,但他能诗会画,擅长写作,以坚忍不拔的毅力专心致志地从事小说《红楼梦》的写作和修订,披阅十载,增删五次,写出了这部把中国古典小说创作推向巅峰的文学巨著。

《红楼梦》是一部具有高度思想性和高度艺术性的伟大作品。主要情节是,金陵荣国府皇亲贾政,有一子名曰贾宝玉,反对封建制度的功名利禄,对腐朽没落的社会和家庭表示不满,时有其表妹林黛玉,因父母双亡,来到荣国府投靠外婆居住,与宝玉相恋。但在王熙凤的策划下,竟然骗宝玉与薛宝钗为婚。洞房中宝玉始知受骗,急奔潇湘馆寻找黛玉,怎知在宝玉完婚之时,黛玉已经悲极而亡。宝玉扶灵痛哭后,悲愤离开荣国府。

书中以贾、史、王、薛四大家族为背景,以贾宝玉、林黛玉爱情悲剧为主线,着重描写荣、宁两府由盛到衰的过程。全面地描写封建社会末世的人性世态及种种无法调和的矛盾。

《红楼梦》在流传初期是以名为《石头记》的手抄本形式流传。流传至今的手抄本仅有八十回。自乾隆年间开始,各种关于《红楼梦》的续作纷纷出笼。

据有关学者统计,《红楼梦》的续书种类多达百余种,如《后红楼梦》、《红楼后梦》、《续红楼梦》、《红楼复梦》、《红楼梦补》、《增补红楼》、《鬼红楼》、《红楼梦影》等。一般认为现在的通行本《红楼梦》的后四十回是高鹗所续的。

《中国大百科全书》评价说,《红楼梦》的价值怎么估计都不为过。《大英百科》评价说,《红楼梦》的价值等于一整个的欧洲。在国内文学界,《红楼梦》也一直被公认为中国古典小说不可逾越的巅峰。

《红楼梦》是一部大书。有评论家这样说,几千年中国文学史,假如我们只有一部《红楼梦》,它的光辉也足以照亮古今中外。

《红楼梦》并不只是一部言情小说,他更是一部对君主专制社会末期四大家族的兴衰史的概述,这已经逾越了言情小说的范围。它之所以伟大,是因为它起于言情而终于言情,但不止于言情,这样才能衬出情的深度与厚度。

《红楼梦》之所以伟大,首先是在结构上的伟大。在如此精妙的布局和秩序下,这等空间、这群人物中,看似庞杂的故事在作者的笔下事无巨细,分明清晰地娓娓道来。

《红楼梦》是我国古代最伟大的长篇小说,也是世界文学经典的巨著之一。

封神演义

《封神演义》一般俗称《封神榜》,又名《商周列国全传》、《武王伐纣外史》、《封神传》,是一部中国古代神魔小说。原书最早可以追溯到南宋的《武王伐纣白话文》,以及《商周演义》、《昆仑八仙东游记》,是以古代魔幻神话故事再参考古籍和民间传说创作而成的。

《封神演义》的作者究竟是谁,历来众说纷纭,一般说来,大致有四种说法:其一为许仲琳撰。据现存的明代舒载阳刻本《封神演义》卷二题署"钟山逸叟许仲琳编辑",此书明本唯日本内阁文库藏一部,仅卷二有题署。卷首有邗江李云翔撰写序文,序中云:余友舒冲甫自楚中重资购有钟伯敬先生批阅《封神》一册,尚未竟其业,乃托余终其事。余不愧续貂,删其荒谬,去其鄙俚,而于每回之后,或正词,或反说,或以嘲谑之语以写其忠贞侠烈之品,奸邪顽顿之态,于世道人心不无唤醒耳。由此可知,此书原本为许仲琳撰写,后经李云翔加以增删刻印。许仲琳是南直隶应天府人,生平不详。其二为陆西星撰。据清朝无名氏《传奇汇考》卷七"《顺天时》传奇解题"云：《封神传》传系元时道长陆长庚所作，未知的否？张政烺在《〈封神演义〉漫谈》一文中，据此认为陆西星是《封神演义》作者，"元时"乃"明时"之误。陆长庚名西星，是明代扬州府兴化县人，生于十六世纪后期，《陆仲远词稿序》说西星"以诸生雠学使贾祸"，有一定的造反精神。因"九试不遇，遂弃儒服为黄冠"。明施有为万历中选《明广陵诗》卷二十二收陆西星二十四首，有"出世已无家"之语。张政烺还考证陆西星出家后是吕岩（洞宾）道派人，所以在《封神演义》中出现陆压道人，影射吕祖。其三为王世贞撰。蒋瑞藻在《小说枝谈》中云：俗传王弇州作《金瓶梅》，为朝廷所知，令进呈御览。弇州惧，一夜而成《封神演义》，以此代彼，因之头白。蒋瑞藻注云引自"缺名笔记"。此说荒谬，不足为信。其四为明代某士人所撰。清梁章钜《归田琐记》卷七"封神传"中云：昔有士人罄家所有，嫁其长女者，次女有怨色，士人慰之曰："无忧贫也。"演为《封神演义》，以稿授女，后其婿梓行之，竟大获利云云。梁章钜在《浪迹续谈》卷六"封神传"中仍谈此事，并云这"士人"是"前明一名宿"。

以上四说中前两说影响较大，但一般刊印《封神演义》还是署名为明人许仲琳。

《封神演义》，全书共一百回，以姜子牙辅佐周室（周文王、周武王）讨伐商纣的历史为背景，描写了阐教、截教诸仙斗智斗勇、破阵斩将封神的故事。包含了大量民间传说和神话。有姜子牙、哪吒等生动、鲜明的形象，最后以姜子牙封诸神和周武王封诸侯结尾。

《封神演义》以宋元讲史话本《武王伐纣平话》为基础，博采民间传说，发挥神话传说善于想象夸张的特长，赋予各类人物以奇特的形貌，以至杨任剜目后可在手掌内生出神奇的眼睛，雷震子胁下长有可以飞翔的肉翅，哪吒则能化为三头八臂。仙术道法也神奇莫测，如土行孙等的土遁、水遁之法，陆压的躬身杀人之术等，都给读者以较深印象。小说在人物描绘上有一定成就，如妲己的阴险残忍，杨戬的机谋果敢，闻仲的耿直愚忠，申公豹的恶意挑拨等等，都写出了一定的性格。有些情节也相当曲折生动，如"哪吒闹海"一节，由七岁哪吒在河边的嬉戏玩耍，生发出一段意想不到的争斗，叙来层次分明，高潮迭起，同时也表现出哪吒由天真顽皮到勇武狠斗的性格发展过程。此外如黄飞虎反出朝歌、广成子三谒碧游宫等，也有复杂细致的描写。

此书虽有上述特色，但总的说来，《封神演义》在艺术描写上偏于叙事而忽略揭示人物的内心活动，因而多数人物性格并不鲜明，铺叙故事则有重复雷同之处，尤其是数次设阵破阵，更有千篇一律之感，情节发展也有不够严谨的地方。据传作者创作此书有"欲与《西游记》、《水浒传》鼎立而三"之意，实则略逊一筹。但明清以来，它在民间仍得到广泛的流传。

此书有明刻本，一百回，国内已无存。清初有周之标序本、褚人获序本及四雪草堂本刊行，也均为一百回。近年有人民文学出版社标点通行本。

隋唐演义

《隋唐演义》是一部兼有英雄传奇和历史演义双重性质的小说，共二十卷，一百回，七十余万言。全书以隋朝末年农民起义为故事背景，讲述了隋朝覆灭与大唐建立的一段历史。小说中塑造的人物个性鲜明，故事情节脍炙人口。

该书作者褚人获（约公元1625年—1682年），字稼轩，又字学轩，号石农，江苏长洲（今江苏苏州）人。终身不仕，文名甚高，能诗善文，尤喜涉猎历代稗史轶闻，著作颇多，最能代表其文学成就的是《隋唐演义》。其他作品有《坚瓠集》、《读史随笔》、《退佳琐录》、《续蟹集》、《宋贤群辅录》等。他交游广泛，与尤侗、洪升、顾贞观、毛宗岗等清初著名作家过从甚密。

《隋唐演义》以隋唐历史为题材。宋代以来，有关隋末群雄割据，"十八路烟尘"造反的种种传说和故事，一直在民间广泛流传，演义隋唐历史的小说，数量颇多，可以构成一个较大的系列。《隋唐演义》之前较有影响的同类题材的作品有明代的《隋唐志传》、《隋炀帝艳史》和《隋史遗文》，褚人获对上述作品广采博收，同时吸收了唐宋传奇的有关材料，加工改写成七十万字的《隋唐演义》。作为说唐故事的集大成者，《隋唐演义》几乎注意到古籍及传说中所有有关隋唐历史的轶事、杂说，把它们溶到一部作品中，而且杂而不乱，形成了自己的情节体系，可谓后来居上。

本书的整体结构以史为经，以人物事件为纬，以隋炀帝、朱贵儿、唐明皇、杨玉环的"两世姻缘"为"大框架"，自隋文帝起兵伐陈开始，到唐明皇从四川还都去世而终，记说了隋唐一百七十多年的历史。该书主要写了三个方面的内容：一是隋末宫廷故事，以隋炀帝和朱贵儿的旖旎艳情故事为中心，描写了隋末宫廷生活的豪华奢靡，刻画了隋炀帝的荒淫残暴。他夺得皇位，在位十三年，营建洛宫，征选绣女，开凿运河，游幸江都，修筑长城，远征高丽，致使国力疲惫，民不聊生。这部分描写，铺陈华丽，富有时代气息，客观地反映了隋末农民战争的社会背景。二是唐代宫廷故事，以唐明皇与杨贵妃的风流情事为线索，展示了唐代宫廷生活的骄奢淫逸；同时也描写了李世民亲刃兄弟，武后、韦后的谋杀亲夫、争权夺宠、至酷无情。这部分描写则笔力浮泛，情致不足，不及隋代部分。三是草莽英雄的故事，如秦琼、单雄信、程咬金、王伯当、花木兰等事迹，都空插在前七十回之中，描写他们起兵反隋，追随李世民打天下的传奇经历，颂扬了他们的侠义勇武。这些故事，多串联于隋唐两代朝政之间，用笔粗豪，形象生动，不乏精彩之处。

在描写中，对隋亡后十六院夫人流落江湖的同情，对秦琼英雄失意的感叹，虽然均以旧本，但与作者自己的"骎落"、"困顿"情绪有着千丝万缕的联系。

说岳全传

《说岳全传》全称《精忠演义说本岳王全传》，题"仁和钱彩锦文氏编次"，"永福金丰大有氏增订"。钱、金二人生平均不详。共八十二回，卷首有金丰序。此书于清代乾隆年间被查禁，又金丰序标年为甲子，清代在乾隆以前的"甲子"年为康熙二十三年（公元1684年）或乾隆九年（公元1744年），故此书大约是康熙至乾隆时期的作品。

岳飞的故事早在南宋末年就成为民间说话艺人的题材。明代著为小说的有两种。第一种是熊大木编的《大宋中兴通俗演义》八卷八十则，以"斡离不举兵南寇"为始，"冥司中报应秦桧"为末，已略具后来《说岳全传》的规模，然而人物情节均较粗率，文字半文半白。第二种是于华玉编的《按鉴通俗演义精忠传》。于华玉不同意熊大木脱离正史的虚构，他编岳传尽除虚构，一一对照正史，这岳传遂失小说趣味，成为史传的复述。

《说岳全传》虚实兼有，金丰的《序》说："从来创说者，不宜尽出于虚，而亦不必尽由于实。苟事事皆虚，则过于诞妄，而无以服考古之心；事事忠实，则失于平庸，而无以动一时之听。"它一方面吸收了过去岳传中的精彩部分，同时又加进许多民间传说。若按之历史固然有许多的不合，但它故事性强，突出了岳飞和他的部将。表现了强烈的民族意识和爱国精神，其成就和影响都超过了前两种小说。

《说岳全传》明显地保留着民间话本的痕迹。每回结尾都是在情节紧要处打住，体现着说话人吸引听众的技巧。小说以叙述为主，是粗线条的描写，但多是说话人的套语。某些细节一再重复，如第二十八回平江知府错把牛皋当岳飞，恭敬迎候，牛皋竟以一小小统制受之无愧，这样的细节在别的场合重复描写了两次。这种重复只在说话中可以获得演出效果。小说还留存着说话人的许多插话，或者解释、评论情节，或者打诨逗笑。由此看来，小说题名有说本两字，并不是虚设。

三　言

"三言"即《喻世明言》、《警世通言》、《醒世恒言》的合称。作者为明代冯梦龙。又与"二拍"合称为"三言二拍"。

冯梦龙（公元 1574 年—1646 年），字犹龙，又署龙子犹，别号墨憨斋主人、茂苑野史、绿天馆主人等。他自称是"直隶苏州府吴县籍长洲人"，原籍属今之苏州市。冯梦龙出生在这座文化名城中的一个书香之家，又恰逢资本主义萌芽蓬勃出土之际，传统的孕育、时代的感召，把他这位天才造就成为中国古代通俗文学事业的第一功臣。冯梦龙弟兄三人，其兄梦桂是著名画家，其弟梦熊是著名诗人。三兄弟中，以冯梦龙的成就为最大，故有"吴下三冯，仲者为最"之说。

在明代中后期，通俗小说的创作取得了极大的发展，其中冯梦龙的"三言"就是它们的杰出代表。从表面上看，"三言"主要是对宋元话本，明代拟话本进行编辑，但实际上，冯梦龙在对其进行编辑的同时，进行了一定的修订。编辑与修订便是冯梦龙的文本重构。从"三言"中我们可以看出冯梦龙的思想极为复杂，但是，我们仍可以从中分辨出其思想的总体结构形式，这便是：以近古新兴的渲染自然人性的主情人文思想去解构传统文化思想的同时，又以吸纳了释道的儒家思想为主导去兼容和消化主情思潮。"三言"即是冯梦龙那种思想形式下的独具特色的小说艺术形式，我们可以把它概括为：儒雅与世俗互摄互涵的中和审美形式，这具体体现在"三言"的审美情感形式，叙事结构模式等诸方面。

冯梦龙编选的"三言"代表了明代拟话本的成就，是中国古代白话短篇小说的宝库。这三部小说集相继辑成并刊刻于明代天启年间。"三言"各四十篇，共一百二十篇，约三分之一是宋元话本，三分之二是明代拟话本。

"三言"中较多地涉及市民阶层的经济活动，表现了小生产者之间的友谊；也有一些宣扬封建伦理纲常、神仙道化的作品；其中表现恋爱婚姻的占很大比例，《杜十娘怒沉百宝箱》是其中最优秀的一篇，也是明代拟话本的代表作。总之，明代拟话本较多反映了市民阶层的感情意识和道德观念，具有市民文学色彩。它表现了资本主义萌芽时期的社会风貌，具有鲜明的时代特色。艺术上，"三言"比宋元话本有了很大进步。它与宋元话本一样，具有情节曲折的特点，但它的篇幅加长了，主题思想更集中，人情世态的描绘更丰富，内心刻画上也更细腻。但是，"三言"语言不如话本生动，矛盾冲突也淡化了。

喻世明言

《喻世明言》，原名《古今小说》，又称《全像古今小说》，大约出版于明朝泰昌、天启年间（公元1621年左右）。

《喻世明言》共有四十卷，每卷为一个短篇小说，各故事产生的时代包括宋、元、明三代，其中多数为宋元旧话本，例如"史弘肇龙虎君臣会"、"宋四公大闹禁魂张"，少数为明朝拟话本，例如"蒋兴哥重会珍珠衫"、"沈小霞相会出师表"。另外有些是明人对宋元旧作的改编加工，例如"新桥市韩五卖春情"、"闹阴司司马貌断狱"等。由于产生年代不同，因此在内容、手法、语言、风格等方面存在一定差异，但又因为属于同一个小说发展系统，其题材也都和城市生活联系密切，所以各篇之间还有很多共通之处。

《喻世明言》各篇小说多取材于现实生活，主题涵盖爱情、婚姻、朋友情义等。其中"金玉奴棒打薄情郎"谴责了负心男子对爱情的不忠；"蒋兴哥重会珍珠衫"描写了对失身妻子旧情难忘而破镜重圆；"羊角哀舍命全交"、"吴保安弃家赎友"、"范巨卿鸡黍死生交"等则歌颂了不计生死利害而忠于友情的精神；而"杨思温燕山逢故人"、"木绵庵郑虎臣报冤"、"杨八老越国奇逢"则触及了异族入侵、权臣误国等现实政治题材。

《喻世明言》还收录和改编了一些历史传奇故事，例如"晏平仲二桃杀三士"描写了春秋时期齐国晏婴的智慧，其南橘北枳、二桃杀三士的故事都是著名的历史典故。

警世通言

据金陵兼善堂刻本豫章无碍居士所作序署"天启甲子",知刻于天启四年(公元 1624 年)。

《警世通言》所收四十篇作品,宋元旧作占了将近一半,如《陈可常端阳仙化》、《崔待诏生死冤家》等。但它们多少都经过冯梦龙的整理、加工。《白娘子永镇雷峰塔》的故事来源较早,文字也近似宋人风格,但其中有些地名、习俗是明代的。明代拟话本有的据古书记载敷演成篇,如《王安石三难苏学士》中,咏菊花事,出自《高斋漫录》,取江水事出自《中朝故事李赞皇逸事》;有的则据民间说唱加工改编,如《苏知县罗衫再合》一篇结尾,即指出"至今闾里中传说《苏知县报冤》唱本"。在明代拟话本当中有不少就是冯梦龙本人所撰写,但尚未确考、查实。冯梦龙为《三报恩》传奇作序,说"余向作《老门生》小说,……滑稽馆万后氏取而演之为《三报恩》传奇",由此确知《老门生三世报恩》一篇为冯梦龙所作。其余《宋小官团圆破毡笠》、《玉堂春落难逢夫》、《唐解元一笑姻缘》、《赵春儿重旺曹家庄》、《杜十娘怒沉百宝箱》、《王娇鸾百年长恨》等篇,有人以为很可能即是冯梦龙手笔,实据宋懋澄的《负情侬传》改写。

《警世通言》的四十篇,经过冯梦龙纂辑,风格较接近。作为话本小说集,虽然各篇不相连属,而且产生时代又包括宋、元、明三朝,历经数百年,但它们沿着一个系统发展下来,仍具有相近的特色。

醒世恒言

"三言"之中此集问世最晚,出版于天启七年(公元 1627 年)。序称《醒世恒言》是"继《明言》、《通言》而刻","'明'者取其可以导愚也,'通'者取其可以适俗也,'恒'则习之而不厌,传之而可久。三刻殊名,其义一也"。

《醒世恒言》一书录宋元以来话本、拟话本四十篇。所收宋元旧作比前"二言"少一些,只占六分之一左右,绝大部分是明人话本和拟话本。

其题材或来自民间传说,或来自史传和唐宋小说。编撰者创作成分较多。其中有反映封建社会司法制度黑暗的《十五贯戏言成巧祸》,有反映爱情生活,表现市民爱情观念的《卖油郎独占花魁》等作品。内容修饰润色较精,形象鲜明,结构充实完整,描写细腻,不同程度地反映了当时的社会面貌和市民思想感情。

但有些作品带有封建说教、因果报应宣传和色情渲染。

版本有明天启七年叶敬池刊本,藏于日本内阁文库,大连图书馆亦有此藏本。又有衍庆堂本。1958年人民文学出版社重加订正增补出版。

原刻不著撰人,仅题"可一主人评,墨浪主人较(校)"。凌濛初《拍案惊奇序》说:"独龙子犹氏所辑《喻世》等书,颇存雅道,时著良规……"笑花主人《今古奇观序》说:"墨憨斋增补《平妖》,穷工极变,……至所纂《喻世》、《警世》、《醒世》三言,极摹人情世态之歧……"龙子犹、墨憨斋都是冯梦龙的别号,可见《醒世恒言》及其它二言,均系冯梦龙纂辑。

二 拍

"二拍"是中国拟话本小说集《初刻拍案惊奇》和《二刻拍案惊奇》的合称,作者凌濛初。与"三言"合称"三言二拍"。

凌濛初(公元1580年—1644年),亦名凌波,字玄房,号初成,一字遐厈,别号即空观主人。明代乌程(今浙江湖州)人,明代文学家、小说家和雕版印书家。其著作"二拍"与冯梦龙的"三言"是中国古典短篇小说的代表作品。

《初刻拍案惊奇》与《二刻拍案惊奇》分别写于天启七年(公元1627年)和崇祯五年(公元1632年)。每集四十篇,共八十篇,内有一篇重复,一篇杂剧,故实有拟话本七十八篇。作品多是取材于古往今来的一些新鲜有趣的轶事,敷演成文,以迎合市民的需要,同时也寓有劝惩之意。

凌蒙初创作"二拍"的动机,据《拍案惊奇·序》和《二刻拍案惊奇·小引》中所说,大致有三:一是应书商所邀。由于冯梦龙的"三言""行世颇捷",于是凌蒙初即在"肆中人"的要求下编撰起《拍案惊奇》,由于《拍案惊奇》问世后反响极大,销路畅通,在书商的怂恿下,凌蒙初又开始了《二刻拍案惊奇》的创作。二是救时匡弊、挽救颓风。明代中后期,社会风气渐趋淫靡,小说创作亦堕入恶道,产生了一大批格调低下,以描写男女淫乱为主的艳情小说。凌蒙初认为这些小说"广摭诬造","亵秽不忍闻",背离了小说创作"劝善惩恶,有益风化"的宗旨。他再三声明自己创作"二拍"是"意存劝诫,不为风雅罪人"。三是宣泄苦闷,创作自娱。举业上的坎坷多艰,使他郁郁不乐,愁苦万端,为宣泄苦闷，抒发悒郁情怀，以游戏笔墨求取精神的慰藉。

"二拍"的内容概括起来大致包含四个方面：一是描写爱情与妇女问题的。这在"二拍"中占有重大比重。这一题材的作品很大部分肯定了青年男女，特别是年轻女性对爱情坚贞的信念、大胆的追求，反对"父母之命，媒妁之言"的陈旧观念，具有明显的进步性。二是描写商人与商业活动的。这在"二拍"中也占相当的比重。在"二拍"所描写的众多商人形象中，大部分是正面人物。他们忠厚老实，买卖公平，对事业、爱情追求执着，并最终获得成功。三是描写官吏及其活动的。"二拍"写了不少贪官和酷吏。有贪赃枉法的，有谋通强盗的，有官盗一体的，有徇私舞弊的，有买官卖官的。"二拍"也写了不少的好官。他们能主持正义，为民申冤。四是描写社会险恶，世风颓废的。有描写盗贼横行不法的，有骗子行骗的，有僧尼道士淫乱不法的，有贪图钱财，事亲不孝，甚至家庭成员反目成仇的。

"二拍"真实地反映了当时世俗社会的生活风貌，鲜明地体现出反抗封建礼教，争取个性自由的时代精神，它是明代写实小说的代表作。它生动地反映了明代随着社会阶级关系的改变而发生的生活观念的变化，表现了金钱对封建社会的腐蚀和冲击，形象地勾勒出一副资本主义萌芽时期中国社会的生活画卷。

"二拍"基本上是凌蒙初个人独立创作的，是我国文学史上第一部文人独立创作的拟话本小说集，它标志着我国古代白话短篇小说已由集体的锤炼跃进到个人的创造，由说话人的技艺转为作家的文学创作，由娱乐听众的手段变成教育讽劝的工具，它已成了作家的自觉的事业了。它是我国古代白话小说史上的一个里程碑。

此外，值得一提的是，明代抱瓮老人（真名不详）鉴于"三言"、"二拍"卷帙浩繁，不易购得，且良莠不齐，故选出其中的佳作四十篇编成《今古奇观》，大获读者的欢迎。

初刻拍案惊奇

《初刻拍案惊奇》成书于明朝天启七年（公元1627年），第二年由尚友堂书坊刊行问世。该书本为四十卷四十篇，原本已失，今所见最早且最为完整的本子是藏于日本内阁文库的尚友堂刻本，全书存三十九卷（缺二十三卷），即实有小说三十九篇。

该书是模拟话本小说而创作的小说集。其题材大多取自前人说部书如《太平广记》、《夷坚志》、《剪灯新话》、《剪灯余话》等。但都经过凌蒙初的再加工和再创作，融入了凌氏本人的思想个性，体现了凌氏本人的艺术构思和艺术风格。所以该书成为中国文学史上第一部文人独立创作的拟话本小说集，具有较大的影响，在中国古代小说史上占有重要的地位。

凌蒙初虽仿效冯梦龙编著该书，但他的思想较之冯梦龙却相对复杂保守，故该书的思想内容较之"三言"也多落后保守的倾向，表现出矛盾复杂的状况。在艺术上，凌氏却并不步趋冯氏，而能"化神奇于臭腐"，形成"拍案惊奇"的艺术效果。

《初刻拍案惊奇》中的优秀作品与冯梦龙的"三言"相比，在艺术技巧上有所发展，叙事更加统一，完整，写奇事，叙奇遇，情节更有"拍案惊奇"的艺术效果。该书模拟遵循话本小说的体制，并加以完善，题目用两句相对偶的句子组成，入话诗、入话、头回、正回、篇尾诗相互配合，意图明确，脉络贯通。语言既继承了话本叙事的生动活泼的传统，又保持了文人创作语言简洁优美的长处。

在写法上，既保持了话本小说道德训诫的传统，又更强烈地表现了作者的主观意识和个性特征，使话本小说成为更成熟的文人创作。

但总体说来，《初刻拍案惊奇》中的作品，偏重模拟而缺乏新意，对话本小说体裁没有更多的突破和发展，没能创造出更多的生动的人物形象和健康生动的故事情节，没能表现出更深刻的思想主题，其艺术成新在总体上比不上冯梦龙的"三言"。

二刻拍案惊奇

《二刻拍案惊奇》共有作品四十篇，但卷二十三《大姊魂游完宿愿，小姨病起续前缘》与《初刻拍案惊奇》同卷篇目相同，卷四十《宋公明闹元宵杂剧》系杂剧，故实有小说三十八篇。

《二刻拍案惊奇》的部分作品具有积极意义。首先是有些作品反映了明代市民生活和他们的思想意识。《转运汉遇过洞庭红》写商人泛海经商事。主人翁文若虚，在国内经商破产，一次偶然和一些商人出海经商，他因没有本钱，只好带了只值一两多银子的洞庭红，不料到了海外，竟卖了八百多两银子。回来的路上，在经过一荒岛时又拣到了个珍宝，因此大发横财，成了一大富商。联系明中叶后商人要求开放"海禁"的历史背景,就能看出,小说反映了当时商人们追求钱财的强烈欲望。《叠居奇程客得助》写徽州商人程宰因经商失败,"怕归来受人笑话"而流落关外,后来为海神所垂爱,得其指点,先后通过囤积药材、丝绸和粗布发了横财。海神的"人弃我堪取,奇赢自可居"的指点,表现了商人的精神世界和经营准则。在《乌将军一饭必酬》中,王生两次贩物被劫,使他对出外经商,失去信心,他的婶母一再鼓励他:"不可因此两番,坠了家传行业。"这些十分重视商业的描写,在以往作品中实属少见,这是明中叶后商品经济活跃,市民意识进一步发展的反映。

《二刻拍案惊奇》的思想内容是比较复杂的,但从总体上看,在一定程度上反映了新兴的市民阶层的思想观念,其所提倡的传统道德中也有不可否定的健康成分,主流还是比较好的。

《二刻拍案惊奇》颇善于组织情节,因此多数篇章有一定的吸引力,语言也还生动,但从总的艺术魅力来说,它比"三言"差得多。

《二刻拍案惊奇》有两种版本。一种为日本内阁文库藏崇祯五年尚友堂刊本,该本是尚友堂部分原版的重印本,四十卷。1957年由古典文学出版社印行,其中插入从日本摄回影印的图像若干,首图便有"内阁文库"钤记。另一种为法国巴黎图书馆藏三十卷本,郑振铎于民国二十年(公元1931年)为《明清二代的平话集》所写跋文将此本称为"别本",并说:"未知编者,明末清初坊本。这部书世间流传绝少,我偶然的在巴黎国家图书馆中见到了它。"两相比较,巴黎图书馆藏本《二刻拍案惊奇》并无《宋公明闹元宵杂剧》。孙楷第《日本东京大连图书馆所见中国小说书目提要缘起》称,内阁文库藏《二刻拍案惊奇》"已为唯一无二孤本"。内阁藏本《宋公明闹元宵杂剧》虽然不是尚友堂原刊本,却自然是现存的孤本了。

东周列国志

《东周列国志》是中国古代的一部历史演义小说,作者是明末小说家冯梦龙。这部小说由古白话写成,主要描写了从西周宣王时期直到秦始皇统一六国这五百多年的历史。

描写春秋战国时代"列国"故事平话,最早产生在元代。明代嘉靖、隆庆年间，余邵鱼（字畏斋）撰《列国志传》，以武王伐纣的故事开篇，分节不分回，每节随事立题。明末冯梦龙加以改编，凡余邵鱼疏忽或遗漏的地方，都根据史书做了订正，艺术上也有显著的提高，改名为《新列国志》。清代乾隆年间，蔡元放又作了一番修改，并加了序、读法、详细的评语和简要的注释，改名为《东周列国志》，共二十三卷，一百零八回。1955年，人民文学出版社根据冯梦龙的《新列国志》对蔡氏的改本作了某些校正，取消了评、注、读法、序和分卷，重新出版，书名仍为《东周列国志》，题为"冯梦龙、蔡元放编"。

蔡元放，生卒年不详，名界，号七都梦夫、野云主人，秣陵（今江苏南京）人。清初著名的文学家。据说他还评过《水浒后传》。

《东周列国志》是明代长篇白话历史演义小说，是古今中外时间跨越最长，人物最多的一部小说，描写了春秋战国时代的"列国"故事。该书写的是西周末年（公元前789年），至秦统一六国（公元前221年），包括春秋、战国五百多年间的历史故事，内容相当丰富复杂。

《东周列国志》所叙述的历史，取材于《战国策》、《左传》、《国语》、《史记》四部史书，将分散的历史故事和人物传记按照时间顺序穿插编排，冶为一炉，成为一部结构完整的历史演义。秦汉前的一些史家为了某种原则立场，对历史事件的叙述和评价，有时会隐而不言，把意思深藏在记述的文字中，没有一定见地的人，很难发觉，更谈不上理解了。这部书的通俗之处，正是将那暗礁一样的文字弄得水落石出，大家一看便心知眼明，种种是非善恶，忠奸智愚，毕露于光天化日之下。这是作者编写此书的用意，也是他们对后人的贡献。

《东周列国志》与其他史书一样，以国家的兴亡成败为主题，致力探讨气运盛衰、人事成败之间转化变迁的因果关系。作者通过人物命运的沉浮，形象地告诉人们，能否注重道义，任用贤能是判断一个国家前途命运的最根本的依据。得民心者得天下。道义是对天意的阐发，天意就是民心。民心存，其政举，民心亡，其政息。这种人本主义的观点，是有进步意义的。

《东周列国志》所叙述的五百多年之间，英雄辈出，群星灿烂，千百年后，虽不乏其人，但这一时期的人和事，在历史上最突出，最典型，它几乎是后世是非成败的理论源头，更是后人行世为人的标准和榜样。小说通过丰富而生动的故事情节，赞扬了从善如流、赏罚严明、胸怀大度的王侯和忠贞、有勇有谋的将相，也赞扬了那些见义勇为、机智果敢的豪侠之辈。

聊斋志异

《聊斋志异》，简称《聊斋》，俗名《鬼狐传》，是中国清代著名小说家蒲松龄的著作。书共有短篇小说四百九十一篇。题材非常广泛，内容极其丰富。

蒲松龄（公元1640年—1715年），清代文学家、小说家，字留仙（剑臣），号柳泉居士，山东省淄博市淄川区洪山镇蒲家庄人，出身于一个逐渐败落的地主家庭，书香世家，但功名不显。父蒲盘弃学经商，然广读经史，学识渊博。蒲松龄十九岁时，以县、府、道三个第一考取秀才，颇有文名，但以后屡试不中。后家贫，应邀到李希梅家读书。三十一岁时，应同邑进士新任宝应知县、好友孙蕙邀请，到江苏扬州府宝应县做幕宾。七十一岁撤帐归家，过了一段饮酒作诗、闲暇自娱的生活。一生热衷科举，却不得志，七十一岁时才补了一个岁贡生，因此对科举制度的不合理深有体验。加之自幼喜欢民间文学，广泛搜集精怪鬼魅的奇闻异事，吸取创作营养，熔铸进自己的生活体验，创作出杰出的文言短篇小说集《聊斋志异》。

《聊斋志异》是蒲松龄的代表作，该书在他四十岁左右时基本完成，此后不断有所增补和修改。"聊斋"是他的书屋名，"志"是记述的意思，"异"指奇异的故事，指在聊斋中记述奇异的故事。

多数作品通过谈狐说鬼的手法，对当时社会的腐败、黑暗进行了有力批判，在一定程度上揭露了社会矛盾，表达了人民的愿望。但其中也夹杂着一些封建伦理观念和因果报应的宿命论思想。全书共四百九十一篇，内容十分广泛，多谈狐、仙、鬼、妖，以此来概括当时的社会关系，反映了十七世纪中国的社会面貌。蒲松龄的同乡好友王士禛则为《聊斋志异》题诗："姑妄言之姑听之，豆棚瓜架雨如丝。料应厌作人间语，爱听秋坟鬼唱诗（时）。"士禛对《聊斋志异》甚为喜爱，给予极高评价，并为其作评点，甚至欲以五百两黄金购《聊斋志异》之手稿而不可得。

《聊斋志异》在蒲松龄生前多以抄本流传，到乾隆三十一年（公元1766年）第一次由赵起杲在浙江严州刻印。

《聊斋志异》是一部具有独特思想风貌和艺术风貌的文言文短篇小说集。多数小说是通过幻想的形式谈狐说鬼，但内容却深深地扎根于现实生活的土壤之中，曲折地反映了蒲松龄所生活的时代的社会矛盾和人民的思想愿望，熔铸进了作家对生活的独特的感受和认识。

蒲松龄在《聊斋自志》中说："集腋为裘，妄续幽冥之录；浮白载笔，仅成孤愤之书。寄托如此，亦足悲矣！"在这部小说集中，作者是寄托了他从现实生活中产生的深沉和孤愤。

郭沫若评价此书说："写鬼写妖高人一等，刺贪刺虐入骨三分。"老舍也评价说："鬼狐有性格，笑骂成文章。"鲁迅则说《聊斋志异》是"用传奇法，而以志怪"。

《聊斋志异》的艺术成就很高。它成功地塑造了众多的艺术典型，人物形象鲜明生动，故事情节曲折离奇，结构布局严谨巧妙，文笔简练，描写细腻，堪称中国古典短篇小说的巅峰。

阅微草堂笔记

《阅微草堂笔记》为清朝文言短篇志怪小说，于清朝乾隆五十四年（公元1789年）至嘉庆三年（公元1798年）编写成，作者是纪昀。在时间上，主要搜辑当时代前后的各种狐鬼神仙、因果报应、劝善惩恶等之流传的乡野怪谭，或则亲身所听闻的奇情轶事；在空间地域上，范围则遍及全中国远至乌鲁木齐、伊宁，南至滇黔等地。

纪昀（公元1724年—1805年），字晓岚，一字春帆，晚号石云，道号观弈道人，谥文达，直隶河北献县人。纪昀学问渊博，长于考证训诂，乾隆年间修《四库全书》，任总纂官，并主持写定了《四库全书总目》二百卷。因其"敏而好学可为文，授之以政无不达"，故卒后谥号"文达"，乡里世称文达公。

可惜的是，这部传奇著作，因一些历史原因，发生了重大灾难，原稿遗失殆尽。后来纪昀凭借着自己的记忆，重新写过，虽成《阅微草堂笔记》，但终有大量疏漏。

《阅微草堂笔记》分为滦阳消夏录，如是我闻，槐西杂志，姑妄听之，滦阳续录数章。

内文记述若真若假，似乎只在借由这些志怪的描写而来折射出当时官场腐朽昏暗堕落之百态，进而反对宋儒的空谈性理疏于实践之理气哲学，并且讽刺道学家的虚伪矫作卑鄙,旁敲侧击的揭露社会人心的贪婪枉法及保守迷信。不过对处于社会下层的广大人民悲惨境遇的生活,纪昀在笔调中也表达出深刻的同情与悲悯。在每则故事结尾处作者总是会来那么几句短语,以平和的语气来评断其故事的来龙去脉和事理曲直之所在,或其有否通情达理之处地,这些评语总是耐人寻味。

鲁迅在《中国小说史略》中对《阅微草堂笔记》有很高的评价:"惟纪昀本长文笔,多见秘书,又襟怀夷旷,故凡测鬼神之情状,发人间之幽微,托狐鬼以抒己见者,隽思妙语,时足解颐;间杂考辨,亦有灼见。叙述复雍容淡雅,天趣盎然,故后来无人能夺其席,固非仅借位高望重以传者矣。"

子不语

《子不语》又名《新齐谐》,是清朝中叶著名文学家袁枚撰写的一部笔记小说集,所谓"子不语",取意于《论语》"子不语怪、力、乱、神",表明所记正是孔子所"不语"者。

袁枚(公元1716年—1797年),字子才,号简斋,晚年自号仓山居士、随园主人、随园老人,钱塘(今浙江杭州)人。袁枚是清代著名诗人、诗论家,乾嘉时期代表诗人之一,与赵翼、蒋士铨合称"乾隆三大家"。

《子不语》是笔记小说集。全书二十四卷又续编十卷,共三十四卷。据《清朝续文献通考经籍考》著录,书名本《论语·述而》"子不语怪力乱神"名。书成,发现元人作品中已有此书名,遂改为《新齐谐》,本于《庄子·逍遥游》"齐谐者,志怪者也"之意。仿六朝志怪小说及《聊斋志异》,其中因果报应、荒诞迷信成分较多。部分篇章从偶然、猎奇的角度写不怕鬼的故事。文笔如行云流水,十分酣畅。

《子不语》的材料多数来自袁枚的亲朋好友口述,也有一小部分出自当时官方的邸报或公文,也有采用他人著作的。这些,袁枚都作了交待。如卷一《常格述冤》开头即注明"乾隆十六年八月初三日,阅邸抄",卷十三《见娘堡》结尾论"事载姜西溟文集中,韩尚书为之墓"。《子不语》有些篇目,同时见于他书。如卷十三《关神下乩》,卷十四《鬼怕冷淡》就见于纪晓岚《阅微草堂笔记》之一《滦阳消夏录》。《续子不语》卷五中《文人夜有光》、《孤仙正论》、《唐公判狱》、《刘迁鬼》、《孤仙惧内》、《军校妻》等篇也与纪书同。卷六《喀雄》、《怪风》卷十五《佟＜角奇＞角》、《白莲教》、《伊五》，卷二十三《夜星子》、《疡医》等甚至连文字也部分与纪书同。

《子不语》内容博杂，而且大多借鬼神怪异故事来针砭时弊，一般都很形象生动，入木三分。这是《子不语》的一大写作特点。如《全姑》一文就颇有代表性。县令是个以"他人皮肉博自己声名"的无耻之徒，当他得知一对青年男女相爱并私通，就把他们抓起来，各打了四十杖，而且把少女头发剪掉，鞋子扒去，后来得知二人竟结为夫妻，大怒，又把二人抓来，把男子打死，女子发官卖，还振振有词："全姑美，不加杖，人道我好色；陈某富，不加杖，人道我得钱。"这就把一个理学家不通人性的面目栩栩如生地勾勒了出来。

《子不语》的正集大约成书于乾隆五十三年（公元1788年）前，后来又有些陆陆续续的篇章，汇为续集。版本历来很多。有乾隆嘉庆间刊《随园三十种》本，嘉庆三十年（公元1815年）美德堂刊本，光绪十八年（公元1892年）排印《随园三十八种》本，《清代笔记丛刊》本，《笔记小说大观》本，1914年上海锦章书局石印本；1986年上海古籍出版社申孟、甘林整理本，齐鲁书社崔国光校点本，岳麓书社朱纯点校《续子不语》单行本等。

儒林外史

《儒林外史》是由清代吴敬梓创作的长篇章回小说。全书共五十六回（也有人认为最后一回非吴所作），约四十万字，描写了近二百个人物。小说假托明朝，实际描写了康乾时期科举制度下读书人的功名和生活。

吴敬梓（公元1701年—1754年），字敏轩，号粒民，晚年又号文木老人，安徽全椒人，清代小说家。幼即颖异，善记诵。稍长，补官学弟子员。尤精《文选》，不善治生，性豪迈，不数年，旧产挥霍俱尽，时或至于绝粮。晚年，自号文木老人，客扬州，尤落拓纵酒。他出身于仕宦名门，小时候受到良好教育，对文学创作表现出特别的天赋，及至成年，因为随父亲到各处做官而有机会获得包括官场内幕的大量见识。

吴敬梓一生创作了大量的诗歌、散文和史学研究著作，有《文木山房诗文集》十二卷，今存四卷。但是，确立他在中国文学史上的杰出地位的，是他创作的长篇讽刺小说《儒林外史》。这部小说大约用了他近二十年的时间，直到其四十九岁时才完成。

《儒林外史》是我国清代一部杰出的现实主义长篇讽刺小说，主要描写封建社会后期知识分子及官绅的活动和精神面貌。鲁迅先生评为"如集诸碎锦，合为帖子，虽非巨幅，而时见珍异"。冯沅君、陆侃如合著的《中国文学史简编》认为"大醇小疵"。

当然，由于时代的局限，作者在书中虽然批判了黑暗的现实，却把理想寄托在"品学兼优"的士大夫身上，宣扬古礼古乐，看不到改变儒林和社会的真正出路，这是应该加以批判的。

根据程晋芳《怀人诗》，可以证明在吴敬梓四十九岁的时候已经脱稿，但是直到作者死后十多年，才由金兆燕给他刊刻了出来。这个刻本，今已失传。现在通行的刻本是五十六回，其中最末一回乃后人伪作。

全书故事情节虽没有一个主干，可是有一个中心贯穿其间，那就是反映科举制度和封建礼教的毒害，讽刺因热衷功名富贵而造成的极端虚伪、恶劣的社会风习。这样的思想内容，在当时无疑是有其重大的现实意义和教育意义的。加上它那准确、生动、简练的白话语言，栩栩如生的人物形象塑造，优美细腻的景物描写，出色的讽刺手法，艺术上也获得了巨大的成功。

《儒林外史》是我国古代讽刺文学的典范，吴敬梓对生活在封建末世和科举制度下的封建文人群像的成功塑造，以及对吃人的科举、礼教和腐败事态的生动描绘，使他成为我国文学史上批判现实主义的杰出作家之一。

《儒林外史》不仅直接影响了近代谴责小说，而且对现代讽刺文学也有深刻的启发。现在，《儒林外史》已被译成英、法、德、俄、日等多种文字，成为一部世界性的文学名著。有的外国学者认为：这是一部讽刺迂腐与卖弄的作品，然而却可称为世界上一部最不引经据典、最饶诗意的散文叙述体之典范。

镜花缘

《镜花缘》是清代百回长篇小说，是一部与《西游记》、《封神榜》、《聊斋志异》同样璀璨、带有浓厚神话色彩、浪漫幻想迷离的中国古典长篇小说。作者以其神幻诙谐的创作手法数经据典，奇妙地勾画出一幅绚丽斑烂的天轮彩图。

作者李汝珍（公元 1763 年—1830 年），清代著名小说家，字松石，江苏海州（今属连云港市）人。自小多才多艺，曾写过一本音韵方面的书《音鉴》。可是他一直不得志，最后花了十几年的时间，才写成这本《镜花缘》。

作者理想中以女性为中心的"女儿国"，"男子反穿衣裙，作为妇人，以治内事；女子反穿靴帽，作为男人，以治外事"。女子的智慧、才能都不弱于男子，从皇帝到辅臣都是女子。这里反映出作者对男女平等、女子和男人具有同样社会地位的良好愿望。虽然自明中叶以来，不乏歌颂妇女才能的作品，但是"女儿国"却是李汝珍的独创。

作者借想象中的"君子国"，表现他的社会理想。"君子国"是个"好让不争"的"礼乐之邦"。城门上写着"惟善为宝"四个大字。"国主向有严谕，臣民如将珠宝进献，除将本物烧毁，并问典刑"。这里的宰相，"谦恭和蔼"，平易近人，"脱尽仕途习气"，使人感到可亲可敬。这里的人民互谦互让，"士庶人等，无论富贵贫贱，举止言谈，莫不恭而有礼"，"耕者让畔，行者让路"。卖主力争少要钱，售出上等货；买主力争付高价，取次等货，彼此相让不下。小说以此来否定专横跋扈、贪赃枉法的封建官场和尔虞我诈、苞苴盛行的现实社会。

作者以辛辣而幽默的文笔，嘲讽那些金玉其外、败絮其中的冒牌儒生。在"白民国"装腔作势的学究先生，居然将《孟子》上的"幼吾幼，以及人之幼"读作"切吾切，以反人之切"。这样的不学无术之辈，又是视"一钱如命"，尽想占便宜的唯利是图者流。"淑士国"到处竖着"贤良方正"、"德行耆儒"、"聪明正直"等金匾，各色人等的衣着都是儒巾素服。他们举止斯文，满口"之乎者也"，然而却斤斤计较，十分吝啬，酒足饭饱后连吃剩下的几个盐豆都揣到怀里，即使一根用过的秃牙杖也要放到袖子里。作品以内外对照的手法揭露这些假斯文的酸腐气，淋漓尽致地讽刺了儒林的丑态。

《镜花缘》继承了《山海经》中的《海外西经》、《大荒西经》的一些材料，经过作者的再创造，凭借他丰富的想象、幽默的笔调，运用夸张、隐喻、反衬等手法，创造出了结构独特、思想新颖的长篇小说。

然而小说刻画人物的性格较差，众才女的个性不够鲜明。尤其后半部偏重于知识的炫耀，人物形象性不足。所以鲁迅评价说"则论学说艺，数典谈经，连篇累牍而不能自已矣"。

三侠五义

《三侠五义》原名《忠烈侠义传》，长篇侠义公案小说。清代无名氏根据说书艺人石玉昆说唱的《龙图公案》及其笔录本《龙图耳录》编写而成，全书一百二十回。"三侠"是指北侠欧阳春，南侠展昭，丁氏双侠丁兆兰、丁兆蕙二人为一侠；"五义"是指窜天鼠卢方，掣地鼠韩彰，钻山鼠徐庆，翻江鼠蒋平，锦毛鼠白玉堂这五鼠弟兄。

清代著名学者俞樾（公元1821年—1907年）加以增删修订，改写成《七侠五义》，首刊于光绪五年（公元1879年），署石玉昆述。卷首有问竹主人序及退思主人、入迷道人二序。

石玉昆（约公元1810年—1871年），字振之，天津人，满清咸丰、同治间著名说书艺人。其说唱之《龙图公案》，今犹有传抄本，唱词甚多。后有人在此基础上，删去唱词，增饰为小说，题为《龙图耳录》。光绪年间，问竹主人又加以修改润色，更名为《忠烈侠义传》，又名《三侠五义》，均为一百二十回。近代学者俞樾认为本书第一回"狸猫换太子"事，"殊涉不经"，遂"援据史传，订正俗说"，重撰第一回。又以三侠即南侠御猫展昭展熊飞，北侠紫髯伯欧阳春，双侠丁兆兰、丁兆蕙合为一侠。虽称三侠，实为四侠，增以小侠艾虎、黑妖狐智化、小诸葛沈仲元共为七侠；原五鼠即钻天鼠卢方、彻地鼠韩彰、穿山鼠徐庆、翻江鼠蒋平、锦毛鼠白玉堂，仍为五义士，改书名为《七侠五义》，于光绪十五年作序刊行。所以今有《三侠五义》和《七侠五义》两种版本流传。

小说叙写宋朝包拯在侠客、义士的帮助下，审奇案、平冤狱，以及侠客义士帮助官府除暴安良、行侠仗义的故事。书中塑造了一位铁面无私、不畏权势的清官形象，曲折地体现了人民的愿望。其中包公平冤狱、"铡庞昱"、"除藩王"等情节，在一定程度上暴露了封建统治的黑暗，表现了人民群众的斗争精神。书中穿插了大量侠客活动，既有路见不平拔刀相助的正义行为，也表现出他们忠心为统治阶级服务的本质。它的出现，表明近代传统的公案小说与侠义小说的完全合流。小说的内容大致分为两部分。前七十回，涉及北宋仁宗年间，河南陈州旱情严重，包拯奉皇命到陈州放粮赈灾。陈州恶霸庞昱仗着自己是皇亲国舅，竟派人刺杀包大人。南侠展昭、锦毛鼠白玉堂、老隐士晏子陀等人暗中保护、帮助包大人，使包大人得以刀铡国舅，除暴安良。随后，包大人又查清了多年前的皇宫冤案"狸猫换太子"之事，使仁宗与李娘娘母子二人得以团聚。主要写包公断各种奇案冤狱以及锄庞昱、葛登云和为李太后伸冤等故事，其中穿插南侠封"御猫"，五鼠闹东京并归服朝廷和授职事。后五十回，以颜春敏（颜查散）为中心，写他在众侠客义士协助下，剪除马朝贤、马强、襄阳王赵钰等诛强锄暴的故事。

包拯，历史上实有其人，庐州合肥（今安徽合肥）人，《宋史》有传。仁宗时曾官监察御史、天章阁待制、龙图阁直学士、枢密副使等职。以大臣知开封府事时，以刚正不阿著称。宋元以来不断有以包公为题材的文学作品出现，如宋元话本《合同文字记》，元杂剧《抱妆盒》、《盆儿鬼》、《陈州粜米》等。明末出现的《龙图公案》，是有关包公审案断狱的短篇故事集。这些作品，其中不少是民间传说，掺杂不少冥灵迷信荒诞不经的内容，《三侠五义》中的包拯形象，多取材于民间传说，并加虚构，且沿袭了荒诞迷信部分。但将短篇串连为长篇，情节有所发展，传奇色彩浓厚，使包拯不畏强暴、刚正嫉恶、处事干练的形象较为饱满。特别是小说增加了大量勇侠之士游行村市除暴安良、为国立功的故事。如南侠展昭为包公于金龙寺杀凶僧，天昌镇拿刺客，在庞吉花园破妖魔等。

小说把侠客义士的除暴安良行为，与保护官府大臣、为国立功结合起来，南侠、五鼠均被授皇家护卫，表现了宣扬忠义和维护封建统治秩序的思想。但是，侠客义士依附统治阶级中的正面人物，与邪恶势力对立，仗义除暴，为民申冤，反映了人民群众的某些思想和愿望。小说明显地表达了人们对清明政治的要求和对是非善恶的态度，具有一定的意义和认识价值。如小说揭露和抨击了太师庞吉恃宠结党营私，诬陷忠良；庞昱荼毒百姓，抢掠民间妇女；苗秀父子鱼肉乡里，重利盘剥；葛登云、马刚肆虐逞凶，为害地方等。同时，对嫌贫爱富的柳洪、雪中送炭的刘洪义、嫁祸于人的冯君衡等，褒贬态度亦极鲜明。

《三侠五义》是侠义公案小说的代表作，影响十分广泛。其后，出现了《小五义》、《续小五义》、《英雄大八义》（大宋八义）、《英雄小八义》（梁山后代）等类似的作品。清代类似的侠义通俗小说还有：《儿女英雄传》（侠女十三妹故事）、《施公案》、《彭公案》、《七剑十三侠》、《海公大红袍》、《海公小红袍》、《永庆升平全传》、《绿牡丹》（四望亭全传）、《侠义禅真逸史》、《侠义禅真后史》、《圣朝鼎盛万年青》、《刘公案》、《狄公案》、《林公案》、《白牡丹》、《正德下江南》等。以及民国以后出现的《明清八义》、《三侠剑》、《雍正剑侠图》（童林传）等等，尽管从年代划分不属于"古典文学"，但也都属于传统侠义小说，多以曲艺说书形式流行。

到了当代，由于小说、影视、戏曲、曲艺的发展，传统武侠文学被改编为评书、评话、弹词等各种形式的作品，不断丰富发展，续书也很多，比如《金刀黄天霸》、《白眉大侠》等。

而《三侠五义》等侠义公案小说的不少故事，又成为各类戏曲的题材来源。如京剧《打銮驾》、《遇皇后》、《北侠除霸》、《打龙袍》、《五鼠闹东京》等，都是敷演《三侠五义》的故事。

《三侠五义》情节纷繁曲折而又条理清晰，语言通俗，保留了宋元以来说书艺术的生动活泼、直截明快的特色，对以后的公案小说产生过广泛的影响。

官场现形记

《官场现形记》是晚清谴责小说中最有代表性的作品，四大谴责小说之一。共六十回，结构安排与《儒林外史》相仿，演述一人后即转入下一人，如此蝉联而下。作品以晚清官场为表现对象，集中描写封建社会崩溃时期旧官场的种种腐败、黑暗和丑恶的情形。这里既有军机大臣、总督巡抚、提督道台，也有知县典吏、管带佐杂，他们或龌龊卑鄙或昏聩糊涂或腐败堕落，构成一幅清末官僚的百丑图。该书署名为"南亭亭长著"。

作者李伯元（公元 1867 年—1906 年），名宝嘉，号南亭亭长，江苏武进人。三岁时丧父，由做过山东道台的伯父抚养。少年时代即擅长诗文，中第一名秀才，后来几次考举均落榜。1896 年到上海办《指南报》，后来又主办《游戏报》、《繁华报》。1903 年，应商务印书馆之聘，主编《绣像小说》半月刊。陆续写出了《官场现形记》六十回、《文明小史》六十回、《中国现在记》十二回、《活地狱》四十二回、《海天鸿雪记》二十回、《庚子国变弹词》四十回等。以《官场现形记》最为著名。

李伯元的《官场现形记》是我国第一部在报刊上连载、直面社会而取得轰动效应的长篇章回小说，也是谴责小说的代表作，首开近代小说批判社会现实的风气。全书从中举捐官的下层士子赵温和佐杂小官钱典史写起，联缀串起清政府的州府长吏、省级藩台、钦差大臣以至军机、中堂等形形色色的官僚，揭露他们为升官而逢迎钻营，蒙混倾轧，可以说为近代中国腐朽丑陋的官场勾勒出了一幅历史画卷。

《官场现形记》尖锐地抨击了封建社会末期极端腐朽和黑暗的官僚制度。作者塑造了一群形形色色的官僚形象，他们官职有高有低，权势有大有小，手段各不同，但都是"见钱眼开，视钱如命"、鱼肉百姓的吸血鬼。举人出身的王仁开馆授徒，为了激发学生读书的积极性，他说读书方可做官，而做官的好处则十分诱人，"点了翰林，就有官做，做了官，就有钱赚，还要坐堂打人，出起门来，开锣鸣道"。本是上不得台面的话，他居然堂而皇之在课堂宣讲。不难想象，这种教育思想熏陶下的门徒，除了祸国殃民之外，还能有别的什么出息？让这种人充斥官场，官场该当是何等的丑态。读书科举而为官原是封建社会取官之"正途"，"正途"尚且如此不堪，其它之途当然是更加等而下之。如捐官，即用钱来买，按官阶定价，只要买方有大把钞票，卖方自可不问钞票来源是否合法，你肯买，出得起价，我则敢卖，放手让你做官。还有一途名曰"军功"，即用官位当奖品颁发打仗立功的人员，而这些军功之士大多是屠杀平民的刽子手，让刽子手做官办事，谁敢指望他会将事情办得公正明白。贪官污吏们虽各有特点，但亦有相同之处，如让他们理财，他们会大饱私囊；让他办案，他们会放纵真凶，污陷良人；让他们修河，他们会使大堤溃裂，水淹良田；让他们督军作战，他们会让自己的部队一溃千里。

《官场现形记》是一部优秀的谴责小说，具有诙谐讽刺的现实主义特色。

老残游记

《老残游记》是清末中篇小说，是刘鹗的代表作，流传甚广。小说以一位走方郎中老残的游历为主线，对社会矛盾开掘得很深，尤其是他在书中敢于直斥清官误国，清官害民，指出有时清官的昏庸并不比贪官好多少。这一点对清廷官场的批判是切中时弊、独具慧眼的。

刘鹗（公元1857年—1909年），原名梦鹏，又名孟鹏，谱名振远，字云抟、公约，又字铁云，别署洪都百炼生。祖籍江苏丹徒。刘鹗出身于封建官僚家庭，从小得名师传授学业。他学识博杂，精于考古，并在算学、医道、治河等方面均有出类拔萃的成就,被海内外学者誉为"小说家、诗人、哲学家、音乐家、医生、企业家、数学家、藏书家、古董收藏家、水利专家、慈善家"。他涉猎众多领域,著述颇丰,为我们留下了丰富的文化遗产。他所著《老残游记》备受世人赞誉,是十大古典白话长篇小说之一,又是中国四大讽刺小说之一。刘鹗本人也是富有学识又得不到抱负的人。

《老残游记》是晚清的四大谴责小说之一。全书共二十回,光绪二十九年(1903年)发表于《绣像小说》半月刊上,到十三回因故中止,后重载于《天津日日新闻》,始全。原署鸿都百炼生著。作者在小说的自叙里说:"棋局已残,吾人将老,欲不哭泣也得乎?"小说是作者对"棋局已残"的封建末世及人民深重的苦难遭遇的哭泣。

小说写一个被人称做老残的江湖医生铁英在游历中的见闻和作为。老残是作品中体现作者思想的正面人物。他"摇个串铃"浪迹江湖,以行医糊口,自甘淡泊,不入宦途。但是他关心国家和民族的命运,同情人民群众所遭受的痛苦,是非分明,而且侠胆义肠,尽其所能,解救一些人民疾苦。随着老残的足迹所至,可以清晰地看到清末山东一带社会生活的面貌。

《老残游记》的艺术成就在晚清小说里是比较突出的。特别在语言运用方面更有其独特成就。如在写景方面能做到自然逼真,有鲜明的色彩。书中千佛山的景致,桃花山的月夜,都明净、清新。在写王小玉唱大鼓时,作者更运用烘托手法和一连串生动而贴切的比喻,绘声绘色的描摹出来,给人以身临其境的感觉。所以鲁迅称赞它"叙景状物,时有可观"。

刘鹗还曾写有《老残游记》续集,作于光绪三十一年(1905年)至三十三年之间。据刘大绅说,共有十四回,今残存九回。1934年在《人间世》半月刊上发表四回,次年良友图书公司出版六回的单行本。1962年中华书局出版的《老残游记资料》收录了后三回。

续集前六回,虽然也有对官僚子弟肆意蹂躏妇女恶行的揭露,但主要的是通过泰山斗姥宫尼姑逸云的恋爱故事及其内心深入细致的思想活动,以及赤龙子的言谈行径,宣传了体真悟道的妙理。后三回则是描写老残游地狱,以寓其惩恶劝善之旨。

二十年目睹之怪现状

《二十年目睹之怪现状》是一部带有自传色彩的长篇小说。署名为"我佛山人著"。它通过主人公"九死一生"从奔父丧开始，至其经商失败为止所耳闻目睹的近二百个小故事，勾画出中法战争后至二十世纪初的二十多年间晚清社会出现的种种怪现状，所反映的社会生活范围比《官场现形记》更为广阔。是晚清四大谴责小说之一。

作者吴趼人（公元1866年—1910年），字小允，又字茧人，原名沃尧，后改趼人，广东南海人。因居佛山镇，故笔名为我佛山人。吴趼人出身于破落的世宦之家，十八岁至上海，常为日报撰稿，曾在江南制造军械局当抄写员，后客居山东，远游日本。撰有本书及《痛史》二十七回、《九命奇冤》三十六回、《电术奇谈》二十四回、《恨海》十回、《劫余灰》十六回、《最近社会龌龊史》二十回、《新石头记》四十回、《上海游骖录》十回、《发财秘诀》八回、《两晋演义》二十三回、《糊涂世界》十二回、《云南野乘》三回等。

作品描写的是1884年中法之战到1904年前后二十年间，社会上的种种怪现状。全书以自号"九死一生"的"我"作线索，把二十年来的所见所闻贯穿起来，展示了一幅清王朝崩溃前夕的社会画卷，并从侧面描绘了帝国主义对中国的疯狂侵略。作品的"怪现状"主要指的是：官场的贪污受贿、营私舞弊；官僚的卑鄙龌龊、道貌岸然、畏敌如虎、卖国投敌等，重点在于揭露官场的腐败。对宗教家庭的骨肉相残、亲朋同事间的尔虞我诈，也做了淋漓尽致的描写。作品表现了改良社会、希图富强的愿望。

该书所反映的社会生活范围除官场外，还涉及商场、洋场、科场，兼及医卜星相，三教九流，揭露日益殖民地化的中国封建社会的政治状况、道德面貌、社会风尚以及世态人情都颇为深刻，具有较高的认识价值，可以帮助读者透视晚清社会和封建制度行将灭亡、无可挽救的历史命运。小说采用第一人称的方式叙述故事，结构全篇，使读者感到亲切可信，在中国小说史上开了先河。

结构上亦非常巧妙："九死一生"既是全书故事的叙述者，又是全书结构的主干线，同时又运用了倒叙、插叙等方法，将它有机结合在一起，使全书繁简适宜，浑然一体。全书以主人公"九死一生"的经历为主要线索，从他为父亲奔丧开始,到经商失败结束。通过"九死一生"二十年间的遭遇和见闻,广泛揭露了半殖民地半封建社会的满清末年的黑暗现实。

《二十年目睹之怪现状》是吴研人的代表作品。它最初连载于公元1903年—1905年《新小说》杂志上面,1906年起由上海广智书局出版分册的单行本(每本十二回,直到1910年才出齐,共一百零八回)。

全书以主人公"九死一生"的经历为主要线索,从他为父亲奔丧开始,到经商失败结束。《怪现状》通过"九死一生"二十年间的遭遇和见闻,广泛揭露了半封建半殖民地的满清末年的黑暗现实。书中自我介绍说:"只因我出来应世的二十年中,回头想来,所遇见的只有三种东西:第一种是虫蛇鼠蚁,第二种是豺狼虎豹,第三种是魑魅魍魉。"

《二十年目睹之怪现状》描写范围包括官场、商场与洋场,因涉及范围广,故影响也大。鲁迅《中国小说史略》对其评价甚为精当:"作者经历较多,故所叙之族类亦较夥,官师士商,皆著于录……惜描写失之张皇,时或伤于溢恶,言违真实,则感人之力顿微,终不过连篇话柄,仅足供闲散者的谈笔之资而已。"

孽海花

《孽海花》是我国近代一部著名的白话长篇小说。它"以赛金花为经,以清末三十年朝野轶事为纬",描写了近三十年的历史风云,再现了中国近代各派知识分子追求国富民强的奋斗道路。由于它鲜明的革命倾向、广阔的社会画面和深厚的历史内涵,以及它现实的题材、斐然的文采和生动的形象,出版以后,人们争睹为快。在短短两年内,重印十五次,总印数达五万册。鲁迅在《中国小说史略》中称赞它:"结构工巧,文采斐然。"

原著署名为"爱自由者起发,东亚病夫编述"。爱自由者即金天翮(公元1874年—1947年),原名懋基,字松岑,号壮游,又名金一,后改名为天翮、天羽,号鹤望,笔名麒麟、爱自由者、天放楼主人,江苏吴江人。1903年在上海参加爱国学社,鼓吹资产阶级革命,并应《江苏》杂志约请,写了《孽海花》前六回,后交曾朴修改和续写。他翻译的俄国虚无党史《自由血》,以及《女界钟》、《三十三年之落花梦》等,在清朝末年都很有影响。

东亚病夫是曾朴的笔名。曾朴（公元1872年—1935年），字孟朴，又字小木、籀斋，号铭珊，江苏常熟人。1892年中举，捐官为中书舍人，对朝野掌故、时政得失都有所了解。1907年创办《小说林》杂志，从事小说的编辑和发行工作，并亲自创作小说和翻译法国文学作品，《孽海花》的前二十五回就是在这时写成的。辛亥革命后，做过江苏省议员、财政厅长、政务厅长。1927年退居上海，开真美善书店，办《真美善》杂志，翻译和评述了大量法国文学作品。他还创作了带有自传性质的长篇小说《鲁男子》第一部《恋》，并着手《孽海花》的修改和续写，直到1930年完成第三十五回为止。

《孽海花》内容繁富，时间跨度大，如何从总体上把握它的本质特征？作者对其创作意图的剖白，对我们颇有启发。《修改后要说的几句话》曾云："这书主干的意义，只为我看着这三十年，是我中国由旧到新的一个大转关，一方面文化的推移，一方面政治的变动，可惊可喜的现象，都在这时期内飞也似的进行。我就想把这些现象，合拢了它的侧影或远景和相连系的一些细节事，收摄在我笔头的摄影机上，叫它自然地一幕一幕地展现，印象上不啻目击了大事的全景一般。"由是观之，作者试图在这部小说里容纳三十年历史的本质内容，并表现出它的发展趋势。质而言之，就是要把《孽海花》写成一部历史小说。而所谓历史小说，已经不同于我国传统意义上的"历史演义小说"，历史演义小说，即历史的通俗化；而这里所说的历史小说，是具有近代意义的新概念。其基本特征是，"把奇妙和真实"结合在一起，塑造"个人与社会历史命运更紧密结合的人物"，表现历史的本质和趋向，最终"把小说提高到历史哲学的地位"。应该说，《孽海花》已经达到了这样一种境界，堪称具有近代意义的历史小说。这自然与作者对法国文学特别是对大仲马、雨果的历史小说具有颇为精到的研究不无关系。

在中国小说史上，《孽海花》是一部当之无愧的文学名著。它的出版，曾于二十世纪初期的文坛引起轰动，专家的评论亦颇为热烈，小说研究专家蒋瑞藻在《小说枝谈》中，转引《负暄琐语》的评论说："近年新撰小说风起云涌，无虑千百种，固自不乏佳构。而才情纵逸，寓意深远者，以《孽海花》为巨擘。"翻译家林琴南，也对之推崇备至，"叹为奇绝"。鲁迅对此书亦多有褒扬。

国学大师

俞 樾

俞樾（公元 1821 年—1907 年），字荫甫，自号曲园居士，浙江德清人。清末著名学者、文学家、经学家、古文字学家、书法家。他是现代诗人俞平伯的曾祖父，章太炎、吴昌硕、日本的井上陈政皆出其门下。清道光三十年（公元 1850 年）进士，曾任翰林院编修。后受咸丰皇帝赏识，放任河南学政，被御史曹登庸劾奏"试题割裂经义"，因而罢官。遂移居苏州，潜心学术达四十余载。治学以经学为主，旁及诸子学、史学、训诂学，乃至戏曲、诗词、小说、书法等，可谓博大精深。一生孜孜不倦致力教育，辛勤笔耕，著有五百卷学术巨著《春在堂全集》。海内及日本、朝鲜等国向他求学者甚众，尊之为朴学大师。

关于他的生平事迹，门人章炳麟著有《俞先生传》，周云青、徐澉、尤莹、陈乃乾等各编有《俞曲园先生年谱》。《清史稿》、《清代七百名人传》、《清代朴学大师列传》等书中有专传。

章太炎

章太炎（公元 1869 年—1936 年），名炳麟，初名学乘，字枚叔，后改名绛，号太炎，浙江余杭人。清末民初民主革命家、思想家、

章太炎

著名学者，研究范围涉及小学、历史、哲学、政治等等，著述甚丰。

在文学、历史学、语言学等方面，均有成就。宣扬革命的诗文，影响很大，但文字古奥难解。所著《新方言》、《文始》、《小学答问》，上探语源，下明流变，颇多创获。关于儒学的著作有：《儒术新论》、《订孔》等。

一生著作颇多，约有四百余万字。著述除刊入《章氏丛书》、《续编》外，遗稿又刊入《章氏丛书三编》。

王国维

王国维（公元1877年—1927年），字伯隅、静安，号观堂、永观，浙江海宁盐官镇人。清末秀才。我国近现代在文学、美学、史学、哲学、古文字、考古学等各方面成就卓著的学术巨子，国学大师。

译有《世界图书馆小史》，撰有《库书楼记》、《传书楼记》，目录学深有造诣，校勘有《直斋书录题解》、《文渊阁书目》、《千顷堂书目》、《经籍跋文》、《邵亭知见传本书目》、《铁琴铜剑楼书目》、《藏书纪事诗》等书，主编有研究金石之主要目录书。作《剧目》六卷，收剧目三千零十八种，是数百年来剧本的总目。经他所编校之书，被称为"集诸家之长"和善本。文学上以研究词曲为主，著有《人间词甲乙稿》、《人间词话》、《曲录》、《戏曲考源》、《宋大曲考》、《宋元戏曲史》等计六十余种。

康有为

康有为（公元1858年—1927年），又名祖诒，字广厦，号长素，又号明夷、更甡、西樵山人、游存叟，晚年别署天游化人，广东南海人，人称"康南海"，清光绪年间进士，官授工部主事。出身于仕宦家庭，乃广东望族，世代为儒，以理学传家。是近代著名的政治家、思想家、社会改革家、书法家和学者。他信奉孔子的儒家学说，并致力于将儒家学说改造为可以适应现代社会的国教，曾担任孔教会会长。主要著作有《康子篇》、《新学伪经考》。

主要著作有《春秋董氏学》、《孔子改制考》、《日本变政考》、《大同书》、《欧洲十一国游记》、《广艺舟双楫》等。

梁启超

梁启超（公元1873年—1929年），字卓如，一字任甫，号任公，别署饮冰子、饮冰室主人、哀时客、中国之新民等，广东新会人。中国近代史上著名的政治活动家、启蒙思想家、资产阶级宣传家、教育家、史学家和文学家。

梁启超自幼在家中接受传统教育，公元1889年中举。公元1890年赴京会试，未中。回粤路经上海，看到介绍世界地理的《瀛环志略》和上海机器局所译西书，眼界大开。同年结识康有为，投其门下。与康有为一起领导了著名的"戊戌变法"。其著作合编为《饮冰室合集》。

梁启超

欧阳竟无

欧阳竟无（公元1871年—1943年），名渐，字竟无，以字行。抚州宜黄（今属江西）人，近代著名佛学居士。

早岁刻苦治学，博览诸子百家，中日甲午战起时，感于杂学无济于国事，乃专治义理之学，欲以之挽救时弊。三十四岁，赴南京师事杨仁山，得闻华严法界之旨，归信佛教，入祇洹精舍，潜心经论，致力佛学。杨氏临殁，以金陵刻经处相嘱。

公元1912年，与李证刚等倡设佛教会，主张政教分离、沙汰庸僧，可惜事与愿违，未能成功。于佛学，初读大乘起信、华严、楞严。年逾四十，转攻法相唯识、瑜伽师地等，更由大智度论而般若、涅槃；久之，会通儒佛，所刊行《中庸传》、《孔学杂志》、《四书读》等，皆能发前人之所未发，因此被学术界尊为"佛学大师"。

黄 侃

黄侃（公元1886年—1935年）著名语言文字学家。初名乔鼐，后更名乔馨，最后改为侃，字季刚，又字季子，晚年自号量守居士，湖北省蕲春县人。公元1886年4月3日生于成都。公元1905年留学日本，在东京师事章太炎，受小学、经学，为章氏门下大弟子。黄侃有一句经典名言：五十之前不著书。这句话半个世纪后还在武汉大学校园内广为流传，成为他治学严谨的证明。黄侃生前，章太炎曾多次劝他著书立说，但黄终不为所动。

公元1935年10月6日，黄侃由于饮酒过度，胃血管破裂，抢救无效，于10月8日去世。黄侃去世时年仅五十岁，虽未出版任何著作，却成为海内外公认的国学大师。

蔡元培

蔡元培（公元1868年—1940年），字鹤卿，又字仲申、民友、孑民，乳名阿培，并曾化名蔡振、周子余，浙江绍兴山阴县（今绍兴县）人，原籍浙江诸暨。革命家、教育家、政治家。

中华民国首任教育总长，公元1916年至1927年任北京大学校长，革新北大，开"学术"与"自由"之风；公元1920年至1930年，蔡元培同时兼任中法大学校长。他始终信守爱国和民主的政治理念，致力于废除封建主义的教育制度，奠定了我国新式教育制度的基础，为我国教育、文化、科学事业的发展作出了富有开创性的贡献。教育论著有《蔡元培教育文选》、《蔡元培教育论著选》等。

蔡元培

遗著辑有《蔡元培全集》。

胡 适

胡适（公元1891年—1962年），原名胡洪（马辛）、嗣穈，字希疆，后改名胡适，字适之，安徽绩溪人。现代学者、历史学、文学家、哲学家。以倡导"五四"文学革命著闻于世。历任北京大学教授、北京大学校长、台湾中央研究院院长等。

胡适治学有两个主要领域，一是中国哲学史，一是中国文学史。尽管《中国哲学史大纲》只出版了上卷，《白话文学史》也没有下编，可这两部书都是建立规范并奠定学科基础的经典性著作。后人可以赞赏，也可以批评，却无法漠视其存在。前者的平视诸子以及历史的

胡 适

眼光，后者的双线文学观念，都是对本世纪学术发展影响甚深的"大胆假设"。另外，他首创新红学，重修禅宗史，以及用历史演进法来研究中国章回小说，都是开一代新风，功不可没。

马一浮

马一浮（公元1883年—1967年），名浮，字一浮，浙江会稽（今浙江绍兴）人。中国现代思想家，与梁漱溟、熊十力合称为"现代三圣"，现代新儒家的早期代表人物之一。于古代哲学、文学、佛学，无不造诣精深，又精于书法，合章草、汉隶于一体，自成一家，丰子恺推崇其为"中国书法界之泰斗"。曾应蔡元培邀赴北京大学任教，蒋介石许以官职，均不应命。建国后，任浙江文史馆馆长、中央文史馆副馆长、全国政协委员。

马一浮先生工诗词，喜吟哦，他对文字学、古典文学及哲学均深有造诣，通法、英、德、日、俄、拉西六种外文。著述甚富，主要有《泰和会语》、《宜山会语》、《复性书字讲录》、《尔雅台答问》、《尔雅台答问继编》、《老子道德经注》、《马一浮篆刻》、《蠲戏斋佛学论著》、《蠲戏斋诗编年集》、《避寇集》、《朱子读书法》等，所著后人辑为《马一浮集》。

熊十力

熊十力（公元1885年—1968年），原名继智、升恒、定中，号子真、逸翁，晚年号漆园老人，湖北黄冈人。著名哲学家，新儒家开山祖师，国学大师。

曾先后在武昌文华大学、天津南开中学、北京大学、浙江大学任教。全国解放后，以"特别邀请人士"身份参加首届全国政治协商会议，后被选为全国政协二、三、四届委员。因反对文革，公元1968年5月24日绝食身亡。

著有《新唯识论》、《原儒》、《体用论》、《明心篇》、《佛教名相通释》、《乾坤衍》等书。其学说影响深远，在哲学界自成一体，"熊学"研究者也遍及全国和海外，《大英百科全书》称"熊十力与冯友兰为中国当代哲学之杰出人物"。

梁漱溟

梁漱溟（公元1893年—1988年），原名焕鼎，字寿铭，曾用笔名寿名、瘦民、漱溟，后以漱溟行世。原籍广西桂林，生于北京，现代著名思想家，哲学家，教育家，现代新儒学的早期代表人物之一，有"中国最后一位儒家"之称。社会活动家，爱国民主人士。著名学者、国学大师。

梁漱溟出身于"世代诗礼仕宦"家庭，早年颇受其父梁济（巨川）的影响。青年时代又一度崇信康有为、梁启超的改良主义思想。辛亥革命时期，参加同盟会京津支部，曾热衷于社会主义，著《社会主义粹言》小册子，宣传废除私有财产制。二十岁起潜心于佛学研究，几度自杀未成，经过几年的沉潜反思，重兴追求社会理想的热情，又逐步转向了儒学。

梁漱溟的学术思想，他在《朝话》中自云是："中国儒家、西洋派哲学和医学三者，是我思想所从画之根柢。"把孔子、孟子、王阳明的儒家思想，佛教哲学和西方柏格森的"生命哲学"糅合在一起。

著作有《乡村建设理论》、《人心与人生》、《东西文化及其哲学》、《东方学术概观》、《印度哲学概论》、《唯识述义》等，今编有八卷本的《梁漱溟全集》。

钱基博

钱基博（公元1887年—1957年），字子泉，别号潜庐，江苏无锡人，与弟基厚孪生，钱钟书先生的父亲。民国时期著名的古文学家、文史专家和教育家。

1918年任无锡县立图书馆馆长。1923年后历任上海圣约翰大学国文教授、北京清华大学国文教授、南京中央大学中国语文学系教授、光华大学中国文学系主任及文学院院长等职。

钱基博思想保守，家教甚严，钱钟书是他的儿子。

主要著作有《经学通志》、《现代中国文学史》、《韩愈志》、《古籍举要》等。

陈寅恪

陈寅恪（公元1890年—1969年），江西义宁（今修水县）人，中国现代最负盛名的历史学家、古典文学研究家、语言学家。

陈寅恪原攻比较语言学，通晓多种文字，为他从汉文以外搜罗史料以治史，提供了较大的方便，运用这种中西结合的考证比较方法，对一些资料穷本溯源，核定确切。并在这个基础上，注意对史实的综合分析，从许多事物的联系中考证出关键所在，用以解决一系列问题，求得历史面目的真相。他这种精密考证方法，其成就超过乾隆嘉庆时期的学者，发展了我国的历史考据学。

陈寅恪对佛经翻译、校勘、解释，以及对音韵学、蒙古源流、李唐氏族渊源、府兵制源流、中印文化交流等课题的研究，均有重要发现。是国内外学术界公认的博学而有见识的史学家。苏联考古学家发掘一突厥文碑石，无人能辨识，请教陈寅恪，终于得到准确破译。

著作有《隋唐制度渊源论稿》、《唐代政治史论稿》、《元白诗笺证稿》、《塞柳堂集》、《金明馆丛稿》、《柳如是传》、《唐柳堂记梦》、《诗存》，有《陈寅恪文集》。

陈　垣

陈垣（公元 1880 年—1971 年），字援庵，又字圆庵。笔名谦益、钱罂等。广东新会人。中国历史学家、宗教史学家、教育家。公元 1910 年毕业于光华医学院。自幼好学，无师承，靠自学闯出一条广深的治学途径。在宗教史、元史、考据学、校勘学等方面，著作等身，成绩卓著，受到国内外学者的推重。

他毕生致力于教育事业，陈垣从教七十多年，任过四十六年大学校长，对广大青年学者热心传授，影响深远，造就了众多的人才。他曾任国立北京大学，北平师范大学，辅仁大学的教授、导师。1926—1952 年，任辅仁大学校长；1952—1971 年，任北京师范大学校长。1949 年，他还担任过京师图书馆馆长、故宫博物院图书馆馆长。1949 年后，任中国科学院历史研究所第二所所长。

主要著述有《元西域人华化考》、《校勘学释例》、《史讳举例》、《南宋河北新道教考》、《明季滇黔佛教考》、《清初僧诤记》、《中国佛教史籍概论》及《通鉴胡注表微》等，另有《陈垣学术论文集》行世。

赵元任

赵元任（公元 1892 年—1982 年），字宣仲，又字宜重，江苏武进（今常州）人，生于天津。1925 年 6 月应聘到清华国学院任导师，指导范围为"现代方言学"、"中国音韵学"、"普通语言学"等，1929 年 6 月底被中央研究院聘为历史语言研究所研究员兼语言组主任，同时兼任清华中国文学系讲师，授"音韵学"等课程。1938 年起在美国任教。他是中国现代语言和现代音乐学先驱。

主要著作有《国语新诗韵》、《现代吴语的研究》、《广西瑶歌记音》、《粤语入门》（英文版）、《中国社会与语言各方面》（英文版）、《中国话的文法》、《中国话的读物》、《语言问题》、《通字方案》、《赵元任语言学论文选》等。

顾颉刚

顾颉刚（公元1893年—1980年），原名诵坤，字铭坚，江苏吴县人。是现代古史辨学派的创始人，也是中国历史地理学和民俗学的开创者。是中国近代学术发展史上有着重要影响的一位学者，著名历史学家，民俗学家。

1920年毕业于北京大学文科中国哲学门。历任厦门、中山、燕京、北京、云南、齐鲁、中央、复旦、兰州等大学教授，中央研究院院士，及中山大学历史语言研究所主任、齐鲁大学国学研究所主任等职。

解放后任中国科学院历史研究所研究员和学术委员。在北京主持标点《资治通鉴》、二十四史的工作，并深入研究《尚书》、陆续发表许多篇《尚书》的校释译论。

生平著述极富，出版有《秦汉的方士和儒生》（原名《汉代学术史略》）、《三皇考》、《史林杂识初编》、《中国历史地图集》古代史部分）、《孟姜女故事研究集》、《妙峰山》、《吴歌甲集》等。

钱 穆

钱穆（公元1895年—1990年），字宾四，笔名公沙、梁隐、与忘、孤云，晚号素书老人、七房桥人，斋号素书堂、素书楼。江苏无锡人，现代历史学家，国学大师。

1930年因发表《刘向歆父子年谱》成名，被顾颉刚推荐，聘为燕京大学国文讲师，后历任北京大学、北平师范大学、西南联大、齐鲁大学、华西大学、四川大学、云南大学、江南大学教授。

钱穆居北平八年，授课于燕京大学、北京大学等名校，并在清华、北师大兼课，与学术界友人时相切磋。抗战军兴，辗转任教于西南联大、华西大学、齐鲁大学、四川大学、台湾大学等各大学。撰写《国史大纲》，被公推为中国通史最佳著作。

1950年秋，在香港创办新亚书院，1955年获香港大学名誉博士学位。1960

年应邀讲学于美国耶鲁大学，学期结束，耶鲁大学特颁赠人文学名誉博士学位。1965年正式卸任新亚书院校长，应聘马来西亚大学，前往讲学。

谢世后，家人将其骨灰散入茫茫太湖，以示归家。中国学术界尊之为"一代宗师"。更有学者谓其为中国最后一位士大夫、国学宗师。

冯友兰

冯友兰（公元1895年—1990年），字芝生，河南南阳人，著名哲学家，1924年获哥伦比亚大学博士学位，历任中州大学、广东大学、燕京大学教授、清华大学文学院院长兼哲学系主任，西南联大哲学系教授兼文学院院长，清华大学校务会议主席，北京大学哲学系教授，其哲学作品为中国哲学史的学科建设做出了重大贡献，被誉为"现代新儒家"。

主要著作有《中国哲学史》、《新理学》、《新世训》、《新事论》、《新原人》、《新原道》、《新知言》、《中国哲学史新编》、《中国哲学史论文集》、《中国哲学史论文二集》、《中国哲学史史料学初稿》、《四十年的回顾》等。

傅斯年

傅斯年（公元1896年—1950年），字孟真，山东聊城人，祖籍江西永丰。著名历史学家，古典文学研究专家，中央研究院历史语言研究所的创办者。傅曾任北京大学代理校长、国立台湾大学校长。他所提出的"上穷碧落下黄泉，动手动脚找东西"的原则影响深远。

1896年出生于山东聊城的一个举人之家。1916年入北京大学文科。五四运动爆发时，傅斯年担任游行总指挥，风云一时。后因受胡适思想影响，反对"过激"运动；不久退出学运，回到书斋。1919年夏，傅斯年大学毕业后，先后入伦敦大学研究院、柏林大学哲学研究院，学习实验心理学、生理学、数学、物理以及爱因斯坦的相对论、勃朗克的量子论等，还对比较语言学和考据学发生兴趣。1926年冬回国，翌年春出任广州中山大学教授兼文学院院长和历史系、中文系主任。从1928年11月起，长期任中央研究院历史语言研究所所长，创办

《历史语言研究所集刊》，任主编。1949 年 1 月，傅随历史语言研究所迁至台北，并兼台湾大学校长。

1950 年 12 月在台北病逝。著作编为《傅孟真先生集》。

高 亨

高亨（公元 1900 年—1986 年），又名晋生，初名仙翘，吉林双阳人。是我国当代著名的古文字学家、先秦文化史研究的著名学者和古籍校勘考据的专家。

早年在清华国学研究院师从王国维、梁启超两位大师，一生笃志于弘扬我国传统学术，成就斐然，成为上一世纪先秦学术文化研究的一座重镇。其治诸子，遵循乾嘉考据遗风，往往胜解精义，发前人所未发，真正做到了后出转精；其治《周易》，一改前人"以经解传，以传解经，经传互解"的旧习，首次经传分解，开创了我国现代《周易》"义理派"的研究新方法，为学界所推崇；其治《老子》与《诗经》，以传统文字训诂学为根基，在校勘训诂上创发新义；其砥砺基础，夯实根本，则有《甲骨金石文字通笺》、《文字形义学概论》和《古字通假会典》诸书。

高先生治学严谨，为人谦恭，他的学术成果为人信服，有些训诂成果被《汉语大字典》作为专门义项收录。他的很多著作出版较早，现已难以访寻。《高亨著作集林》的问世，是高先生学术著作第一次整齐地结集，其学术意义显然是非常重大的。

姜亮夫

姜亮夫（公元 1902 年—1995 年），原名寅清，字亮夫，以字行，云南昭通人。国学大师、著名的楚辞学、敦煌学、语言音韵学、历史文献学家、教育家。

1926 年，考入清华大学国学研究院，师从王国维、梁启超、陈寅恪先生。1928 年先执教于南通中学、无锡中学，后任大夏大学、济南大学、复旦大学教授及北新书局编辑，其间师从章太炎先生。1933 年任河南大学教授。1935 年赴法国巴黎进修，1937 年经莫斯科回国，先后任职东北大学教授、英士大学教授兼文理学院院长，云南大学教授兼文法学院院长，昆明师范学院教授，云南省教育厅厅长,云南省军政委员会文教处处长。1953年任浙江师范学院(现浙江师范大学)、杭州大学(现浙江大学)中文系教授、中文系主任、古籍研究所所长、博士研究生导师。曾获国家教委普通高校首届人文社科研究成果一等奖等多种奖励。

著有论文集《探戈集》,专著《初高中国文教本》、《中国文学史论》、《文学概论讲述》(4卷)、《屈原赋校注》、《楚辞书目五种》、《陆机年谱》、《张华年谱》、《中国声韵学》、《古文字学》、《敦煌学概论》等,此外,编辑有《中国历代小说选》、《历代各文体文选若干种》等。

徐复观

徐复观(公元1903年—1982年),原名秉常,字佛观,后由熊十力更名为复观,取义《老子》"万物并作,吾以观复",湖北省浠水人。徐复观与牟宗三、唐君毅同列为"现代新儒学"的代表人物,对现代新儒学在二十世纪下半叶的兴起作出了独特的贡献。1958年,他与牟宗三、张君劢、唐君毅联合署名的《为中国文化敬告世界人士宣言》发表,成为新儒学思潮在港台地区崛起的重要标志。

早年曾在湖北省立第一师范上学,后到日本留学。回国后,参加政治活动多年。四十岁以后,才逐渐走上学术之路。其一生中就儒家思想与中国传统、文化问题,中国知识分子的性格及历史、命运问题发表大量论著,为研究、传播中国传统思想、文化作出重要贡献,成为名扬海内外的"现代大儒"。

著书十余种,三百多万字,主要有《两汉思想史》(三卷)、《学术与政治》(甲、乙集)、《徐复观杂文》(六集)、《中国艺术精神》、《中国思想史论集》及续集、《石涛之一研究》等。

唐君毅

唐君毅(公元1909年—1978年),四川宜宾人,中国现代学者,哲学家、哲学史家,现代新儒家的代表人物之一。出身书香门第,幼承庭训,接受过良好的旧学教育。曾就读于中俄大学、北京大学、毕业于中央大学哲学系。青年时代颇受梁启超、梁漱溟、熊十力学术的影响。曾任教于华西大学、中央大学、金陵大学，任过江南大学教务长。

唐君毅一生驰骋于东西哲学领域中，为建立一道德理想主义的人文世界而殚精竭思，埋头笔耕，留下了数量惊人的著作，在现当代中国哲学界几无人能与之比肩。主要著作有《中国文化之精神价值》、《人生之体验》、《道德自我之建立》、《心物与人生》、《文化意识与道德理性》、《人文精神之重建》、《中华人文与当今世界》、《中国哲学原论》、《哲学概论》、《生命存在与心灵境界》等。

牟宗三

牟宗三（公元1909年—1995年），山东栖霞人，是被人称之为最具"原创性"的"智者型"哲学家，是当代港台新儒家中的重镇。牟宗三的思想受熊十力的影响很大，他不仅继承而且发展了熊十力的哲学思想。而且较多地着力于哲学理论方面的钻研，谋求儒家哲学与康德哲学的融通，并力图重建儒家的"道德的形上学"。

1927年入北京大学，曾先后在华西大学、中山大学、金陵大学、浙江大学等校任教，以讲授逻辑学和西方哲学为主。1949年去台湾，任教于台北师范大学、台湾东海大学，讲授逻辑、中国哲学等课程。1960年去香港，任教于香港大学、香港中文大学新亚书院，主讲中国哲学、康德哲学等。

牟宗三主要著作有《逻辑典范》、《理性的理想主义》、《道德的理想主义》、《历史哲学》、《佛性与般若》、《才性与玄理》、《圆善论》等二十八部；另有《康德的道德哲学》、《康德纯粹理性之批判》、《康德判断力之批判》等三部译作。

牟宗三的哲学成就代表了中国传统哲学在现代发展的新水平，其影响力具有世界水平。英国剑桥哲学词典誉之为"当代新儒家，是他那一代中最富原创性与影响力的哲学家"。

钱钟书

钱钟书（公元1910年—1998年），原名仰先，字哲良，字默存，号槐聚，曾用笔名中书君，江苏无锡人。中国著名学者、现代文学研究家、作家、文学史家、古典文学研究家。曾为《毛泽东选集》英文版翻译小组成员。晚年就职于中国社会科学院，任副院长。钱钟书在文学，国故，比较文学，文化批评等领域皆有成就，推崇者甚至冠以"钱学"。其夫人杨绛也是著名作家，育有一女钱瑗（公元1937年—1997年）。

1933年毕业于清华大学外国语文系，1935年赴英国留学。1937年毕业于英国牛津大学英文系，获副博士学位。曾任昆明西南联合大学外文系、湖南师范学院、上海震旦女子文理学院、上海暨南大学外语系教授，国立师范学院英语系主任，北京图书馆英文馆刊顾问，南京中央图书馆外文部总纂。

钱钟书

建国后，历任清华大学外文系教授，北京大学、中国科学院、中国社会科学院哲学社会科学部古典文学组研究员，"文革"中受冲击。1982年起任中国社会科学院副院长、文学所研究员。

钱先生的治学特点是贯通中西、古今互见的方法，融汇多种学科知识，探幽入微，钩玄提要，在当代学术界自成一家。因其多方面的成就，被誉为文化大家。

他长期致力于中国和西方文学的研究。主张用比较文学、心理学、单位观念史学、风格学、哲理意义学等多学科的方法，从多种角度理解和评价文学作品。著有散文集《写在人生边上》，短篇小说集《人·兽·鬼》，长篇小说《围城》，选本《宋诗选注》。文论集《七缀集》、《谈艺录》及《管锥篇》（五卷）等。

季羡林

季羡林（公元1911年—2009年），字希逋，又字齐奘，山东清平（今临清）人。中国著名文学家、语言学家、教育家和社会活动家，翻译家，散文家，精通十二国语言。曾历任中国科学院哲学社会科学部委员、北京大学副校长、中国社科院南亚研究所所长。

季羡林的学术研究，用他自己的话说是："梵学、佛学、吐火罗文研究并举，中国文学、比较文学、文艺理论研究齐飞。"季羡林对文化、中国文化、东西方文化体系、东西方文化交流等重要问题，提出了许多个人见解和论断，在国内外引起普遍关注。

主要著作有《〈大事〉偈颂中限定动词的变位》、《中世印度语言中语尾–am 向–o 和–u 的转化》、

季羡林

《原始佛教的语言问题》、《〈福力太子因缘经〉的吐火罗语本的诸异本》、《印度古代语言论集》、《吐火罗文 A 中的三十二相》、《敦煌吐鲁番吐火罗语研究导论》、《文化交流的轨迹：中华蔗糖史》、《东方文学史》、《东方文化研究》、《禅与东方文化》、《东西文化议论集》、《世界文化史知识》等。

任继愈

任继愈（公元 1916 年—2009 年），字又之，山东平原人，毕业于北京大学哲学系。曾任北京大学教授，中国社科院研究生院博士生导师，中国哲学史学会会长，中国社科基金宗教组召集人，中国无神论学会理事长。是著名哲学家、宗教学家、历史学家，国家图书馆的名誉馆长。

1934 年考入北京大学哲学系，1938 年毕业。1939 年考取西南联大北京大学文科研究所第一批研究生，师从汤用彤和贺麟，攻读中国哲学史和佛教史。1942—1964 年在北京大学哲学系任教。1956 年起兼任中国科学院哲学研究所研究员。1964 年，负责筹建国家第一个宗教研究机构——中国科学院世界宗教研究所，任所长。任继愈于 1987 年至 2005 年 1 月年间任国家图书馆馆长。1999 年

当选为国际欧亚科学院院士。

任继愈先生一生著作等身，主要著作有《老子今译》、《魏晋玄学中的社会政治思想略论》、《范缜"神灭论"今释》、《汉唐佛教思想论集》、《老子新译》、《中国哲学史论》、《中国佛学论文集》、《中国哲学发展史》、《任继愈学术论著自选集》、《佛教史》、《汉唐佛教思想论集》、《任继愈学术文化随笔》等等。

徐 复

徐复（公元1912年—2006年），字士复，一字汉生，号鸣谦，江苏省武进县人。

1929年就读于金陵大学，从黄侃攻文字、音韵、训诂。1933年毕业于金陵大学，1935年入金陵大学国学研究班后转至章太炎门下求学。曾任教于国立边疆专科学校、金陵大学、南京师范学院、南京师范大学等校。历任南京师范大学古文献整理研究所名誉所长、《辞海》编委、《辞海》语词学科分科主编之一、《汉语大词典》副主编之一、中国语言学会理事、中国训诂学研究会会长、中国音韵学研究会顾问、江苏省语言学会会长等。

徐复教授一生淡泊名利，七十余年默默地耕耘，为中国传统文化的研究和教育事业作出了重要的贡献。他毕生致力于语言文字和古典文献的研究，为国家培养了一大批学有专长的古籍整理研究人才，具有深远的学术影响和社会影响。

徐复先生为黄侃和章太炎的嫡传弟子，成为国学界章黄学派的传人。

徐复一生成果众多，著述宏富，主要有《"歹"字源出藏文说》、《阕氏读音考》、《守温字母与藏文字母之渊源》、《"歹"字形声义及其制作年代》、《从语言上推测〈孔雀东南飞〉一诗的写定年代》、《韩昌黎诗拾诂》、《后读书杂志》、《秦会要订补（修订本）》、《敦煌变文词语研究》、《评〈敦煌变文字义通释〉》、《读〈义府续貂〉识语》、《〈释名〉音证》、《释"畐""爻"二字之语源》、《浔阳方言小记》、《蜀方言解》、《徐复语言文字学丛稿》、《徐复语言文字学晚稿》等。

饶宗颐

饶宗颐（1917年— ），字固庵、伯濂、伯子，号选堂，广东省潮安人，是蜚声国际的国学大师、汉学家,在中国研究、东方学及艺术文化多方面成就非凡。学术界称他为"国际瞩目的汉学泰斗"、"整个亚洲文化的骄傲"。

饶教授是学富五车,著作等身的学者。他知识渊博,精通多种外语。六十多年来,孜孜不倦,在文学,语言学,古文字学,敦煌学,宗教学及华侨史料等方面都取得了卓越的成就。除了专著六十多种外,尚有发表在世界各大学术期刊及各大书刊上的论文,短文和杂文约有四百篇。饶教授为国际汉学界及海内海外弘扬中华文化,作出了不可磨灭的贡献。

南怀瑾

南怀瑾(1918—),浙江乐清人。浙江国术馆国术训练员专修班第二期毕业、中央军校政治研究班第十期毕业、金陵大学研究院社会福利系肆业。抗日战争中,投笔从戎,跃马西南,筹边屯垦。返蜀后,执教于中央军校军官教育队。旋即潜心佛典,遁迹峨嵋大坪寺,阅藏三年。后讲学于云南大学、四川大学等校。赴台湾后,任文化大学、辅仁大学、政治大学以及其他大学、研究所等教授。数年前旅美,现尚寓香港,未定所居。在港、台及居美时期,曾创办东西方文化精华协会总会、老古文化事业股份有限公司、美国维吉尼亚州东西方文化学院、加拿大多伦多中国文化书院、香港国际文教基金会。

出版有《论语别裁》、《孟子旁通》、《大学微言》、《老子他说》及佛、道两家三十多种著作。曾讲学欧、美、日各国,美国华盛顿大学尚设有南怀瑾学院。